서양 음악사

상식으로 꼭 알아야 할

서양 음악사

History of Western Music

오카다 아케오 지음
이진주 옮김

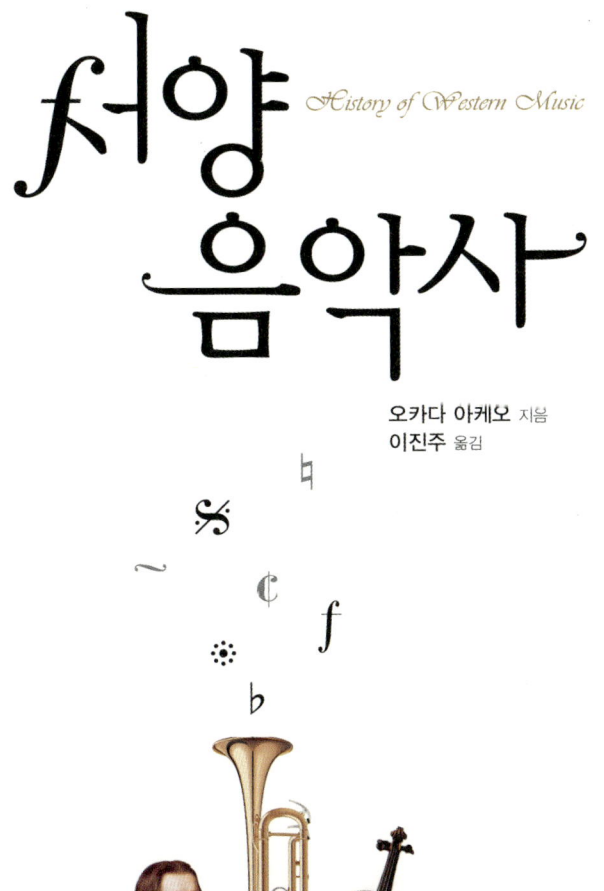

(주) 삼양미디어

한눈에 보는 서양 음악사

중세 음악
6~13세기

프랑스 중심의 음악

↓

그레고리오 성가

↓

오르가눔 성부 등장

↓

노트르담 악파 등장
• 레오냉
• 패로탱

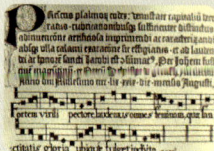

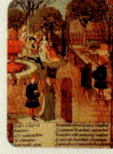 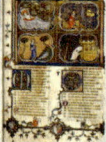

↓

모테토 음악의 등장

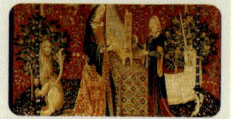

르네상스 음악
14~16세기

• 플랑드르, 이탈리아 중심
• 뒤페가 르네상스 음악의 시초

↓

플랑드르 악파 등장
• 오케겜
• 뱅슈아
• 조스캥

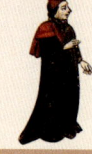

↓

최초의 작곡가 탄생

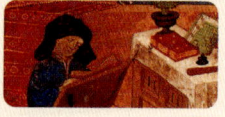

↓

베네치아 악파 등장
• 가브리엘리
• 몬테베르디

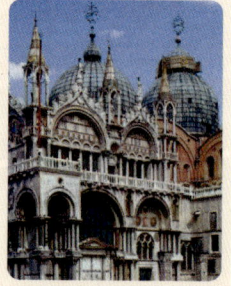

바로크 시대
17~18세기

궁정 음악, 종교 음악, 푸가, BGM 탄생

↓

몬테베르디가 시초

↓

오페라의 탄생
• 베르니니
• 틴토레토

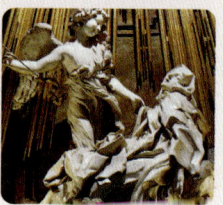

↓

모노디와 통주저음의 시대

↓

독일의 프로테스탄트 음악 등장
• 바흐

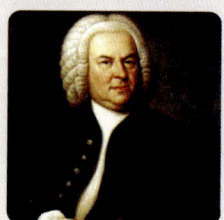

고전파 음악 1730~1815년	낭만파 음악 19세기	성숙과 붕괴의 시대 1883~1914년	20세기 음악 1915~
만하임 악파 등장	개성의 시대 • 슈베르트 • 슈만 • 리스크 • 바그너 • 브람스 • 로시니 • 드보르작 • 차이코프스키	포스트 바그너의 시대 • 말러 • 스트라우스 • 푸치니 • 드뷔시 	낭만파와 결별
음악 대중화 시작			신고전주의 시대 • 스트라빈스키
교향곡이 탄생 • 하이든 	음악 학교, 음악 비평의 시작 	프랑스 음악의 재탄생 	쇤베르크의 12음 작법
소나타 형식의 탄생 • 비발디	넓은 청중층의 등장	엑조티시즘 탄생	전위 음악의 시대
오페라 부파 등장 • 모차르트	파리 중심이 그랜드 오페라와 살롱 음악 시작	맘모스 오케스드라 딘생	거장의 멍언주 시대
계몽 음악 • 베토벤 	사교 음악에 반기를 든 독일의 경건 음악 	파국으로 이끈 1차 세계대전 	파퓰러 음악의 시대 • 비틀즈

머 리 말

　흔히 말하는 '클래식 음악'은 이 책에서 다루려고 하는 '서양 예술 음악'과 반드시 같은 것은 아니다. 서양 예술 음악은 1,000년 이상의 역사를 갖고 있다. 하지만 우리에게 친숙한 클래식은 18세기(바로크 후기)부터 20세기 초반까지인 겨우 200년 동안의 음악에 불과하다. 서양 음악의 역사를 '강의 흐름'에 비유한다면 클래식 음악은 기껏해야 '강어귀'에 지나지 않는다. 분명 클래식의 역사 200년은 서양 음악사라는 강을 가장 아름답게 장식한 기간으로, 강의 폭이 가장 넓어진 위엄에 찬 시대라고 할 수 있다.

　하지만 그 강은 도대체 어디에서 시작된 것일까. 그리고 어디로 흘러가는 것일까?

　서양 음악의 역사가 당당하게 커진 큰 강의 풍모를 갖기 전에 상류에는 이미 '고대 음악'의 시대가 있었다. 실제 강처럼 그 지류와 원류에 대해서는 우리가 알지 못하는 것들도 많다. 토마스 만의 『요셉과 그 형제』의 서문 첫머리를 인용하자면, "과거라는 우물은 깊다. 바닥없는 우물이라고 불러도 좋다"고 표현할 수 있을 것이다. 하지만 오늘날 서양 음악은 이미 강이 아니다. 우리가 지금 있는 곳은 '현대'라는 혼돈의 바다이다.

　거기에는 전혀 다른 지형적 · 사회적 · 역사적인 배경을 가진 전 세계의 모든 음악이 서로 뒤섞여 여러 해류를 이루고 있다. 또한 이 해류는 방향과 역학 관계를 변화시키며 지금에 이르고 있다. 이런 '세계 음악'의 바다에 대량의 물을 공급해 온 것이 서양 음악이라는 큰 강이다. 하지만 강으로서 서양 음악사의 윤곽은 더 이상 이전과 같은 명료한 형태로 확인하기 어려워졌다.

이 책에서는 서양 예술 음악의 역사를 강에 비유하여 설명하려고 한다. 단순히 음악 역사상의 중요한 인물이나 작품, 용어 등을 시대 순으로 열거하는 것은 필자가 의도하는 바가 아니다.

이 책의 주제는 서양 음악의 '역사'이지 개개의 작곡가나 작품이 아니다. 일반적인 독자들이 가능한 한 쉽게 읽을 수 있도록 하기 위해 전문 용어 등은 깊이 있게 설명하지 않았다. 그리고 무엇보다 중세에서 현대에 이르는 음악 역사에 대해서는 필자 주관이 많이 포함되어 있음을 염두해 두고 읽기를 바란다. 필자의 주관을 많이 드러낸 이유는 많은 음악사 관련 서적들이 너무 객관적으로 이야기하려다 활력을 잃게 되었다고 생각하기 때문이다. 이것이 이 책의 집필 방침이기도 하다.

필자는 지금 '일반적인 독자들을 위해'라고 말했다. 아마도 이 책을 고른 대부분의 사람들은 클래식 음악에 어느 정도 익숙한 사람들일 것이다. 제2차 세계대전 이후의 음악에 대해서는 잘 알고 있지만 모차르트에 대해 들어 본 적이 없다는 사람은 거의 없을 것이다.

또 많은 독자들이 바흐에서 말러나 드뷔시의 음악을 좋아할 것이다. 이 같은 전제에서 이 책은 또 하나의 방침을 만들었다. 즉, 어조에 역사적인 원근감을 갖게 하는 방법을 취했다. 구체적으로 말하면 마치 독자가 베토벤, 텔레만, 마쇼에 대해 예비 지식을 갖고 있는 것으로 전제해서(갖고 있어야만 하는 것 같은) 설명하지 않았다는 것이다. 독자의 음악사에 대한 예비 지식의 깊이를 배려한다는 것은 결코 계몽적 방법(모든 사람이 잘 모르는 부분은 쉽게 말하며, 어느 정도 알고 있는 부분에서는 전문적인 사실도 섞어 말한다는 전제를 세우는 것)이 아니다.

이는 서양 음악사의 본질과 관련된 것이다. 클래식 음악이란 동양의 입장에서 보면 '지구 반대편의 100년 전 음악'이다. 하지만 대부분의 독자들에게 있어 클래식은 역사적인 음악이라는 것을 잊게 할 정도로 가까운 존재이기도 하다.

술집에서 트로트를 듣고, 노래방에서 가요를 부르는 때와 다를 바 없는 것이다. 우리는 마리아 칼라스가 부르는 '정결한 여신'의 CD를 듣고, 연주회에서 쇼팽을 듣는다. 이때 그 음악이 어느 시대의 음악인지에 대해 거의 의식하지 않는다.

하지만 만약 레스토랑에 노트르담 악파의 오르가눔이 흐르고 있거나, 피아노 선생님이 16세기 영국의 버지널 음악을 과제로 내주었다면, 혹은 바의 피아니스트가 쇤베르크의 '6개의 피아노 소품' 작품 19를 친다면 우리는 당황하기 시작할 것이다. 이러한 '고대 음악'은 다른 세계에서 갑자기 뛰어든 음악, 우리의 환경 속에서 있는 것이 분명하지 않은 음악이 된다. 즉 이 음악들은 역사라는 우회로를 돈 후에라야 비로소 조금씩 이해할 수 있는 음악이 된다.

이미 나누어진 '고대 음악', '클래식', '현대 음악(구미에서는 신 음악이라 불린다)'이라는 시대적 구분이 음악사에 대한 시선의 원근감을 암묵적으로 말해 주고 있다. 이때 '고대 음악'과 '현대 음악'은 '오래된·새로운'이라는 시간축의 카테고리임에 반해, '클래식'에는 이런 역사성의 함축은 담겨 있지 않다.

　'도레미' 음계나 '도미솔', '시레솔' 화음과 같은 음 시스템, 바이올린과 플룻, 건반악기 등과 같은 악기, 연주회나 악보 출판 제도 등, 오늘날 음악 형태의 대부분은 19세기에서 20세기 초반부에 걸친 클래식 시대에 형성되었다.

　오늘날 이런 음악 제도는 대부분의 사람들에게 아무런 설명도 필요하지 않은 '명확한 존재'로 이어지고 있다. 그에 비해 고대 음악은 '클래식 이전(클래식이 형성되던 과정)'의 음악이고, 현대 음악은 '클래식 이후(클래식이 붕괴되어 가는 과정)'의 음악이다. 즉, 역사적인 음악인 것이다.

　이처럼 고대 음악과 현대 음악 사이에는 크던 작던 역사적 거리가 있으며, 클래식은 우리가 살고 있는 음악 환경의 일부이다. 좋고 싫고를 떠나 우리들은 이런 음악 제도 속에서 살고 있기(혹은 그 속에서 살아갈 수밖에 없기) 때문에 필연적으로 어조가 달라야 하는 것이다.

　그렇다면 음악사에서 각 시대의 역사적 거리를 어떤 방법으로 조절해야 할까? 필자는 '클래식의 시대'를 말하는 경우에는 역사화를, 반대로 '고대 음악·현대 음악'의 시대를 말하는 경우에는 현실화를 꾀하려 한다. 클래식은 가능한 한 철저히 '역사적인 산물'로 바라보며, 그것이 '왜·어떻게 생겨나고, 어디로·어떻게 흘러 갔는지'를 살펴보고 싶다.

필자는 클래식의 '대작곡가(바흐, 모차르트, 베토벤, 슈베르트, 바그너, 브람스, 말러 등)'들에 대한 시대를 초월한 위대함이나 불멸성을 칭찬하고 싶지는 않다. 그에 반해 고대 음악과 현대 음악에 대해서는 가능한 한 우리들에게 가장 친숙한 '클래식 시대'와 관련지어 다가가고 싶다.

음악을 두고 '중세'나 '제2차 세계대전'과 같이 시대를 구분하여 독립적이고 완결된 음악사의 한 장으로 바라보고 싶지도 않다. 그것들이 '왜 클래식 시대로 흘러가게 된 것인지' 혹은 '왜 클래식 시대에서 여기로 흘러들어 온 것인지'에 대해 생각해 보고 싶다. 그리하여 독자들로 하여금 음악이 우리와 얼마나 관련이 깊은지를 느끼게 해주고 싶다.

그렇기 때문에 이 책은 철저하게 '클래식 시대'에 초점을 맞춘 서양 음악사이다. 모든 시대에 대해 골고루 지식을 전하는 것이 이 책의 목적이 아니다. 나는 18세기 부터 20세기 초반에 이르는 '클래식 시대'가 서양 음악이 가장 빛나던 때라고 확신한다. 그리고 이러한 나의 편견을 숨길 생각은 없다.

예를 들어 독자가 열광적인 낭만파 음악의 팬으로, 다른 시대의 음악들은 전부 비숫하게 들리는 사람이라 하자(실은 나에게도 이런 경향이 있다). 그렇다 해도 나는 그 사람의 음악적 기호를 시정할 생각은 없다.

　필자는 이 책을 통해 독자들에게 음악을 역사적으로 듣고 즐기는 것에 대해 전하고 싶을 뿐이다. '클래식 음악의 세계'는 단순히 '자신이 좋아하는 곡', '감동한 곡', '잘 모르는 곡', '들어 보고 싶은 곡', '관심이 없는 곡' 등이 보기 좋게 진열되어 있는 비역사적 공간이 아니다.

　'이런 음악은 어디에서 생긴 것일까', '그것은 어떤 문제를 제기해 온 것일까', '이런 음악이 생겨난 시대는 역사 속 어느 지점에 있을까', '거기에서 무엇이 생겨났을까'. 이런 것에 대해 생각하며 음악을 들을 때 지금까지와 전혀 다른 차원의 기쁨이 생겨난다는 것을 이야기하고 싶은 것이다.

　아마 이런 의미에서 이 책은 '음악사'이면서 '음악을 듣는 법'에 대한 가이드라고 할 수도 있을 것이다. 나는 어떤 음악이든 반드시 '적절한 감상 방법'이 있다고 확신한다.

　듣는 사람의 적절한 감정의 준비, 적절한 자세, 적절한 장소 등을 고려해야 한다. 아무리 훌륭한 음악이라도 잘못된 장소에서 들으면 소용이 없다. 퉁소는 콘서트홀에서 듣는 것이 아니며, 아침 일찍 모던 재즈를 들어도 기분이 나지 않는다.

　또한 미사곡을 바에서 듣는 것은 말도 안 되며, 그레고리오 성가를 학교의 무미건조한 시청각실에서 들어도 아무런 공감을 얻을 수 없다. 이렇게 말하면 시대에 뒤쳐진 모더니스트라고 할지도 모르겠다.

하지만 나는 딱히 도덕적인 의미로 말하는 것이 아니다. 레퀴엠(죽은 사람의 영혼을 위로하기 위한 미사 음악)을 화장실에서 듣는 것은 모독이라고 말하려는 것도 아니다. 본고장에서 듣는 것이 최고라고 아는 척을 하려는 것도 아니다. 단지 나는 쾌락적인 관점에서 '잘못된 장소'에서 음악을 들을 때 그 기쁨이 줄어든다는 것을 말하고 싶은 것이다. 어떤 음악을 아무리 들어도 와 닿지 않는 경우, 대부분 음악을 듣는 장소가 잘못되었기 때문일 경우가 많다. '언제 어디서 어떻게 들어도 좋은 음악'은 존재하지 않는다. 그래서 '음악'과 '음악을 듣는 방법'은 항상 세트이다.

이 책에서는 여러 차례 음악의 문화사적인 배경에 대해 언급하고 있다. 그것은 어떤 사람이, 어떤 마음으로, 어떤 곳에서, 어떤 식으로, 어떤 음악을 듣고 있었나를 가능한 한 생생하게 전하고 싶기 때문이다.

서양 음악은 악보나 녹음과 같이 언제 어디에서든 음악을 손쉽게 재생할 수 있는 미디어의 발전을 가져왔다. 사람들이 어디에서 듣던 베토벤의 '영웅교향곡'은 '영웅교향곡'일 뿐이라고 할 수 있다. 하지만 나는 서양 음악이라 할지라도 그것은 어디까지나 '장소'에 뿌리를 둔 음악이라고 생각한다. 즉 철저하게 '민족 음악'이라고 확신하고 있다. 설령 그것이 '세계 최강 민족 음악'이라고 할지라도 말이다.

만약 독자들이 이 책을 일종의 '유럽 관광 가이드'로 활용해 준다면 매우 기쁠 것이다. 파리에 가면 노트르담 악파와 쇼팽과 드뷔시를, 베네치아에 가면 몬테베르디를, 독일의 튀링겐 지방의 시골 마을에 갔을 때는 바흐를 떠올릴 수 있다면 더욱 기쁠 것이다. 거기에 더하여 그 속에서 '서양 음악의 역사'라는 문화적 연관성을 찾아내 준다면 그것만으로도 흡족할 것이다. 또 서양 음악사는 우리와 결코 관련 없지 않고 깊이 연결되어 있다고 느낀다면, 즉 지구 반대편의 100년 전 음악이 지금까지 계속 유지되고 있는 현실을 몸소 느낀다면 그것은 기대 이상의 크나큰 기쁨일 것이다.

차 례 CONTENTS

1장 수수께끼의 중세 음악

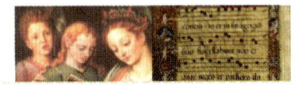

2장 르네상스와 음악의 시작

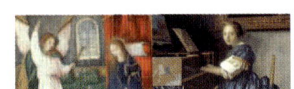

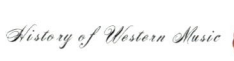

 3장 바로크 시대의 음악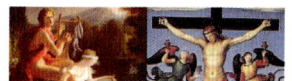

 4장 빈 고전파와 계몽의 유토피아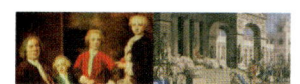

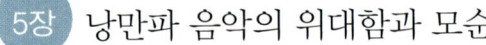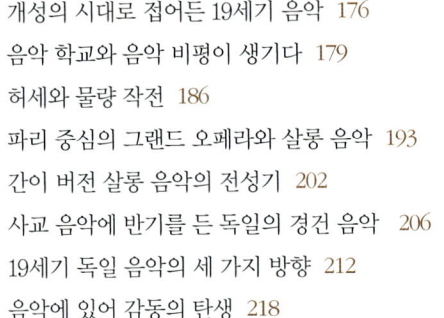

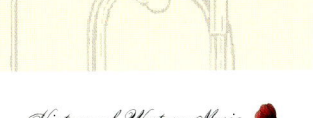

 7장　20세기에 무엇이 일어났는가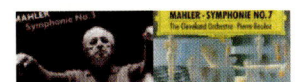

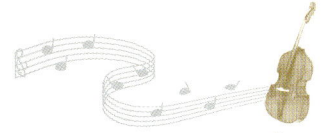

Chapter *01*

수수께끼의 중세 음악

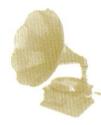

∾ 예술 음악이란 무엇인가?

이 책은 '서양 예술 음악'의 역사를 다룬다. 말할 필요도 없이 서양에도 예술 음악 이외의 많은 음악(민족 음악 종류)이 존재한다. 하지만 우리가 여기서 살펴볼 것은 '클래식'이라고 불리는 예술 음악의 원류이다. 그렇다면 예술 음악이란 대체 무엇인가? 역사를 살펴보기 전에 먼저 그 대상부터 규정해 보도록 하자.

이때 강조해 두고 싶은 것이 있다. 이 책에서 '예술 음악'이라고 할 때, 이는 결코 '질(예술 음악=고급 음악=서양 클래식과 같은)'을 따지려는 것이 아니다. 오히려 예술 음악이란 여러 음악의 '종류(축제나 종교에서 사용되는 음악, 영화 음악이나 CM송, 댄스 뮤직이나 군악 등)' 중 하나에 지나지 않는다. 일단 예술 음악이란 '예술로서 의도된 음악'이라고 정의해 두자. 이는 예술로서 의도된 음악 중에는 하찮은 것도 있고, 예술로서 의도되지 않은 음악 중에서도 뛰어난 음악이 많다는 뜻이기도 하다.

그렇다면 '예술 음악'의 모습은 어떤 것일까? 그것은 '악보로 설계된 음악'이다. '설계＝구성된 작곡법의 음악'이 예술 음악이라고 한다면 우선 민요나 민족 음악은 일단 예술 음악에서 제외된다. 그것들은 나중에 악보화되는 경우는 있어도 처음부터 '적힌＝설계된 음악'은 아니다.

재즈처럼 즉흥성이 높은 음악도 그러하다. 파퓰러 음악 또한 여러 번 악보에 적긴 하지만 베토벤이나 말러의 교향곡처럼 사전에 악보 위에 세세하게 설계한 음악이라고 할 수는 없다. 기타를 들고 음을 찾는 것과 같은 방법이 아닌, 종이 위에 음의 설계도를 그리는, 강한 지적인 성격을 띠는 것이 예술 음악이다.

문외한에게는 쉽게 다가갈 수 없는 인상을 주지만 민요 등과 비교해 훨씬 복잡하며 대규모의 악곡을 만들 수 있는 것은 예술 음악의 서법(書法)적 성격에 의한 것이다.

여기서 떠올렸으면 하는 것은 근대 이전에는 종이가 굉장한 고가품이었다는 사실이다. 게다가 글자를 읽을 수 있는 사람은 귀족이나 성직자(학자)나 일부 상인과 같은 엘리트층이었기에 극소수에 불과했다.

예술 음악을 '소리의 문자＝악보에 적힌 음악'이라 할 때 여기에서 제2의 정의가 나오게 된다. 즉, 예술 음악은 주로 서양 사회의 지적 엘리트(종이를 소유하며 글씨를 읽을 수 있는 계층)에 의해 지지되어 온 음악이라

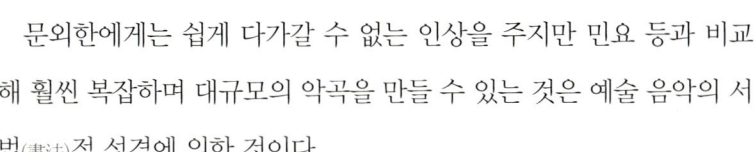

파퓰러 음악

영화 음악, 록, 포크, 대중 가요, 세미클래식, 추억의 팝송, 재즈 음악 등 가볍게 듣고 즐길 수 있는 음악을 이르는 말이다.

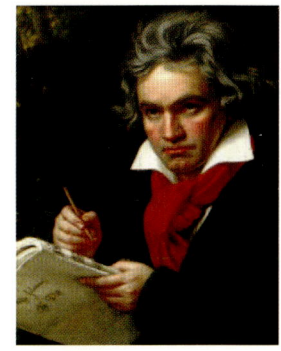

악보에 기록하는 베토벤. 요제프 슈틸러 作

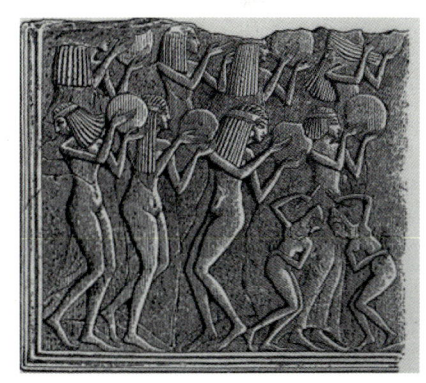

고대 이집트 음악

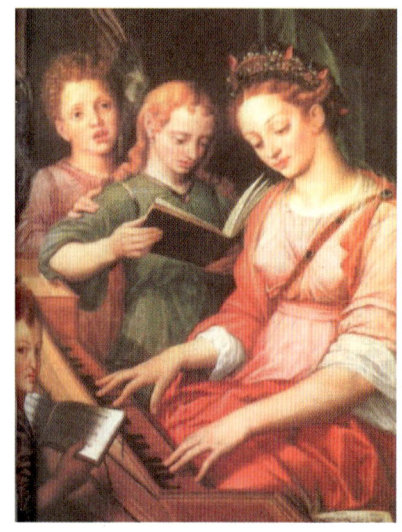

음악의 수호 성인인 성녀 세실리아. 미힐 반 코크세 作

는 것이다. 예술 음악이 민중의 음악이었던 적은 이제 껏 한 번도 없었다.

지금은 20세기 이후의 녹음 기술의 발달로 누구나 (악보를 읽을 수 없는 사람이라도) 기타를 들고 노래를 하고, 자신의 음악을 자유롭게 녹음할 수 있다.

하지만 녹음이 존재하지 않았던 시대에는 기록할 수 있는 것은 '악보' 뿐이었다. 아마 예전에도 악보를 읽을 수는 없지만 훌륭한 연주를 하던 거리 음악사가 있었을 것이다. 하지만 그들의 음악은 흔적도 없이 사라져 버렸다.

종이(악보)라는 미디어를 가진 사람만이 자신의 음악을 후세에 남길 수 있었던 것이다. 이 책에서 살펴보고자 하는 것은 악보로 남겨진 지적 엘리트 계층의 음악 역사이다.

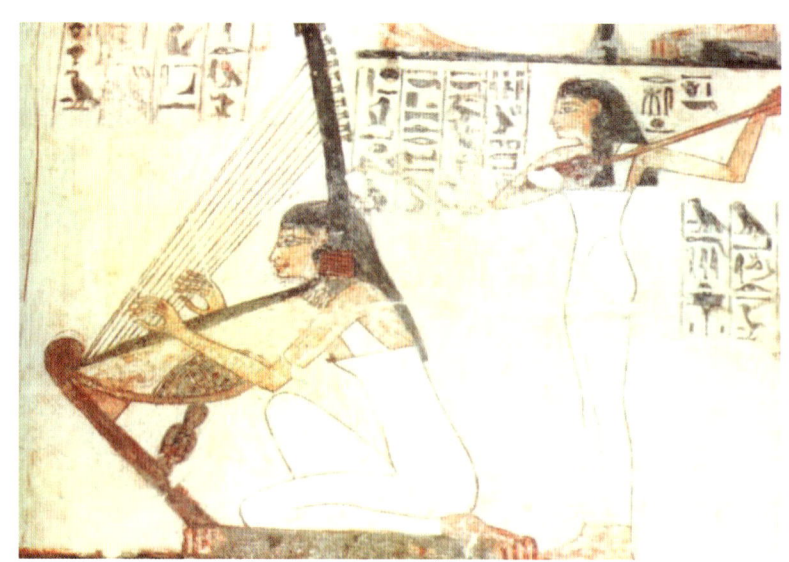

이집트 무덤의 벽화
활모양의 큰 하프를 연주하는 음악가와 류트를 부는 여자. 기원전 1400년경의 것으로 추정된다.

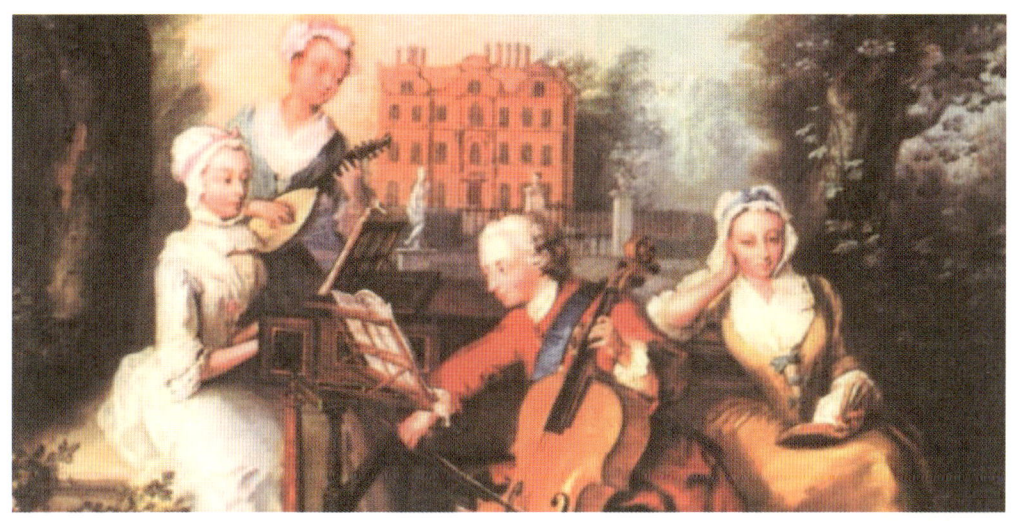

음악 파티. 필립 메르시 作

아래 그림은 성서를 옮겨 적는 수도사를 그린 세밀화이다. 중세에는 '적혀 있는 것'이란 '성스러운 것'이며 '신의 말'이기도 했다. 악보에 적힌 음악도 예외는 아니었다.

예술 음악은 '보편 · 불멸 · 위대'라는 이미지를 떠오르게 한다. 나 역시 이런 연상을 부정할 생각은 없다. 또한 베토벤이나 말러의 교향곡은 위대하며 보편적이며 불멸하다고 믿는다.

그런 한편, 이런 서양 예술 음악의 이미지는 대부분 '적혀 있다'는 특수성으로 연출되었다는 것도 부정할 수 없다. 악보로 기록하기 때문에 다른 곳에서 재현할 수 있고(보편), 후세에 남길 수 있다(불멸). 그리고 악보가 있기 때문에 악보가 없는 다른 음악과 달리 대규모의 복잡(위대)한 음악을 구성할 수 있다.

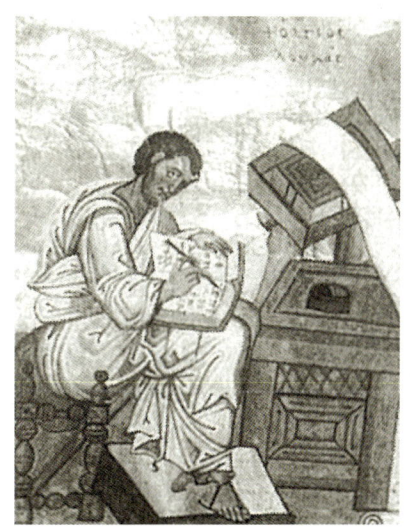

성서를 옮겨 적는 수도사

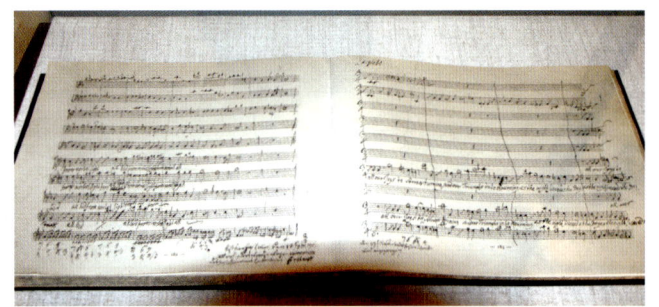

헨델의 악보

악보는 음악을 기호·문자·숫자 등으로 기보법에 따라 가시적으로 적은 것으로, 연주·감상 또는 기억·보존·학습 등의 목적으로 공간적·시각적인 형태로 옮겨놓는 것이다. 고대 그리스에서는 상당히 완성된 기보법이 사용되었고, 유럽에서는 그레고리오 성가, 폴리포니 음악 이래 각종 기보법 체계가 고안되었으며, 17세기 이후로는 5선보법이 확립되어 오늘날 국제적으로 널리 사용되고 있다.

대항해 시대 이래, 특히 19세기의 서양 예술 음악은 전 세계에 전파되어 현지의 전통적인 음악을 구축하고 전 세계의 음악을 서양화해 나갈 수 있었다. 사상 최강의 음악 세계의 제국을 구축한 것이다.

물론 오늘날 서양 예술 음악에는 예전과 같은 힘이 없다. 현대는 미국 주도의 파퓰러 음악 제국의 시대이다. 그러나 여전히 우리는 음악에 오선 악보를 사용하고 있으며, 악기로는 피아노나 바이올린, 플룻, 색소폰 등을 사용한다. 또한 음계는 도레미파, 화음은 도미솔이나 시레솔을 이용한다. 그리고 이것은 모두 서양의 예술 음악이 구축한 시스템이다. 이번 장에서 다룰 것은 서양 음악 이전의 역사(아직 세계 여러 민족 음악 중의 하나에 지나지 않던 시대)이다.

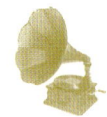

초기 그레고리오 성가의 모습

   서양 음악사에서 가장 중요한 뿌리 중의 하나는 그레고리오 성가이다. 중세의 예술 음악사는 거의 전적으로 그레고리오 성가를 중심으로 발전했다. 거기에서 르네상스 음악과 바로크 음악이 생겨났다. 그래서 그레고리오 성가야말로 서양 음악으로 직접 이어지는 가장 오래된 뿌리라고 해도 좋을 것이다.

   그레고리오 성가는 '단(單) 선율로 부르는 로마 가톨릭 교회의 라틴어 성가'로 일종의 치유 음악을 말한다. 유명한 디에스 이레(Dies irae)의 선율은 베를리오즈의 '환상 교향곡'이나 생상스의 '죽음의 무도'에서 인용되기도 하였다.

> **단 [單] 선율 = 모노포니 [monophony]**
> 화성이나 대위법적인 요소가 없이 하나의 성부로만 이루어진 음악 형식으로 그리스 음악이나 초기 교회 음악이 이에 속한다. 특히, 그레고리오 성가에 있어서 모노포니의 음악은 높은 예술성에 도달했다. 그러나 이후 폴리포니 및 호모포니의 발달에 따라 거의 사용되지 않았다.

> **디에스 이레 [Dies Irae]**
> 라틴어로 '분노의 날'이라는 뜻으로 레퀴엠(죽은 자를 위한 진혼 미사곡) 가운데 하나이다. 가사는 13세기 전반 이탈리아에서 활약한 토마스에 의해서 정리되었다는 설이 있다.

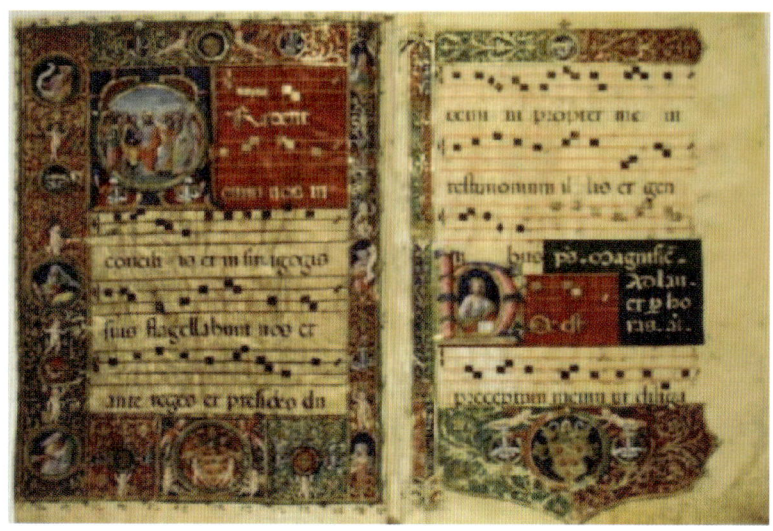

그레고리오 성가[Gregorian chant]
로마 가톨릭의 전통적인 단선율(單旋律)의 전례 성가로 로마 전례 양식 때 사용되는 무반주의 종교 음악이다. 독자적인 선율미를 가졌으며, 예술적으로 뛰어난 중세 대표 음악이다.

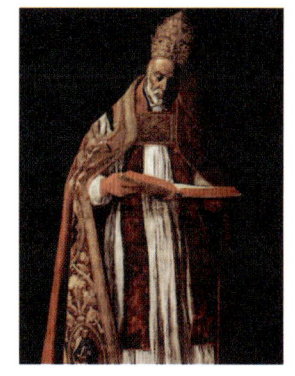

그레고리우스 1세[재위: 590~604]
제64대 로마 교황으로 스콜라 칸토룸에서 교육시킨 성가 가수와 합창단을 각지의 교회로 파견하여 그레고리오 성가의 보급에 힘썼다. 그레고리오 성가는 그레고리우스 1세가 만들었다고 알려져 있으나 정확한 것이 아니라 전해내려 오는 이야기이다.

성가가 생겨난 중세는 현대인들이 상상하기 어려운 세계였다. 이단을 심문하고 화형에 처하고, 마녀 사냥이 횡행했으며 순례와 탁발승의 행렬이 줄을 이었다. 또한 수많은 재해와 천재지변, 악마의 빙의, 피를 흘리는 마리아 상과 같은 기적들이 난무했다. 사람들은 신의 분노를 두려워했다.

그들은 영화 『엑소시스트』와 같은 세계에서 살았다. 이런 시대에 싸늘한 수도원 안에서 끊임없이 흘러나오던 것이 수도사들이 부르는 성가였다. 수도원에서 떠돌던 노래나 주문과도 같은 신비한 울림이 당시 사람들에게 어떻게 들렸을지 상상할 수 있을 것이다.

장엄하면서 미묘한 음이 아마도 '신의 말' 또는 '신의 세계에서 울려 펴지는 음악'으로 주술처럼 들렸을 것이다(움베르토 에코의 원작 영화 『장미의 이름』에 나오는 승려들이 그레고리오 성가를 부르는 장면은 중세 수도원의 분위기를 느낄 수 있게 해준다).

그레고리오 성가는 분명 예술 음악의 근원이기는 하지만 그 자체로는 예술 음악(악보로서 설계되어 구성된 음악)이 아니었다. 원래 그레고리오 성가는 동요처럼 구전된 음악으로 악보에 적힌 음악이 아니었던 것이다. 이는 불경과도 유사한 일종의 주문, 즉 말도 노래(음악)도 아닌 존재였다.

이것을 근대적 의미에서 음악이라고 말할 수 없는 것이다. 무엇보다 그레고리오 성가는 단(單)선율이다. 서양 예술 음악의 가장 큰 특징은 음을 '건물처럼' 세우는 것이다. 즉 음과 음을 엄격하게 설계하면서 쌓아가는 것이 서양 예술 음악의 특징인데 그레고리오 성가는 그런 특징을 갖고 있지 않았던 것이다.

서양에서 악보에 적는 음악이 처음 나타난 것은 9세기였다. 그레고리오 성가를 모태로 생겨난 오르가눔이라는 장르다. 그런 의미에서 그레고리오 성가는 본래의 예술 음악사의 아우프탁트(여린박자)라고 할 수 있다.

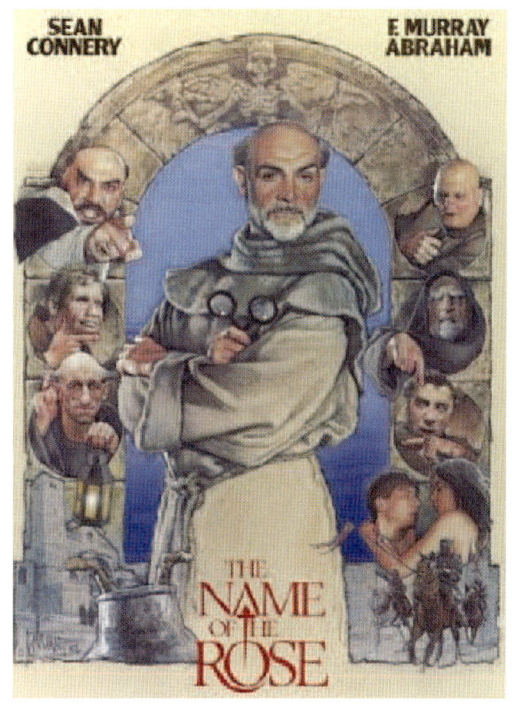

SEAN CONNERY   F. MURRAY ABRAHAM

THE NAME OF THE ROSE

장미의 이름 [The Name of the Rose]
중세 이탈리아의 한 수도원에서 일어난 의문의 살인사건을 해결해 나가는 추리소설로 중세의 생활상, 교파간의 이단논쟁과 종교재판 등 사실적 묘사와 신학과 철학 등 서양 고전의 다양한 원용과 함께 당시 중세인들이 인식하던 당대의 역사를 입체적으로 형상화하였다.

오르가눔 [organum]
9~13세기에 불린 초기 다성 음악(多聲音樂)의 총칭으로 오르간(organ)의 라틴 원어이다. 중세 초기 전례가(典禮歌)인 그레고리오 성가의 단선율을 정선률(定旋律)로 히고, 히니 또는 그 이상의 대성부(對聲部)를 곁들인 악곡으로, 동시에 노래하는 일이 시도되었다.

❧ 서양 세계의 성립에 대해

여기에서 잠시 서양 세계의 성립에 대해서 조금 짚고 넘어가자. 시중에는 고대 그리스 로마 시대에서 시작하는 '서양사' 책들이 많다. 물론 그리스 로마 문명이 그 후의 서양 문화의 모태가 된 것은 분명하다. 음악사의 사상 면에서도 고대 그리스의 영향을 강하게 받고 있다.

하지만 동시에 고대 그리스 로마 문명과 후의 서양 세계 사이에는 깊은 단절이 있다. 고대 그리스 로마 문화는 게르만인의 침입에 의해 한 번 해체되며(서로마 제국의 멸망이 476년이다), 그 후 모든 민족이 뒤섞여 한동안 혼란의 시대가 계속된다. 유럽은 칼 대제(800년 대관(戴冠))의 프랑크 왕국 이후 다시 통일된 문화권을 형성한다. 칼 대제가 통일한 것은 지금의 이탈리아 북부와 독일에 이르는 거의 프랑스 전역이었다.

프랑크 왕국은 아프리카 북부나 이스라엘 부근까지를 포함하는 환지중해 문화권이었던 로마 제국과 지역적으로도 상당히 달랐다. 오히려 현재 EU의 원형이 된 것은 칼 대제의 프랑크 왕국이었다고 해야 할 것이다. 그는 여러 가지 법제를 정비하고, 지배 지역의 기독교화를 진행하며, 학자와 예술가를 궁정으로 불러 문화 진흥에 힘을 쏟았다. 그리고 서양 특유의 '적는 음악 문화'의 씨앗도 여기에서 생겨났다.

이처럼 예술의 시작은 시대적으로는 거의 서양 세계의 성립과 일치한다. 그리고 이 서양 세계란 이탈리아 · 프랑스 · 독일의 문화 트라이앵글을 말한다.

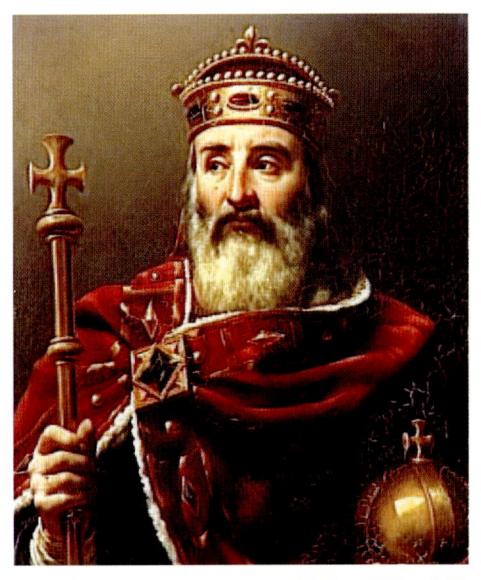

칼 대제[Charlemagne, 742~814, 샤를마뉴, 카롤루스 대제]
카롤링거 왕조의 제2대 프랑크 국왕(재위 768~814)으로 서유럽의 정치적 통일을 달성하고, 교황 레오 3세로부터 황제로서 대관(戴冠)이 되어 로마 교황권과 결탁한 서유럽의 종교적인 통일까지 이룩했다. 그는 로마 고전 문화의 부활을 장려하고 여러 성직자들의 활약에 힘입어 카롤링거 르네상스를 이룩하였다.

여기서부터 서양 예술 음악에 대해 중요한 지역적 정의가 나온다. 즉, '예술 음악'이란, 이탈리아 · 프랑스 · 독일을 중심으로 발전한 음악이라는 것이다. 러시아 등은 말할 필요도 없이 중앙 유럽 문화권에서 벗어나는 영국도 예술 음악의 역사에서는 변방에 지나지 않았다.

앵글로색슨이 서양 예술 음악의 주류가 아니었다는 점은 매우 중요하다. 실제 영국에서는 '대작곡가'가 거의 나타나지 않았다(기껏해야 퍼셀과 엘가와 브리튼 정도). 그에 반해 현대의 파퓰러 음악이 앵글로색슨 주도였다는 것은 흥미롭다. '서양 음악사'의 실체는 '이탈리아 · 프랑스 · 독일의 예술 음악사'이다.

여기서 다시 한 번 '서양 예술 음악'의 정의를 간단히 정리해 두자. 서양 예술 음악은 '지적 엘리트 계급(성직자 및 귀족)에 의해 지지된', '주로 이탈리아 · 프랑스 · 독일을 중심으로 발전한', '종이에 적어 설계된' 음악 문화인 것이다.

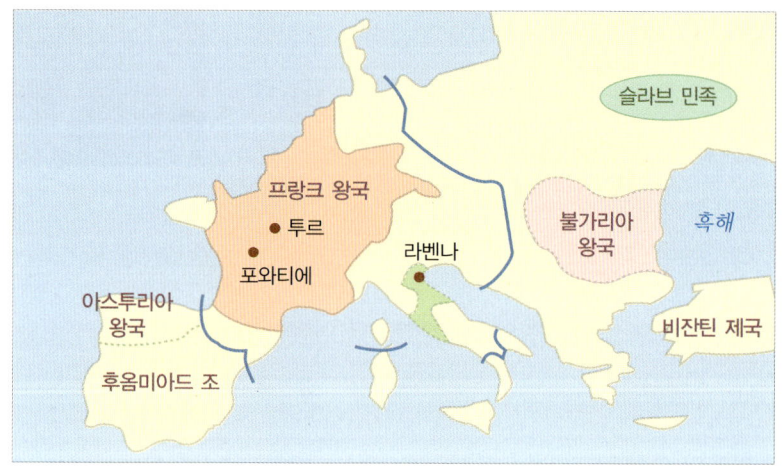

서양 음악사의 중심이 된 이탈리아, 프랑스, 독일이 당시 프랑크 왕국에 모두 속해 있었다.

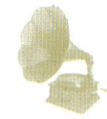

～ 앞으로 나아가기 시작한 역사

800년 전후의 프랑크 왕국의 성립과 거의 같은 시기에 음악사에는 눈에 띄는 사건이 잇달아 일어나기 시작한다. 일련의 사건이 발단이 되어 여러 가지 혁신이 이루어지며 역사가 앞으로 나아가기 시작한 것이다.

먼저 그레고리오 성가가 종이에 적히게 되었다. 거기에는 로마의 성가를 가능한 한 정확히 프랑크 왕국에 보급시키려는 정치적 의도가 있었다.

하지만 당시의 악보인 네우마는 가사 옆에 마디를 나타내는 지렁이가 기어가는 것 같은 각양각색의 기호를 단 것으로 지금의 오선보와는 전혀 달랐다.

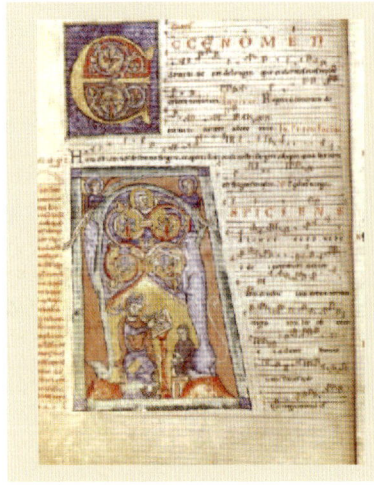

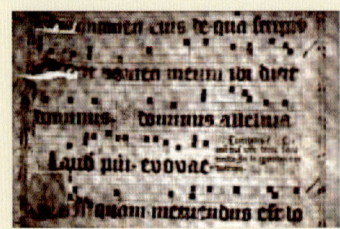

4선 네우마 악보

네우마 [neuma]

중세(8~15세기) 음악에서 그레고리오 성가의 악보에 쓰던 갈고리형·점·짧은 선 등의 기호를 가리키며, 그 악보를 네우마 악보라고 하고, 근대 악보의 모체가 된다. 성가를 부를 때 손으로 선율의 움직임을 도식화한 데서 고안되었으며, 지금도 로마 가톨릭 교회의 전통적인 성가의 악보에 쓰이고 있다. 로마 4각음표를 가리키는 새로운 네우마는 음의 상대적인 높이나 리듬, 뉘앙스를 나타내는 기록 작성 방법이지만 그 해독법은 학자들 사이에 많은 견해 차이가 있다.

🎻 뮤지카 엔키리아디스 [musica enchiriadis 음악 입문서]

작자 미상의 음악 이론서로서 어떻게 단성의 그레고리오 성가를 다성 음악화 하느냐에 대해서 언급하고 있으며, 실제 음악도 포함하고 있다. 단성부의 성가를 2, 3, 4성으로 연주하는 방식을 설명하고 있는데, 첨가된 성부는 원래의 성가 선율을 그대로 진행하게끔 되어 있고, 이러한 단성 음악을 오르가눔이라고 불렀다. 다소 복잡한 오르가눔의 예도 책에 설명되어 있다.

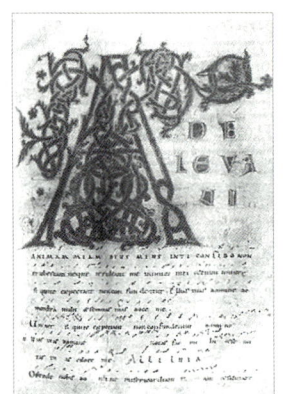

11세기에 스위스의 장크트 갈렌 수도원에서 만든 네우마로 가사 위에 표시된 여러 선이 곡조를 나타낸다.

당시의 네우마는 지금의 악보와 같은 '음의 객관적인 설계도'라는 성격은 아직 갖지 못한 비망록적인 역할을 하는 정도였다. 하지만 이 무렵부터 종이에 적어 정확한 음악을 후세에 남기고자 하는 복음 선교자적 의지가 나타나기 시작했다. 9세기 음악사에 있어 가장 중요한 것은 『뮤지카 엔키리아디스(9세기 중반)』라는 음악 이론서의 등장이다. 여기에는 오른쪽 그림(33쪽 하단 그림)과 같은 악보의 예가 제시되어 있다.

『뮤지카 엔키리아디스』를 보면 조금씩 간격을 변화시키면서 병행해 움직이는 두 가지 선(33쪽 상단 그림 참조)이 그려져 있는 것을 알 수 있을 것이다. 위의 선은 그레고리오 성가를, 아래의 선은 새롭게 덧붙인 대(對)선율(오르가눔 성부)을 나타내고 있다. 사람들은 단(單)선율로의 성가는 어딘가 부족하다고 느끼게 되었다. 그래서

또 다른 하나의 선율을 겹쳐 노
래하기 시작한다. 지금까지 단
하나의 횡(橫)의 흐름밖에 몰랐던
단선율의 음악 사상에 종(縱)의
차원이 더해진 것이다. 그래서

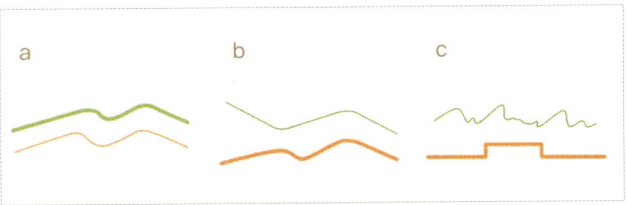

『뮤지카 엔키리아디스』에 나온 선율의 변화

『뮤지카 엔키리아디스』에 나온 예와 같이 아래와 같은 선율의 변
화가 가해졌다.

a. 성가 밑에 4번 내지 5번의 간격으로 병행하며 움직이는 성부
(오르가눔 성부)가 더해져 있다.

b. 오르가눔 성부가 위에 위치하고 종종 성가와는 반대 방향으로
움직이게 된다.

c. 길게 한 성가 위에 세세한 장식적인 성부가 놓인다(멜리스마 오
르가눔).

이처럼 그레고리오 성가에 새로운 다른 성부를 더하여 겹쳐 노
래하는 장르를 오르가눔이라고 한다. 오르가눔은 중세 음악사 전
반의 중심적 장르였다. 물론 여기에는 아직 조심스러운 2가닥의
선율의 흐름이 있을 뿐이다. 새롭게 덧붙인 성부는 대개 4번 내지
5번의 간격으로 그레고리오 성가의 성부를 그림자처럼 따라 움직
일 뿐이다. 여기에는 바흐의 2성의 인벤션과 같은 정교한 두 선율
의 얽힘은 없다. 하지만 여기에서 처음으로 서양의 수직적 음악
사고가 탄생하였다. 여기에 말러나 쇤베르크와 같은 몇 십 개나
되는 성부를 복잡하게 엮어 만든 음악의 첫걸음이 적혀 있다. 모
든 것이 이 첫 걸음에서 생겨났다.

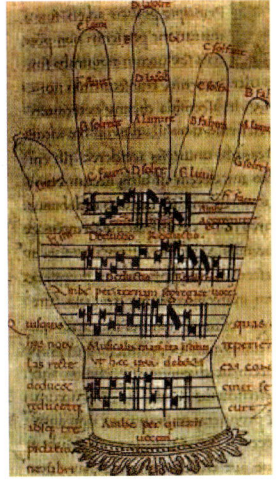

『뮤지카 엔키리아디스』에 나오는 악
보. 오늘날의 오선보의 먼 기원으로, 2
성의 오르가눔의 노래법이 적혀 있다.

🎻 멜리스마 오르가눔

12세기에 들어와서 주요 성부는
테너라 불리고, 대성부는 테너 위
에 놓여 길게 늘어지는 테너의 1
음표에 대하여 풍부하게 장식된
악보를 연주하게 된다. 이와 같은
형태와 1음표 대 1음표가 뒤섞여
사용된 것도 있다.

오르가눔 예술의 전개

오르가눔의 종류
오르가눔은 대위법 음악의 가장 기초적인 것으로 병행 오르가눔, 자유 오르가눔, 멜리스마적 오르가눔, 리듬적 오르가눔 등이 있었다.

만약 지금 히트한 가요의 코드 진행을 그대로 따라하거나, 같은 가사와 멜로디를 코드를 조금 바꿔 신곡으로 만든다면 저작권법으로 고소당할 것이다. 하지만 이것이 바로 중세 사람들의 작곡 방법이었다. 당시는 아무것도 없는 상태에서 무언가를 만든다는 의식이 거의 없었던 것이다.

곡을 만든다는 것은 그레고리오 성가에 무언가를 조금 더하는(장식하는) 것, 즉 그것을 편곡하는 것이었다. 그런 성가 편곡이 오르가눔이라 불리는 장르이다. 이것은 중세 미술 상황과 매우 닮아 있다.

당시 회화라고 하면 거의 종교적인(수태고지나 그리스도의 책형이나 아담과 이브의 낙원 추방 등) 내용의 그림뿐이었다. 또한 주제마다 그것을 그리는

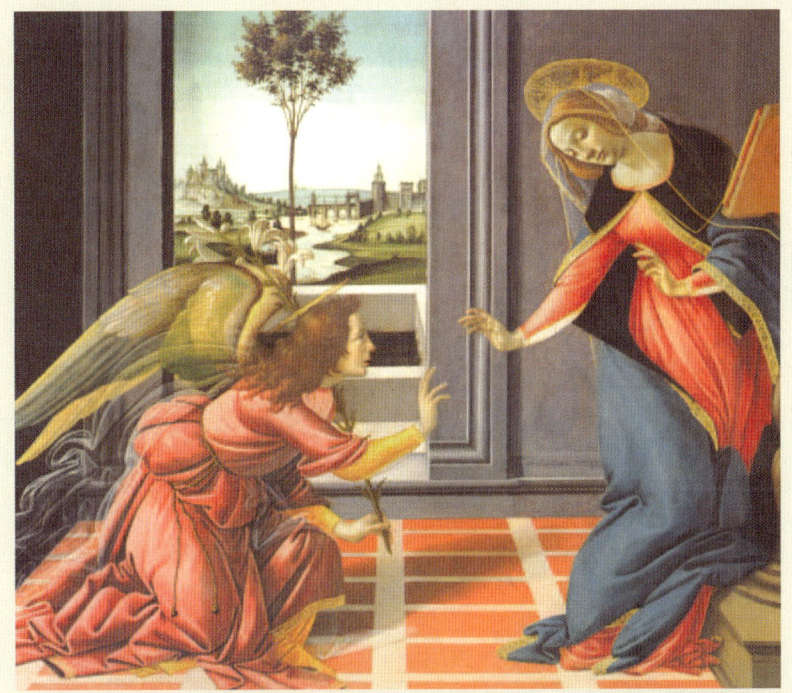

수태고지 [受胎告知], 보티첼리 作.
크리스트교 미술의 주제로 성모영
보(聖母領報)라고도 한다. 이 그림
은 두 차례 수태고지 중 두 번째
로 하느님의 사자인 대천사 가브
리엘이 실은 잣는 마리아에 대한
수태고지를 나타내고 있다. 다른
하나는 우물가의 마리아에 대한
수태고지가 있다

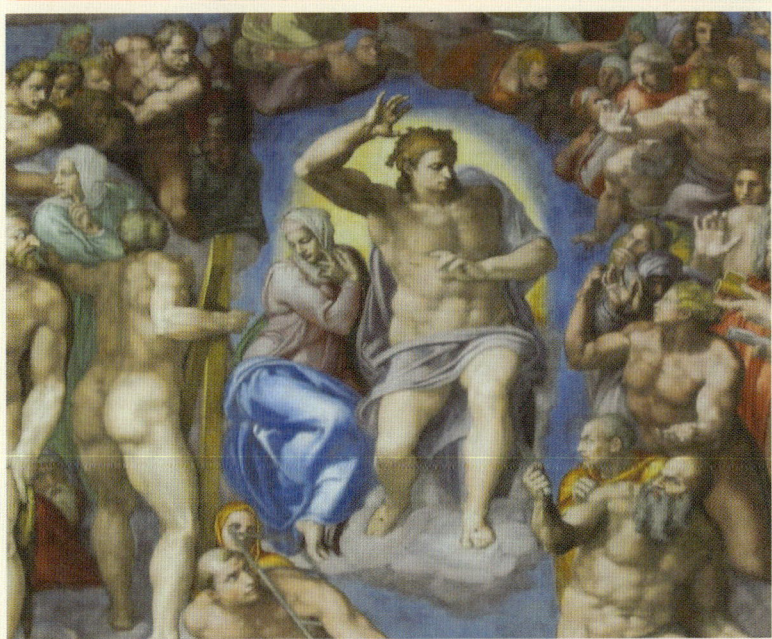

미켈란젤로 천지창조 중 낙원추방
바티칸 박물관

구조가 거의 정해져 있었다(수태고지는 마리아 앞에 천사가 서있고 그 옆에는 처녀성을 나타내는 백합을 그린다). 여기에는 화가의 독창성이 개입할 여지가 전혀 없었다.

그렇지만 단순한 형태의 재현만으로는 점차 부족하다고 느끼는 것이 예술가의 습성이다. 중세의 음악가들도 그레고리오 성가를 장식하는 것만으로는 만족할 수 없어 조금씩 새로운 것을 하고 싶어졌을 것이다.

시간이 흐르면서 그레고리오 성가가 오르가눔 성부(새롭게 덧붙여진 성부)보다 아래에 위치하는 경우가 많아졌다. 처음에는 위에 위치하여 그레고리오 성가를 장식하던 오르가눔 성부가 곡의 중요한 부분이 된 것이다.

주객이 바뀐 그레고리오 성가는 점차 곡을 만들기 위한 구실이 되기 시작했다. 또 처음에는 그림자처럼 같은 보조로 그레고리오 성가를 따라왔던 오르가눔 성부가 11세기 말부터 12세기 초가 되면서 독립적으로 움직이게 된다. 성가의 선율과 반대 방향으로 움직이거나, 길게 늘인 성가 위에 섬세하고 장식적인 선율이 덧붙여지게(멜리스마 오르가눔) 된 것이다. 이것은 12세기에 들어 일어난 일이다.

단, 서양 예술 음악의 초기 모습은 어디까지나 추측에 지나지 않는다. 구체적인 것은 대부분 어둠에 싸여있는 채이다. 악보 또한 극히 원시적이기 때문에 어떤 편성으로 노래했는지 알 수 있는 단서도 거의 없다. 중세 초기의 오르가눔은 듣고 즐기는 음악이 아닌 어떤 음악이었을지 상상하며 수수께끼를 풀며 즐기는 음악이라고 할 수 있다.

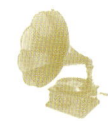

〰 중세 음악의 폭발적 발전-노트르담 악파

모든 시대가 그러하듯 중세에도 상승의 시기와 정점과 하강의 시기가 있었다. 지금까지 살펴본 것들은 매우 조심스러운, 망설임이 있는 상승의 시기였다. 9세기부터의 초기 오르가눔에서 서양 음악사의 큰 흐름이 생겨난 것은 확실하지만 그것은 희미한 흔적일 뿐이다. 중세 음악이 폭발적으로 발전하기 시작한 것은 12세기 말 **노트르담 악파** 시대부터이다. 중세의 오르가눔 예술의 정점을 이루는 노트르담 악파는 시대적으로는 교회 권위의 절대기와 겹쳐지고 있다.

1099년에는 제1회 십자군이 예루살렘 탈환을 성공하고, 12세기의 교회는 왕을 능가하는 절대적인 힘을 갖고 있었다. 수도원의 금

노트르담 악파 [12세기 후반~13세기]
노트르담 대성당의 스콜라 칸토룸을 중심으로 번성하여 생겨난 폴리포니(다성 음악) 악파이다. '오르가눔의 최량의 거장'으로 불린 레오니누스(레오냉)의 오르가눔 대곡집 『마뉴스 리베르 오르가니』와 이를 개편한 '최고의 디스칸투스 작곡가'라 불린 그의 후계자 페로티누스(페로댕)은 3성부, 4성부를 추가로 초기 복음 음악의 발달에 공헌하였다. 악곡은 고정된 신비적인 표현을 담고 있으며, 그 시대 대성당의 건축양식과 호응을 이룬다. 자품은 수위 4개의 노트르담 악파 수사본과 많은 모테토 수사본으로 남아 있다.

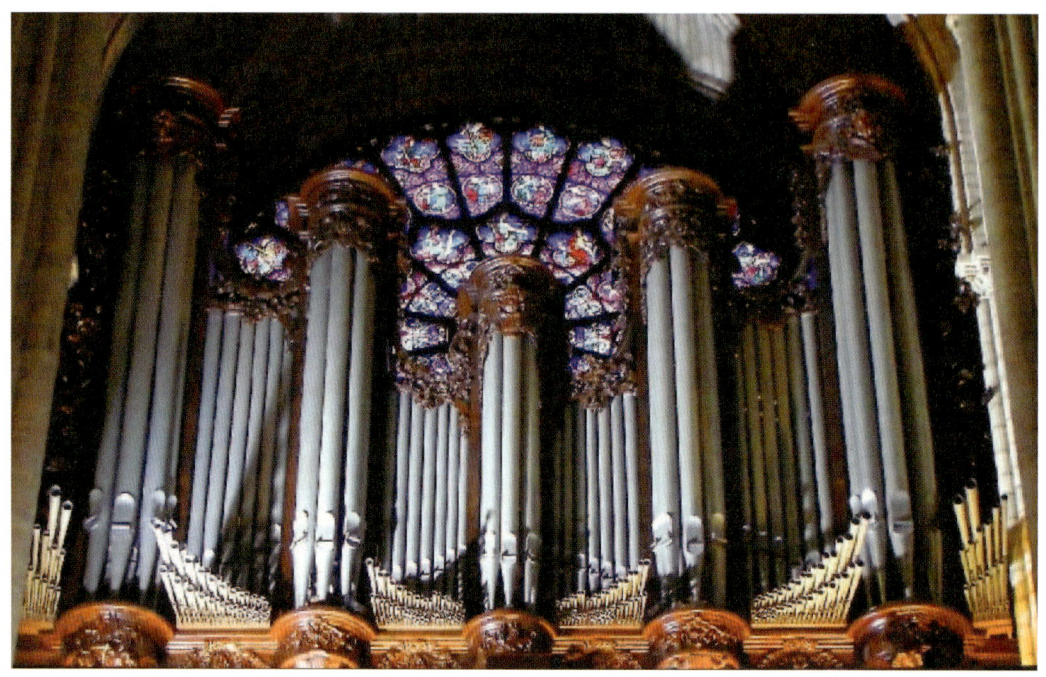

노트르담 대성당 오르간

1402년에 만들어져 1730년(5매뉴얼 46스탑), 1830년(익스프레션 페달 장착), 1864~1867년(86스탑 – 생상스와 프랑크가 연주했다는 설이 있다), 1900~1937
년까지 루이 비에른이 연주대에서 숨을 거둘 때까지 오르가니스트로 일하는 등 여러 번의 개축을 거쳐 지금의 5매뉴얼, 110스탑 7800의 파이
프를 가지게 되었다.

욕적인 종교 활동은 점차 과거의 것이 되고, 종교가들은 사람들에게
권력을 과시하게 되었다. 그때, 프랑스 각지에서 잇달아 고딕 양식의
교회가 세워진다.

　하늘에 닿을 듯한 첨탑, 입구에 가득한 조각들, 그리고 그 시대의
것이라고 믿을 수 없는 스테인드글라스의 신비로운 색채 등은 그야
말로 지상에 재현된 신의 집이었다. 초기 고딕 양식인 생드니 대성당
이 1137~1144년에 축조되었고, 사르트르 성당이 1194~1220년, 아
미앵 대성당이 1220~1270년, 그리고 파리의 노트르담 대성당이

1250년에 완성되었다. 그리고 노트르담 대성당을 중심으로 전개된 음악이 노트르담 악파의 음악이었다.

노트르담 악파는 레오냉과 페로탱이란 두 '작곡가'의 존재에 의해 일찍부터 알려졌다(작곡가라고 표시한 것은 그들이 과연 근대적인 의미의 작곡가였는지 의심스럽기 때문이다). 12세기 후반에 활동한 레오냉은 교회 의식(미사 등)을 위해 오르가눔을 체계적으로 정리했다(오르가눔 대집).

12세기 말부터 13세기 초반부에 걸쳐 활동한 페로탱은 이 오르가눔을 더욱 대규모로 개편했다. 오르가눔은 독일이나 이탈리아, 스페인에도 13세기 말까지의 사본이 남아 있다. 그래서 그들의 작품이 당시 얼마나 명성을 떨쳤는지 추측해 볼 수 있다.

레오냉과 페로탱의 작품을 비교해 보면 고딕 시대에 오르가눔 예술이 얼마나 비약적인 발전을 이루었는지를 실감할 수 있다. 앞에서 말한 것처럼, 페로탱의 것으로 보이는 많은 작품이 레오냉의 작품을 개작한 것이므로 비교하기에 딱 좋은 소재이다(예를 들어 데이비드 먼로우의 명 녹음 『고딕기의 음악』에 담겨 있는 '지상의 모든 나라들은' 등).

먼저 레오냉의 멜리스마 오르가눔은 두 성부가 매우 섬세한 곡이다. 길게 늘린 그레고리오 성가 위에 공중을 떠도는 것 같은

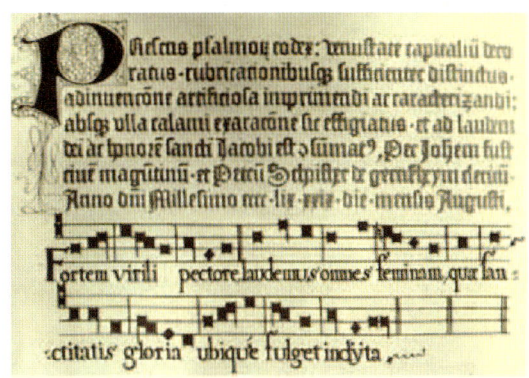

레오냉의 마누스 레피엘 오르가니 [Magnus liber organi]

12세기 후반 노트르담 악파 최고의 예배 음악 작곡가인 레오넹(Leoninus)이 1170년경 작곡한 것으로 오르가눔 대집으로 알려져 있다. 교회력에 의한 1년 동안의 주요 축일 미사를 위한 2성 오르가눔 모음집으로, 59개의 미사곡과 34개의 성무일도를 위한 곡이 포함되어 있는데 층계송, 알렐루야, 응답송 등이 유명하다. 장식음이 많은 다음절(멜리스마) 양식과 1음:1음의 디스칸투스 양식이 혼합되어 있다. 현재 여러 개의 필사본으로 전해진다.

🎻 페로탱 [Perotinus. ? ~ 1238(?)]

노트르담 악파에 속한 종교 음악 작곡가로 4성부로 된 다성 음악을 처음 도입한 사람으로 전해진다. 대부분 2성부의 오르가눔 형식으로 씌여진 12세기 종교 음악에 반해 그의 오르가눔에서는 예배에 쓰이는 전례 성가에 의한 테노르 성부에 매우 장식적으로 꾸며진 2, 3개의 성부를 붙였다. 『비데룬트 Viderunt』・『세데룬트 Sederunt』 등 2개의 4성부 작품이 알려져 있으며, 『모르스 Mors』도 그의 작품으로 추정되고 있다. 선임자 레오냉이 쓴 『마누스 레피엘 오르가니 Magnus liber organi』를 확대・재편했으며, 리듬의 사용에서도 혁신을 일으켰다.

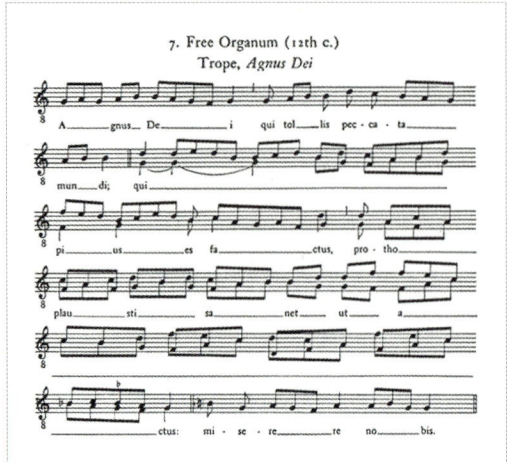

자유 오르가눔 트로프, Agnus Dei [천주의 어린양]

트로프란 정식 예배용 가사에 자세한 설명 구절을 삽입하거나 그 가사를 오래 끄는 것으로 원래는 성가 중 어떤 부분의 음표에 맞추어서 작곡되었던 것이다. 이 곡은 12세기 곡으로, 불규칙적이고 자유스런 리듬이며 이 시대 이론가들이 협화음이라고 여겼던 옥타브, 5도, 4도, 동음이 주가 되고 불협화음으로 여겼던 3도도 다소 보인다. 몇 개의 3도음전이 연속하여 사용되고 있는 것도 이 시대의 특징이다(베슬러 Besseler의 해석).

오르가눔 성부가 세세하게 장식되어 있다.(33쪽 그림 참조)

그에 비해 페로탱의 곡은 레오냉과 비교가 되지 않을 정도로 규모가 크다. 중세의 심포니라고 부르고 싶어질 정도다. 편성은 4성으로 확장되고, 저음에서 울리는 그레고리오 성가는 거대한 돌기둥을 연상시킨다. 그리고 그 위에 리드미컬한 오르가눔 성부가 얹어져 있는데 그것은 지금의 8분의 6박자로 들릴 것이다.

페로탱의 춤추는 듯한 곡의 리듬은 악보 시스템과 밀접한 관계가 있다. 그 시대부터 음조만이 아니라 음의 길이(리듬)도 어느 정도 표기할 수 있도록 악보 시스템이 고안되었기 때문이다(그것은 모드 리듬이라고 불린다). 아마 그때까지 음악은 아직 말에서 완전히 독립하지 못해 가사를 적절한 억양으로 읊으면 저절로 리듬이 되었을 것이다.

그렇기 때문에 사람들은 굳이 음의 길이를 악보에 표기할 필요성을 느끼지 못했을 것이다. 일부러 음표로 적지 않아도, 불경처럼 말의 억양이 자연스럽게 적절한 리듬을 이끌어 주는 것이다.

페로탱 시대에 이르러 비로소 음악은 말의 억양에서 해방되고 음악 고유의 시간 분절의 법칙(리듬)을 추구하게 되었다. 그렇기 때문에 음가(音價)를 되도록 정확하게 표시해야 했다. 이것은 음악이 언어에서 자립해가는 과정에서 매우 중요한 첫 계단이다.

◟ 울려 펴지는 수의 질서

　페르탱의 곡은 오늘날 사람에게는 마치 다른 세계의 음악처럼 들릴 것이다. 이 위화감에는 몇 가지 이유가 있는데, 그 최대의 이유는 화성 감각의 차이 때문이다. 우리에게 화성이란 도미솔을 말한다.

　하지만 중세에는 도미솔이 불협화음이었다. 즉 '미(3도)'가 들어가서는 안 되었다. 시험 삼아 피아노로 '도미솔'과 '도솔'을 비교해 쳐 보았으면 한다. 부드러운 전자의 울림에 비해, 후자는 부드러움이 빠진 어딘가 모가 나있는 공허한 것으로 들릴 것이다.

　하지만 중세 사람들에게 있어 이 '도솔'의 울림(근대의 화성법에서는 공허5도로 불리는 금지된 규칙이다)은 제대로 된 것이었다. 중세에서 추구하는 울림은 금욕적이며 준엄하고 위협적인 울림이었다. 음악은 감미로운 대상이 아니었던 것이다.

아마도 이런 음향이 사랑받은 배경에는 당시 사람들의 독특한 음악관에 기인했을 것이다. 여기서 중세의 음악 미학에 대해서 조금 살펴보자. 먼저 강조해두고 싶은 것은 중세의 음악은 결코 '음'을 '즐기는 것'이 아니었다는 사실이다. 중세에 널리 읽힌 보이티우스(480?~524?년)의 『음악망요(音樂綱要)』 이론서에서는 음악을 세 종류로 분류하고 있다.

맨 위단이 우주를 담당하는 '뮤지카 문다나', 중간이 사람의 심신을 담당하는 '뮤지카 후마나'이다. 그리고 마지막 단이 실제의 음악 '뮤지카 인스트루멘탈리스'이다.(왼쪽 아래 그림 참조)

우선 '뮤지카 문다나(우주의 음악)'는 사계의 변화나 천체의 운행 등을 담당하는 질서를 말한다. 이것에는 매우 중요한 의미가 부여되어 있다. 당시의 사람들에게 '본래의' 음악이란 '세계를 조율하고 있는 질서'였다. 그리고 이 같은 질서가 인간의 심신을 담당하고 있다고 생각하였는데 이것은 '뮤지카 후마나(인간의 음악)'라고 불렸다. 음악에 의한 이 조율 작용이 이상해지면 병이 걸리거나 성격이 삐뚤어진다고 생각한 것이다.

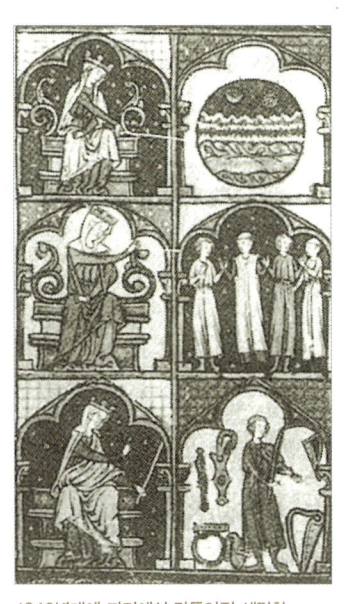

1240년대에 파리에서 만들어진 세밀화

그리고 실제로 울리는 음악(이것이야 말로 우리들이 음악이라고 생각하고 있는 것인데)은 '뮤지카 인스트루멘탈리스(악기의 음악)'라고 불렸다. 이것은 세 종류의 음악 중 가장 하위에 두었다(여기에서는 목소리도 음악에 포함된다). 실제로 울리는 음악은 어찌되든 상관없는 것으로 진정한 음악이란 그 배후의 질서라고 생각한 것이다.

이런 '음악은 듣는 것이 아니다'
란 사고의 배경에는 음악을 수학의
일종이라고 생각한 고대 그리스의 사
상이 담겨 있다. 그 대표는 피타고라
스이다. 그는 수학자이면서 동시에
음향학자이기도 했다.

현의 길이를 반으로 줄이면 한 옥
타브 위의 소리가 울리는 것과 같은

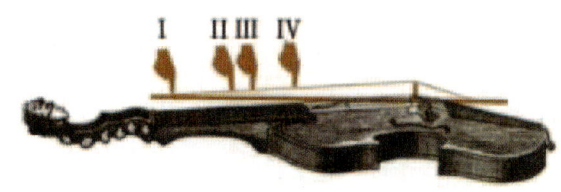

피타고라스의 음계 [Pythagorian scale]
피타고라스에 의해 발표된 것으로 일현금(一絃琴, 모노코드 Monochord)에 의하여
음정이 수비례를 이루는 현상으로 일현금에 지주(支柱)를 움직여 동음의 경우
두 음의 진동수는 1:1, 완전8도는 1:2, 완전5도는 2:3, 완전4도는 3:4, 장2
도는 8:9가 되는데 어울림 음정을 확인하고, 다시 완전5도를 거듭해 나감으로
써 온음계의 모든 음을 얻을 수 있다. 즉 하나의 음정을 이루는 두 음의 진동수
의 비율이 단순할수록 더 안정된다는 것이다.

음정비와 현의 길이의 비율 관계를 발견한 것이 바로 피타고라스이
다. 고대 그리스에서 이미 음악은 진동하여 울려 퍼지는 숫자였으며,
초월적 질서(수학적 비율)의 감각적인 표현이었다.

아마도 중세 사람들은 음악(예술 음악)을 현상계의 배후에 있는 객관
적인 질서를 탐구하고 인식하는 것이라고 생각했을 것이다. 그것은
일종의 과학에 가까운 사고이다.

예를 들어 요하네스 아플리게멘시스의 『음악론』(1100년경)은, 음악

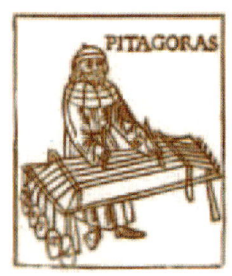

[현으로 실험]

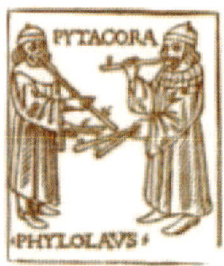

[관으로 실험]

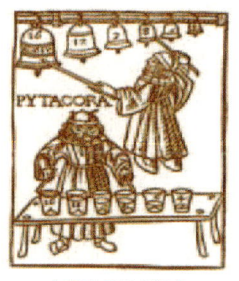

[종과 물로 실험]

**피타고라스의 음악적 조화에 관한
여러 실험 모습**
15세기경 이탈리아 목판화

가를 '무지크스=이론을 숙지하고 있는 사람'과 '칸트르=이론 없이 그저 음악을 할 뿐인 사람' 두 종류로 분류하고 있다.

중세의 대학의 자유 7학과에서는 문법과 수사학과 변론술이 기초 학과였다. 그에 반해 음악은 기하학이나 대수, 천문학과 함께 보다 고등한 수학적 학문으로 분류되었다. 이것을 통해 볼 때 음악은 쾌락 이 아닌 과학과 철학에 가까운 것이었음을 알 수 있다.

이런 중세 음악관으로 볼 때, 페로탱의 곡에는 신의 나라의 질서를 소리로 모방한다는 의도가 있었던 것 같다. 적어도 그것이 인간 이 듣고 즐기는 것이 아니었다는 것만은 확실하다.

앞에서 페로탱의 곡이 전부 8분의 6박자로 들린다고 말하였 는데, 이것도 신학적인 이유가 있다. 당시의 음악은 오로지 삼위 일체를 표현하는 3박자 계열로 적혀졌다(뒤에서 말하겠지만, 14세기에 들어 2박자 계열이 도입되자, 교회에서 신을 모함한다 하여 큰 비난을 받았다).

또 우리가 이해하기 힘든 것은 저음에 있는 그레고리오 성가 이다. 길게 늘어지는 신음 소리의 진동을 듣고 바로 그것이 성 가라고 알 수 있는 사람은 없을 것이다. 들어도 알 수 없는 것을 왜 만들까하고 생각하는 것이 우리들의 음악관이다. 하지만 당 시의 사람들에게는 귀로 들리는 것보다 그속에 신의 질서(성가) 가 확실히 존재하고 있다는 것이 무엇보다 중요했을 것이다.

음악의 배후에 초월적인 질서를 만들려고 하는 경향은 우리 에게 친숙한 클래식 레퍼토리의 음악과도 관련이 있다. 바흐가 선호한 숫자의 상징, 쇤베르크의 12음 기법, 혹은 바르톡의 황 금 분할 등, 이런 서양 예술 음악에는 특유의 수학적 사고가 있

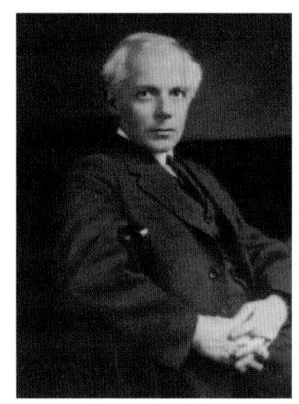

바르톡[Bela Bartok, 1881~1945]
헝가리 현대 음악의 창시자. 피보나치 수열에 따라 음의 조성과 대담한 화성 체계, 불규칙한 리듬, 불협화음, 새로운 주제의 도입, 악기의 배치 등을 정한 것으로 유명하다. 특히 『현악기, 타악 기, 첼레스타의 음악』에서 곡의 황금분 할 지점에 클라이막스를 배치한 작곡 법과 2-2-2-2의 정상적인 분할 대 신 3-2-3, 2-3-3, 3-3-2 등으로 분할한 리듬결합법 등 황금분할의 원 리를 음악에 응용한 점은 눈여겨 볼 만하다. 황금분할의 이용은 인공적인 것을 거부하고 음악을 자연으로부터 동떨어지지 않도록 사용한 방법 중 하 나였다.

다. 그것을 극단적으로 나타내는 것이 토마스 만의 소설 『파우스트 박사』에 나오는 한 부분이다. 이 작품에서 등장 인물의 한 사람이 크레치마르라는 음악교사에게 다음과 같이 말한다.

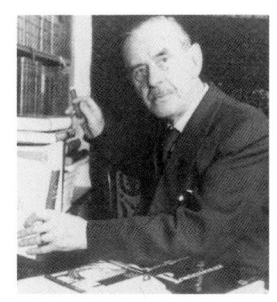

토마스 만[Thomas Mann, 1875~1955]
독일의 평론가이자 소설가로 그는 『파우스트 박사』에서 "러시아 사람은 깊이가 있지만 형식이 없어. 서구 사람들은 형식은 있지만 깊이가 없지. 둘 다 가지고 있는 민족은 우리 독일 민족뿐이야"라며 자신의 음악적 사상을 표현하였다.

"사람들은 음악이 귀에 호소한다고 말하는데 그것은 조건에 지나지 않는다. 청각은 다른 모든 감각과 같이 정신적인 것에 대한 보충적인 중간 기관, 수용 기관에 지나지 않는다. 듣지 않고, 보지 않고, 느끼지 않고, 할 수 있다면 정념의 피안에서, 순수한 정신적인 영역에서 이해하고 관조되는 것이 음악의 가장 깊은 바람이다."

덧붙여 1945년에 『파우스트 박사』 등장 인물의 모델이었다고 여겨지는 쇤베르크는 토마스 만의 70세 생일을 축하하며, 매우 복잡한 캐논(사성의 무한 캐논)을 헌정하였는데, 이때 쇤베르크는 이 작품 속의 음악은 거의 연주가 불가능한 것이라고 말했다고 한다. 음악은 반드시 소리로 들어야 할 필요는 없다(음악은 현상계의 배후의 수적 질서다)는 특이한 생각이야말로 중세 시대부터 현대에 이르는 서양 예술 음악의 역사 속에 흐르고 있는 사상이라고 할 수 있다.

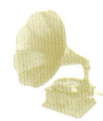

아루스 노바(새로운 예술)와 중세의 황혼

여기서 다시 중세 음악의 역사로 돌아가자. 지금까지 언급하지 않았으나, 지역적으로 보면 중세 음악이란 노트르담 악파보다는 먼저 프랑스의 음악이었다. 중세는 프랑스 음악의 최고 황금기였다. 드뷔시나 라벨의 작품에는 종종 고풍적인 작품들이 있는데, 이것은 중세 음악의 향수에 대한 표현일 것이다(드뷔시에게 중세 음악에 대한 학술적인 지식이 있었을 리가 없지만).

중세 프랑스 음악이 성숙의 시대로 들어간 것은 13~14세기이며, 이 시대 후반부의 중심이 되는 것이 오르가눔에서 생겨난 모테트라는 장르이다. 이것은 3성으로 성립되는 것이 보편적이다. 그레고리오 성가를 저음에 두고 그 위에 자유롭게 고안한 선율을

🎻 모테트 [motet]

중세 르네상스 시대를 전성기로 한 중요한 성악곡으로 '말'을 뜻하는 프랑스어의 'mot'에서 유래되었다. 13세기에 정착되었고, 처음에 성부라는 뜻으로 쓰여졌으나 나중에는 악곡 전체를 가리키는 명칭이 되어 오늘날까지 사용되고 있는 양식이다. 바로크 시대의 모테트는 2중합창, 코랄편곡, 푸가 등의 양식에 통주저음 반주와 다른 악기로 덧붙여 반주를 첨가한 양식의 종교적 다성 합창곡이었다.

두는 점은 오르가눔과 같다. 하지만 위에 얹은 선율을 프랑스어로 부른다는 점이 오르가눔과 다른 점이다. 모테토의 어원은 프랑스어의 '말(mot)'이다

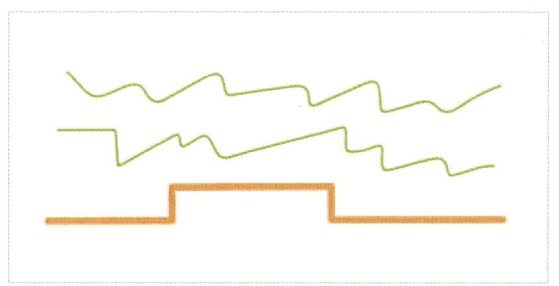

중세 모테토에서는, 늘여진 저음 그레고리오 성가(라틴어) 위에 세속적인 가사를 갖는 두 가지의 자유로운 창작 성부를 더한다.

당시 일반 대중은 라틴어를 몰랐다. 그래서 초기의 모테토는 저음에 그레고리오 성가를 놓고 그 위에 그 내용을 프랑스어로 해석한 가사의 선율을 얹었다고 한다. 하지만 오늘날의 시각으로 보면 그 후 모테토는 황당한 패러디 예술로 발전했다. 먼로우 지휘의 '고딕기의 음악'이란 녹음에 포함되어 있는, 13세기 후반의 한 모테트에는 다음과 같은 가사가 있다.

먼저 제일 윗 성부는 프랑스어로, "5월에는 백설조가 노래하고, 글라디올러스와 장미, 백합이 흐드러지게 피어난다. 사랑하는 사람들은 기쁨에 몸을 맡긴다. 그렇다면 나도 즐기자. 나에게는 세상에서 가장 아름다운 그녀가 있으니"라고 사랑 노래를 한다.

두 번째 성부도 프랑스어인데 "재혼한 남자는 한탄하다. 교황을 원망한다니 당치도 않다"라는 풍자적인 노래이다. 그리고 저음의 그레고리오 성가에는 '키리에(주어)'뿐이다. 즉 라틴어의 그레고리오 성가(단, 최저음에 둔 그

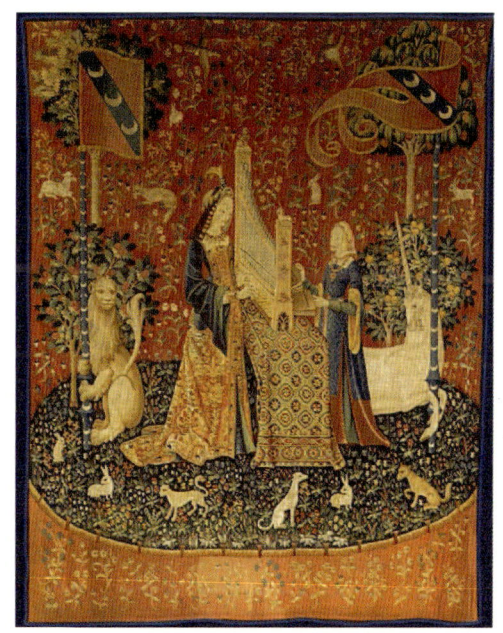

여인과 일각수 [The lady and the Unicorn-SOUND]
파리 클뤼니 중세박물관의 태피스트리 연작물로 SIGHT / SMELL / SOUND / TASTE / TOUCH / DESIR 등 인간의 다섯 가지 감각을 우회적으로 표현하고 있다.

레고리오 성가는 악기로 연주되었을 가능성도 있다) 위에 프랑스어로 성가와 전혀 관계없는 사랑 노래나 풍자의 노래를 얹은 것이다. 그것은 성(聖)과 속(俗)이 뒤섞인 불가사의한 세계였던 것이다.

패러디란 어느 문화가 성숙한 시기에 생겨난다. 힘과 장대함이 아닌, 섬세함과 세련됨을 추구한다는 점에서 모테트는 전형적인 성숙기의 예술이라고 할 수 있다. 울림이 친밀해지고, 기교에 정성을 들

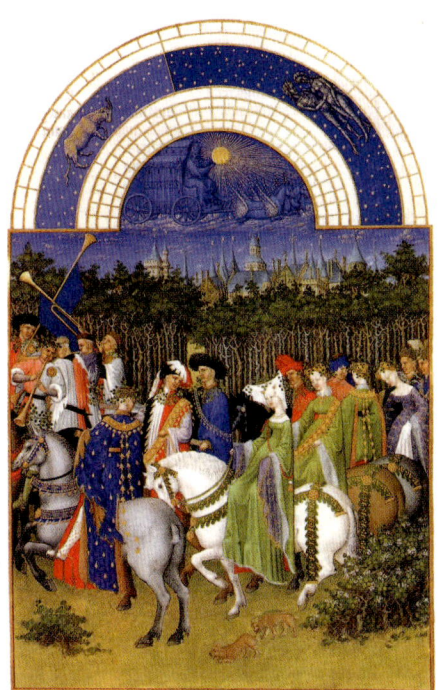 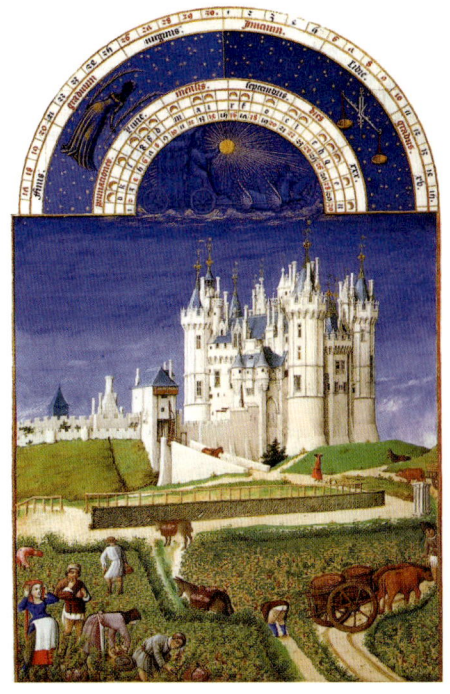

1410년 무렵 만들어진 랭브르 형제의 '극히 호화로운 베리공의 기도서 5월(왼쪽), 9월(오른쪽)'
교회나 귀족의 장식품, 세공품 등을 그린 15세기 유명한 필사본 화가인 랭브르 형제의 대표적 작품으로, 베리 공작을 위주로 하여 12달의 생활을 그린 것으로 각 달마다 주제가 들어 있다. 22.5 × 13.6cm의 자그마한 기도서로 귀한 수용성 수채물감(울트라마린이라는 청금석 준보석을 곱게 빻아 만든 물감)을 풍부히 사용한 덕에 아직도 그 파랑색이 광채가 난다. 위의 그림은 12달 중 5월과 9월의 풍경을 담았다.

인 장식적인 움직임이 더해져 요염한 달콤함이 음악에 첨가되기 시작했다. 미술로 말하자면 그것은 파리의 클뤼니박물관에 있는 유니콘을 그린 태피스트리나 금과 은과 청으로 칠해진 세밀화 '극히 호화로운 베리공의 기도서' 등에 비유할 수 있을 것이다. 당시 매우 고가였던 파란색과 금색을 아낌없이 사용한 이 세밀화는 중세 프랑스 미술 말기의 걸작이다.

변함없이 그레고리오 성가를 저음에 두고 있지만, 그것은 이제 종교를 구실로 한 세속적 음악(사람이 즐기는 음악)이었다. 그것을 즐기는 것은 아마도 궁정 사람들이나 찰나적인 쾌락에 몸을 맡기는 일부 타락한 성직자들이었을 것이다.

중세 말기의 음악에서는 필립 드 비트리의 『아루스 노바』(1322년)란 이론서에서 유래한 '아루스 노바'라는 말을 보게 된다. 지금의 말로 번역하면 '아루스 노바'란 새로운 예술이란 뜻이다. 그래서 그 무렵(1320년 무렵)부터 새로운 시대가 열렸다고 생각하기 쉽다. 하지만 이것은 엄청난 착각이다. 원래 비트리가 쓴 책의 정확한 제목은 『아루스 노바 노탄디(기보법의 새로운 기예)』이다.

책의 내용은 종래의 삼위일체를 나타내는 3박자뿐만 아니라, 2박자 계열의 리듬도 정확하게 표현할 수 있는 기보(기록된 악보) 이론을 제시한 것이다(비트리가 고안한 이론은 현대 기보법의 기초가 되었다).

13세기 이후의 모테트 예술은 신과는 거리가 먼 방향으로 점점 복잡해져 갔으며 예술을 위한 예술을 추구하게 되었다. 사람들은 3박자 계열만으로는 만족할 수 없었다. 그래서 2박자 계열을 도입하였다. 이것은 신학적인 뒷받침이 없는 순수한 예술적 욕구였다. 그를

아루스 노바 [ars nova, 신예술]
1320년경 프랑스의 필립 드 비트리(1291~1361)가 저술한 음악 이론서의 제목이지, 13세기의 유럽 음악인 '아르스 안티콰(ars antiqua, 낡은 예술)'와 대비하여 생긴 '새로운 기법, 예술'이란 뜻의 14세기 프랑스 음악 전반의 새 경향을 이른다. 론도·비를레·발라타·카차 등의 세속적 다성 가곡을 작곡하여 인간적·감각적인 숨결을 느끼게 한 기욤 드 마쇼가 그 대표적인 작곡가이다.

위한 기보법을 고안한 것이 비트리이다. 즉 비트리의 『아루스 노바』
는 새로운 시대의 시작이 아닌 모테토 예술의 성숙을 나타내는 최종
국면인 것이다.

비트리 또한 많은 모테트를 남겼다. 그의 곡은 지적 유흥의 성격과
사치를 부린 장식성(연주는 상당히 어려울 것이다), 그리고 퇴폐적인 달콤함
이라는 점에서 독특한 매력을 띠고 있다.

하지만 비트리의 새로운 이론은 당시 종교가들의 노여움을 사면서
큰 논쟁을 일으켰다. '예술의 자립과 자율'이 당연한 오늘날의 시각

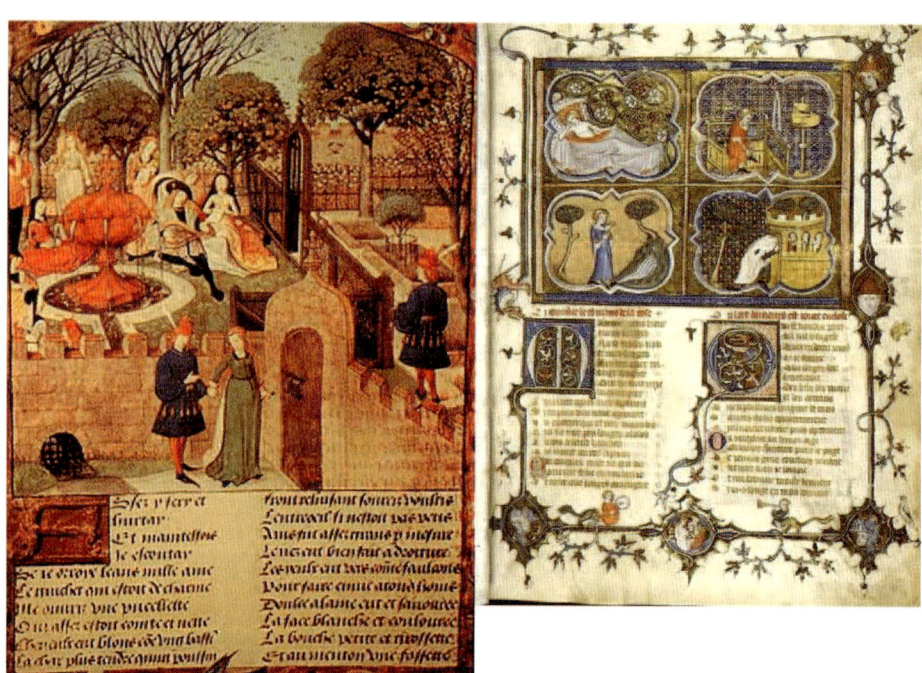

호이징가의 「중세의 가을」에 언급된 '로망 드 라 로즈'
원래 이 내용은 기욤 드 로리스의 미완성작으로, 수십 년 후에 장 드 묑이 덧붙여 완성했다고 한다. 이 책은 시인이 장미꽃을
얻기 위해 고생을 하는 내용으로 설교를 듣는 것으로 끝이 난다.

으로 보면 이해할 수 없는 일이다. 잭 드 리에주라는 늙은 승려는 『음악의 거울』(1323~1324년)이란 책에서 그 시대의 2박자의 도입과 부자연스러운 리듬의 모테트가 음악을 조각내고 있다고 비난했다.

결국에는 당시 아비뇽에 있던 교황 요한 22세는 이런 음악을 금지하는 명령을 내린다(1324~1325년). 아루스 노바 논쟁은 예술 음악사에서 종교와 음악과의 괴리를 고한 최초의 사건이라고 할 수 있다. 기도를 위한 음악일까, 예술의 쾌락과 기교의 추구일까. 아마 14세기는 사람들이 음악을 즐기는 관능에 눈을 뜬 최초의 세기라고 할 수 있을 것이다.

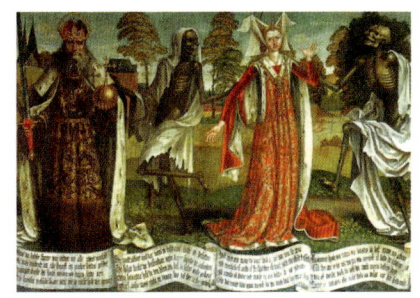

죽음의 무도, 베른트 노트케 作

죽음의 무도란 주로 중세 말 서유럽의 연극·시·음악·미술에 나타난 비유적 개념으로, 죽음 앞에서는 모든 사람이 평등하다는 것을 표현한 것이다. 죽음의 무도는 원래 죽음의 신이 한밤중에 묘지에서 바이올린을 켜면 백골만 남은 주검들이 무덤에서 나와 뼈를 달각거리며 춤을 춘다는 기괴한 내용의 시로, 당시의 융흉한 사회상을 반영하였다. 19세기에 이르러 생상스가 이를 토대로 교향곡 죽음의 무도를 작곡하기도 하였다.

십자군의 실패가 반복되고 교회의 권위는 실추되고 타락하였다. 그리고 페스트가 유행하고 죽음의 무도가 사람들 사이에 인기가 높아졌으며, 교황청은 분열하였다. 이것은 호위징가(네덜란드의 역사가, 1872~1945)의 『중세의 가을』에서 묘사된 14세기의 모습이다. 14세기는 절망적인 시대였다. 사람들은 세상의 종말과 가짜 메시아의 출현에 떨고 있었다. 유명한 점성술사 노스트라다무스가 이 시대의 사람이었다. 모테트는 이 어두운 구체제의 시대에 핀 아름다운 꽃이었다.

또 비트리와 함께 아루스 노바의 시대에 대작곡가로 활동한 사람이 기욤 드 마쇼(1300?~1377년)이다. 그는 샹파뉴의 멋있는 고딕교회로 유명한 랭스(프랑스 국왕은 대대로 여기에서 대관식을 하였으며, 로시니의 훌륭한 오페라 '랭스여행'도, 랭스로 급히 달려가는 사람

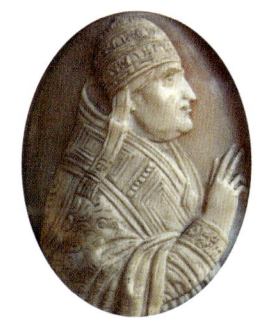

교황 요한 22세

제196대 로마 교황(1316~1334 재위). 즉위하자마자 극단적 청빈 실천을 주장하는 프란체스코 회원들을 반대하는 칙서를 발표하여 4명을 화형시키는 극단적 조치를 취하는 한편 복음적 청빈에 대한 그들의 이론을 반대하는 등 재위 중 프란체스코 수도회와 공의회 우위설로 인해 어려움을 겪었다. 교황청 확대 및 부분적 재정비, 아비뇽에 거처를 공고히 하는 등 교회 조직의 재정비에도 많은 기여를 하여 선종 당시 탄탄한 재정 상태를 이뤘다.

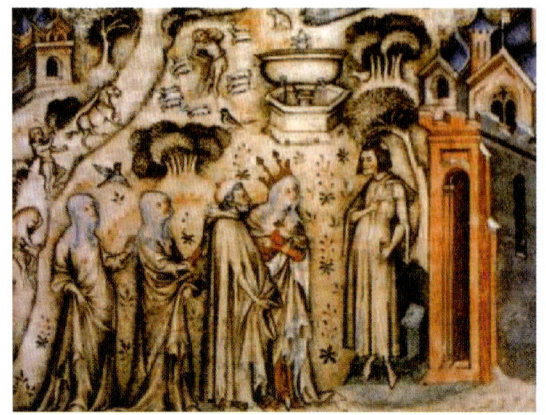

기욤 드 마쇼 [Guillaume de Machaut, 1300?~1377]와 유대인
프랑스의 시인이자 시작법의 대가로서 통상미사의 전부분에 다성음악을
붙인 최초의 작곡가로 14세기 프랑스 아르스 노바 양식을 주도했으며 그
의 작품이 지금도 연주·녹음되고 있다. 그의 음악은 모두 32개의 필사본
으로 보존되어 있으며, 4성부로 된 이 미사곡들에는 아르스 노바의 특징
적 기법인 동질서 리듬이 사용되고 있다. 사랑을 노래한 세속곡도 많이
작곡했는데 3~4성부 모테트 23곡 중 17곡은 프랑스어로, 2곡은 라틴어
와 프랑스어가 혼합, 4곡은 라틴어로 되어 있다. 위스타슈 데샹과 함께
작시 기법상 론도·발라드 등의 정형시를 확립하였다.

들을 그린 작품이다)를 중심으로 활약하였다.

그의 작품은 비트리와 기본적으로 비
슷하지만 비트리보다도 더욱 정력적으로
활동하였다. 그는 모테토뿐만 아니라,
'미사(작자 불명의 '투르네의 미사'와 함께 현존하
는 가장 오래된 미사곡)'와 다수의 세속 가곡
(론도나 비렐레이 등)도 남겼다. 귀부인에 대
한 우울한 사랑의 환영과 멸망해 가는 기
사도에 대한 향수를 노래한 그의 세속 가
곡은 임시도음(어느 음을 일시적으로 반음 올리
거나 내리는 것)과 싱커페이션(당김음)을 구가
하였는데, 이는 기교적으로도 구성적으
로도 매우 훌륭한 곡들이다.

마쇼는 그때까지 오로지 종교 음악의 세계에서 전개해 온 '음악을
설계한다'라는 이념을 오로지 세속곡으로 전용하였다. 이것은 탈종
교화를 향한 예술 음악이 내딛는 최초의 한 걸음이었다.

Chapter **02**

르네상스와 음악의 시작

미(美)가 된 음악 | 플랑드르 악파의 등장 | 르네상스 시
대의 정선율에 대해서 | 작곡가의 탄생 | 팽창하는 역사
와 함께 하는 16세기의 음악 | 16세기 최고의 음악 도
시 베네치아 | '사운드'와 '불협화음'의 발견

∿ 미(美)가 된 음악

르네상스 음악

15세기 초에서 중반에 걸쳐 플랑드르 출신의 음악가들이 프랑스·영국·이탈리아 등의 여러 음악적 요소를 종합해서 새로이 형성한 국제적인 음악 흐름이다.

르네상스라고 하면 누구나가 대강의 이미지를 갖고 있을 것이다. 르네상스는 15, 16세기 이탈리아를 중심으로(물론 르네상스적인 정신이 이미 12세기경부터 탄생했었다는 설도 있지만) 발전했다. 이 시대에는 레오나르도 다빈치나 라파엘로, 미켈란젤로와 같은 만능 천재가 출현하고, 고대 그리스 로마 문명이 다시 부흥하였다. 또한 휴머니스트와 과학적인 실증 정신이 탄생하기 시작한 시대이기도 하다.

12세기부터 13세기 초반부에 걸쳐 정점에 달한 교회의 권위는 14세기에 들어 서서히 실추되기 시작했다. 십자군의 거듭되는 실패와 교황청의 분열이 그 원인이었다.

대신 십자군 때 일종의 여행 대리점(병사를 목적지까지 데려다 준다는 점에서)이나 은행(자금의 대출을 한다)의 역할을 맡은 이탈리아 상인 계급이 서서히 힘을 갖기 시작한다. 이런 배경 속에서 생겨난 것이 이탈리아를 중심으로 한 르네상스 문화이다.

르네상스 문화의 긍정적인 성격은 그것이 상인(시민) 계급 중심의 문화였던 것과 크게 관계하고 있다. 상인(시민)은 어느 시대든 현실주의자이다. 르네상스는 신의 심판을 두려워하지 않고 지금 눈앞에 있는 아름다운 것을 즐기고자 하는 시대이다.

결코 신을 의심하는 것은 아니지만 삼라만상을 우선 자신의 눈으로 확인하기 시작한 시대, 일단 그것이 르네상스라고 말해 두자. 물론 중세와 르네상스의 경계선을 이렇게 단순하게 그을 수 있는 것은 아니다. 그렇다고 해도 대부분의 사람들은 파리의 노트르담 대성당과 피렌체 대성당에는 전혀 다른 감성이 존재하고 있음을 느낄 수 있을 것

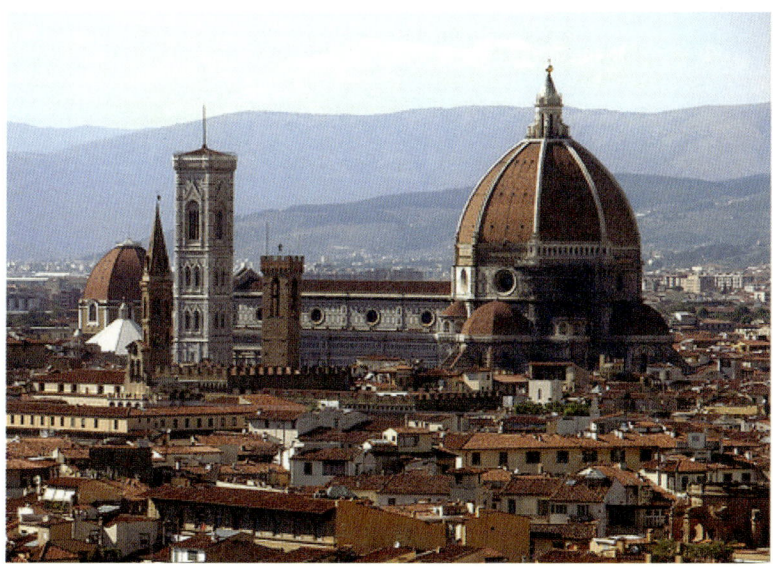

피렌체 대성당

이다.

브루넬레스키의 피렌체 대성당의 돔은 그 밝은 장밋빛 색채와 간결하며 의젓한 윤곽이 중세 고딕 건축과 대조적이다.

피렌체 대성당의 대범한 우아함 앞에 서면 인생의 아름다움을 즐기게 된 사람들의 기쁨이 느껴진다. 르네상스 시대를 인간 중심주의라고 말하곤 한다. 하지만 나는 르네상스란 생(生)의 기쁨(지금 여기에 자신이 살고 있음을 행복하다 느끼며 그 행복을 한껏 음미하겠다고 생각하는 마음)이 이탈리아 도시 전체에 넘쳐흐른 시대라고 생각한다.

물론 음악사의 조류는 문화사와 항상 일치하는 것은 아니다. 가령 19세기 낭만파 음악은 리얼리즘 문학과 함께 하고 있다. 하지만 르네상스의 음악은 뚜렷이 시대 조류와 일치하고 있다. 시험 삼아 뒤페의 유명한 미사곡 '만약 내 얼굴이 창백하다면'(1451년)을 들어 봤으면 한다. 중세 음악에서는 들을 수 없는 자유로운 선율과 따뜻한 울림을 들을 수 있을 것이다.

중세 미술을 보거나 14세기 마쇼의 미사곡 등을 들으면 당시의 사람들은 항상 저 세계에 대한 공포 속에서 살았다는 느낌을 받게 된다. 물론 아루스노바 시대의 모테토도 앞에서 말한 것처럼, 이미 즐기는 음악이었지만 그것은 어디까지나 소수를 위한 쾌락이었을 뿐이다. 누구나가 솔직하게 그 아름다움을 즐길 수 있는 것은 아니었다.

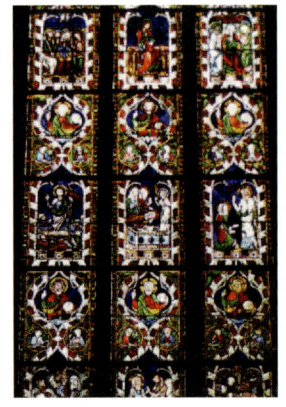

노트르담 대성당 스테인드글라스
성당 내부의 13m에 달하는 장미창에 12사도에게 둘러싸인 예수가 묘사되어 있다.

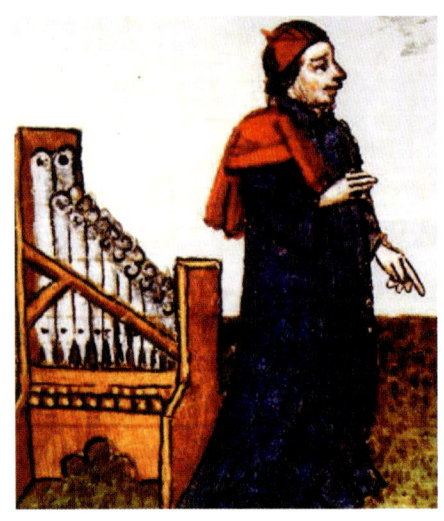

기욤 뒤페[Dufay Guillaume, 1400?~1474]
프랑스 작곡가이자 대위법 음악의 대가로, 기보법을 개량하고, 백부(白符)를 창안하였다. 소년 성가대원, 로마교황청의 가수, 부르고뉴 궁정 성당 등에서 활동하다 고향에서 작곡에 전념하여 미사곡·모테트·마니피캇·상송 등 여러 작품을 남겼으며, 후진 양성에도 힘썼다. 던스터블의 영국 음악 기법을 종합하여 15~16세기의 폴리포니 음악의 기초를 세우기도 했다.

하지만 뒤페의 음악과 피렌체의 대성당은 심플하면서도 대범하며 따뜻한 개방감을 완전히 공유하고 있다. 여기에는 이미 죽음에 대한 공포는 없다. 살아도 된다, 살아서 아름다운 음악을 즐겨도 된다는 안도감이 한껏 나타나 있다. 이것이 르네상스 음악의 최대 특징이다.

실제로 르네상스 음악(특히 15세기)은 아름답다. 이것은 결코 후세에 내려진 르네상스에 대한 인상을 비평한 것이 아니다. 한 가지 예를 들어보자. 14세기 전반의 마르체토 다 파도바라는 인물의 이론서 『루치다리움』에는 '하르모니아'라는 말을 고음과 저음의 수적 비율이라고 정의하고 있다. 하지만 르네상스의 대표적인 이론가 팅크토리스의 『음악 용어의 정의』(1474년)에서 그것은 아름다운 울림이라고 정의하고 있다.

하모니가 수(數)에서 미(美)로 변화된 것이다. 또한 팅크토리스는 음악을 '뮤지카 아르모니카(인간의 목소리로 만들어진 음악)', '뮤지카 오르가니카(공기의 흐름에 의해 소리나는 악기에 의한 음악)', '뮤지카 리트미카(닿는 것에 의해 소리를 내는 악기에 의한 음악)'의 세 종류로 분류하였다.

하지만 중세에서는 음악을 '뮤지카 문다나(우주의 음악)', '뮤지카 후마나(인간의 음악)', '문지커 인스트루멘탈리스(악기의 음악)'로 분류했던 것을 떠올렸으면 한다. 팅크토리스는 음악이 우주를 담당하는 수적 질서가 아닌, 칠지히 실제로 울리는 감각적인 존재로 파악했다는 것을 알 수 있을 것이다. 이런 면에서 르네상스는 음악이 현재 우리가 생각하는 음악이 된 시대이기도 하다.

요하네스 팅크토리스 [Johannes Tinctoris, 1436~1511]

네덜란드의 작곡가이자 15세기의 음악 이론가. 르네상스 음악 이론에 해박한 전문가로 작곡 및 음악 이론상의 많은 저작을 남겼는데, 그의 『음악사전』은 최고(最古)의 가치를 지닌다. 1477년에 저술한 대위법 이론서의 서문에서 던스터블과 뱅수아를 새로운 음악 양식의 창시자로 칭한 것에서 정확하고도 해박한 음악적 지식을 엿볼 수 있다. 음악 이론집 『음악 용어의 정의』는 오늘날까지도 매우 귀중한 문헌으로 평가받는다. 또한 이탈리아 음악 발전에 매우 중요한 계기가 된 벨칸토(Bel Canto) 창법을 창안하여 정통적인 벨칸토 오페라 탄생의 길을 열어 놓았다.

플랑드르 악파의 등장

플랑드르 악파 [Flemish school]
1450년경부터 1600년경에 걸쳐 플랑드르 지방에서 활약했던 악파로 프랑스–플랑드르 악파라고도 부른다. 이 악파 작곡가들은 르네상스기의 유럽 음악을 주도하였다. 뒤페나 뱅슈아 등의 영향에서 비롯되어 독자적인 폴리포니 기법을 개척하고 오케겜, 오브레히트, 조스캥, 이자크, 라소 등의 작곡가를 배출하였다. 미사·모테트 등의 종교곡, 샹송·마드리갈·리트 등의 세속곡, 특히 성악 합창 음악에 크게 공헌하였다. 이탈리아·프랑스·독일 음악의 발전의 기초를 마련하는 데 이바지했다.

15세기에 들어 새로운 형식의 음악이 나오게 되었다는 것은 동시대 사람들도 확실히 깨닫고 있었다. 위에서도 잠깐 언급한 팅크토리스의 『대위법에 대하여』(1477년)에 나오는 유명한 말이 있다.

"이것은 아무리 강조해도 지나치지 않는데, 요 근래 40년 이전에는 들을 가치가 있는 음악은 존재하지 않았다."

이 말은, 즉 1430년 전후 즈음부터 진정한 이름에 걸맞는 음악이 출현하기 시작했다는 것을 뜻한다. 그리고 그가 구체적인 작

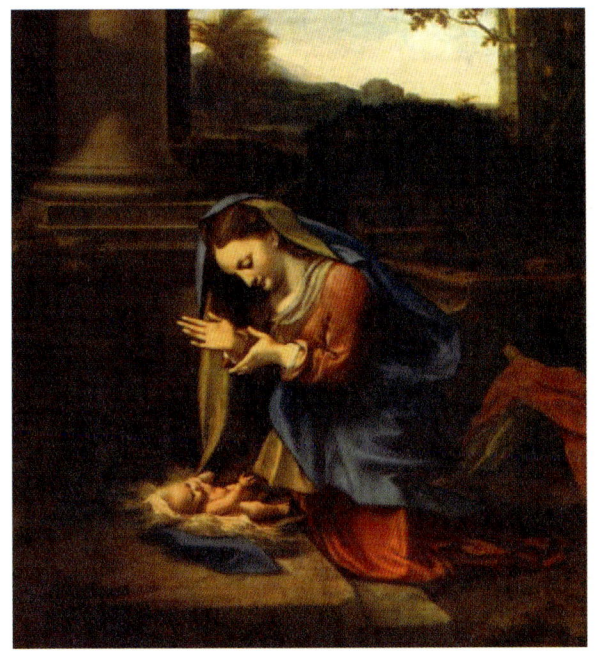

존 던스터블[John Dunstable, 1380?∼1453]의 모테트 '구세주의 존귀하신 어머니(Alma Redemptoris Mater)' 르네상스 음악으로 넘어가는 과도기의 작곡가. 불협화음의 새로운 처리 방법 모색 등 15세기 전반 영국 음악 전통의 최고봉으로 온화한 비대칭 리듬과 빼어난 화성, 감미롭고 격조 높은 그의 음악은 뱅슈아와 뒤페 등 많은 작곡가들에게 영향을 주었다. 미사곡, 모토, 세속적 노래 등 약 60여 곡을 남겼는데, 4성의 모테토 '베니 산크테 스피리투스 Veni Sancte Spiritus'와 이탈리아 가곡 '아름다운 장미' 등이 유명하다. 그의 묘비문에는 음악 외에 수학과 천문학에도 조예가 깊은 인물이라고 적혀 있다.

곡가로 든 사람이, 던스터블, 뒤페, 오케겜, 뱅슈아와 같은 작곡가들이다. 이 사람들은 우리가 오늘날 '르네상스 음악가'라고 부르는 사람들이다.

'르네상스 음악'도 전반과 후반으로 양상이 달라진다. 먼저 전반(15세기)에 대해서 알아보자.

15세기 음악을 대표하는 것은 위에서 말한 것과 같은 대범한 선율의 흐름과 따뜻한 울림을 특징으로 하는 무반주 종교 합창곡이었다. 팅크토리스가 말한 '요 근래 40년 동안(1430년 전반부터)' 출현한 새로운 형식의 음악이란 이것을 가리킨다. 그것이 중세 음악과 전혀 다른 음악이라는 것은 뒤페, 오케겜, 뱅슈아의 작품 중 한곡만 들어봐도 확실히 알 수 있을 것이다. 그리고 르네상스 음악의 모태가 된 것이 사실

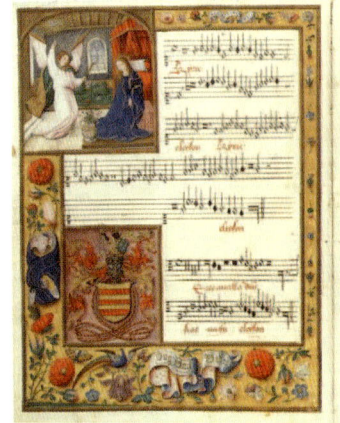
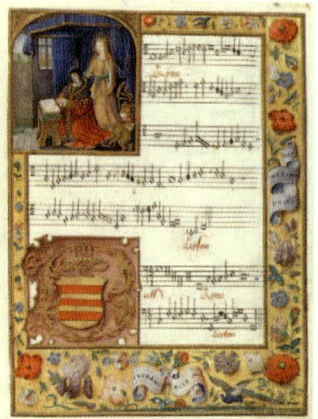

요하네스 오케겜 [Johannes Okeghem, 1410? ~1497]이 사용한 악보

뒤파이, 조스캥과 더불어 15세기 후반 플랑드르 악파의 가장 위대한 작곡가. 샤를르 7세, 루이 11세, 샤를르 8세의 3대에 걸쳐 성가대 가수와 궁정악장으로 일하면서 많은 종교 음악들을 만들어냈다. 각 성부의 균등한 비중, 베이스 성부의 음역 및 대위법적 발전의 가능성을 확대하였다. '미사 프롤라티오눔'은 기교상 바흐의 '푸가의 기법'에 비견되는 폴리포니의 걸작으로 꼽히며, 미사(레퀴엠 – Missa Pro Defunctis)는 현존하는 진혼곡 중 가장 오래된 작품이다. 선각자 에라스무스도 그의 천재성을 높이 사 '음악의 왕자', '오르페우스 재현'이니 하는 찬사를 바치기도 했다. 미사곡 약 11곡, 모테트 약 10곡, 세속적인 샹송 약 20곡이 필사된 악보로 현재까지 남아 있다.

은 영국으로부터 받은 영향 때문이었다.

1337년부터 1453년에 걸쳐 영국과 프랑스 사이에는 백년전쟁이 발발했다. 초반에는 프랑스의 패배가 계속되면서 영토의 많은 부분을 영국에 양도하게 되는데(프랑스로부터 영국을 몰아낸 사람은 그 유명한 잔 다르크이다), 이 전쟁이 계기가 되어 영국 음악이 대량으로 프랑스로 흘러 들어왔다.

이 시대의 영국 음악은 중세 프랑스 음악과 전혀 달랐다. 울림은 따뜻했으며, 선율은 대범하고 천천히 흘러 간다(영국의 음악이 따뜻하게 울리는 것은 중세 프랑스에서는 이용하지 않은 3도의 음정을 많이 사용하고 있었기 때문이다). 이 시대의 음악이 어딘지 모르게 그린 슬리브스(16세기부터 애창된 노래로, 그린 슬리브스라는 변덕쟁이 아가씨를 사모하는 실연의 노래)를 연상시키며, 거의 비틀즈와 비슷한 부분까지 있다는 것이 신기하다.

그 중에서도 중요한 인물이 존 던스터블이다. 그를 빼놓고서는 르네상스 음악은 존재할 수 없다고 말해도 과언이 아니다.

던스터블의 영향으로 생긴 새로운 음악의 중심지는 지금의 프랑스 북부에서 벨기에에 걸친 지역(캉브레와 몬 등)이다. 실은 당시의 유럽

지역은 지금과 상당히 달랐다. 독일(신성 로마 제국)과 프랑스 사이의 지역을 부르고뉴 공국이라는 제3의 나라가 지배하고 있었다.

그 중심은 맛의 거리로 유명한 디종이었다. 부르고뉴 공국은 지금의 독일과 프랑스의 국경지대(브장송 등)부터 벨기에, 네덜란드 부근까지를 지배하고 있었다. 그리고 브르고뉴 공국 중에서도 특히 벨기에와 프랑스 북부의 주변에서 많은 작곡가가 나오게 되었다. 그래서 그것을 '프랑코 플랑드르 악파'라고 부르는 것이다(단 여기에서는 이후 단순히 플랑드르 악파로 해둔다).

어떤 이유인지 알 수 없지만, 여기서 15세기의 수많은 작곡가가 배출되어 유럽 각지에서 활약하게 된다. 15세기의 작곡가는 프랑스 북부와 플랑드르 지방 이외에서는 나오지 않았다고 해도 과언이 아닐 정도이다. 플랑드르 악파의 작곡가 극히 일부를 들어보자.

르네상스 음악의 원점이라고도 말할 수 있는 사람이 앞에서 말한 기욤 뒤페(1400~1474년), 다음 시대를 대표하는 사람이 오케겜이다. 오케겜의 작품은 뒤페와 비교해 신비적인 중세의 기분을 진하게 남기고 있다. 특히 수적인 비율 구조를 작품에 도입한 것으로 유명하다.

제3시대는 르네상스 음악의 하나의 정점이며 훌륭한 '레퀴엠'을 만든 피에르 드 라 뤼(1460~1518년)와 르네상스 최대의 작곡가라고 해도 좋을 조스캥 데 프레가 있다.

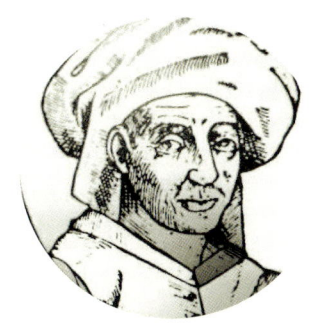

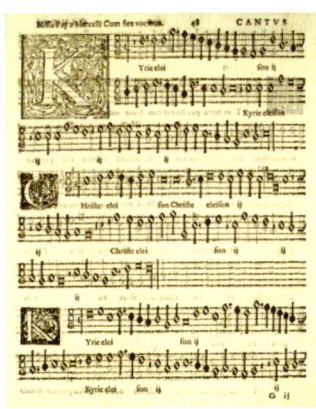

조스캥 데 프레[1440?~1521]
르네상스 양식의 전형으로 인정받는 '팡제 링과'를 비롯한 미사곡 '평안을 주옵소서', 모테트 '미제레레' 등 약 20곡의 미사곡과 모테트, 상송 등 많은 폴리포니 악곡을 작곡한 플랑드르 악파의 작곡가. 뒤페와 오케겜에 의하여 개척된 음악을 집대성하여 높은 수준의 음악을 많이 작곡했는데, 오케겜에게서 음악 수업을 받은 것이 그의 앞날에 큰 영향을 끼쳤다. 통모방 양식(같은 선율을 모든 성부가 모방하는 양식, 일종의 돌림노래), 균형을 이룬 구성, 충실한 화음, 호모포니와 폴리포니와의 병용 등이 특징이다. 르네상스 시대에 배출된 작곡가들 중에 가장 위대한 작곡가로 평가받고 있으며, '르네상스 시대의 모차르트'라고 불리기도 한다.

조스캥의 '압살롬 내 아들' 과 '아베마리아' 와 같은 종교 합창곡(모테트)이나 유명한 미사곡 '찬미가' 를 들어보자. 거기에는 '완벽한 조화' 와 '우아한 고요함' 과 같은 르네상스의 미적 이념이 완벽한 형태로 구현되어 있음을 느낄 수 있을 것이다(덧붙여 조스캥은 보티첼리(1444~1510년)나 다빈치(1452~1519년)와 동시대 사람이다).

이들 전기 르네상스 작곡가가 가장 자신 있었던 장르는(질 드 뱅슈아(1400~1460년)처럼 샹송(세속 가요)으로 유명한 사람도 있긴 하지만) 무반주의 종교 합창곡이다. 더 구체적으로 말하면 미사곡과 모테트이다. 여기서 주의해야 할 것은 르네상스 '모테트' 는 중세의 모테트(그레고리오 성가를 저음에 두고 그 위에 세속 가요를 부른 것)와 전혀 다르다는 점이다. 르네상스에서 모테트는 '비교적 자유로운 가사의 무반주 종교 합창곡' 이상의 의미는 없다.

그리고 또 한 가지 주의할 것은 르네상스의 미사곡에는 '만약 내 얼굴이 창백하다면' 이나 '무장하는 사람' 과 같은 제목이 붙어있지만 이것은 결코 내 얼굴이 창백하다면과 같은 가사가 음악 안에 있다는 의미가 아니라는 것이다. 이것에 대해서는 뒤에서 다시 이야기하기로 한다.

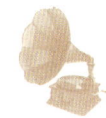

🎵 르네상스 시대의 정선율에 대해서

플랑드르 악파의 무반주 합창곡의 특징은 균질하고 자유로우며 유려하고 달콤한 울림의 흐름에 있다. 중세 음악 특유의 매끄럽지 못한 리듬이나 날카로운 울림은 거의 완전히 모습을 감추었다. 이 시대에는 정선율이라는 작곡 기법이 사용되었다. 중세에서는(오르가눔이든 모테트든) 기성의 선율(그레고리오 성가)을 차용하여 그것에 기생하듯 하여 곡을 만드는 것이 보통이었다.

차용된 기성의 선율(성가)을 '정선율(cantus firmus)'이라고 한다. 르네상스 시대에도 이런 '정선율을 편곡한 것의 작곡'이라는 기법은 남아 있었다. 하지만 중요한 것은 르네상스 시대로 오면서 차용하는 방법이 크게 변했다는 점이다.

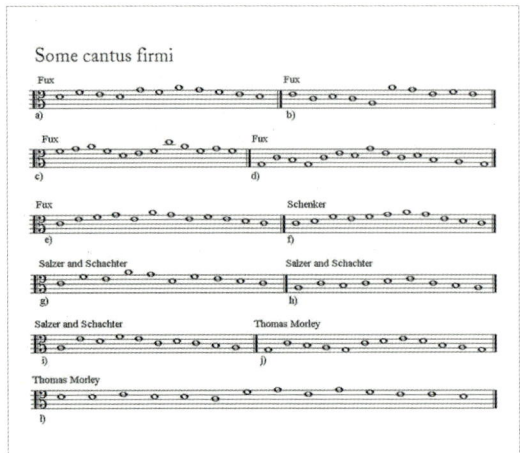

정선율(여러 가지 대위 선율을 붙일 수 있는 고정된 선율) 악보

첫째로 르네상스 시대로 들어서면서 세속곡의 선율을 빌려 종교곡을 만드는 일도 생기기 시작한다. 이것은 특히 르네상스 시대에 작곡된 방대한 양의 미사곡에 해당하는데(르네상스는 미사곡의 황금시대였다), 세속곡에서 빌려온 선율의 일부를 이용하여 종교곡을 만드는 것이다.

앞에서 조금 말한 것처럼 '만약 내 얼굴이 창백하다면' 이나 '무장하는 사람' 과 같은 미사곡의 제목은 가사에서 온 것이 아니다. '만약 내 얼굴이 창백하다면'은 뒤페 자신이 만든 세속곡에서, 오케겜의 '무장하는 사람'은 민요에서 각각의 선율의 일부를 차용하여 만든 곡이다. 제목을 원곡 그대로 붙인 것이다(또한 조스의 대걸작인 미사 '찬미가'는 그레고리오 성가를 정선율로 사용하고 있다).

세속곡에서 빌린 선율로 종교곡을 쓰게 된 이유는 확실하지는 않지만 아마도 종교의 구속이 그만큼 약해졌기 때문일 것이다. 작곡가의 창작적 판타지를 자극하는 것이라면, 그것이 세속곡이어도 상관없어진 시대가 된 것이다. 또한 이전에 만들어진 그레고리오 성가보다도 동시대의 세속곡이나 민요가 작곡가 자신의 스타일이나 정신에 맞는다는 이유도 있었을 것이다.

두 번째로, 가사의 문제에 대해 이야기하고 싶다. 이미 말한 것처럼 중세의 모테트의 경우 정선율은 라틴어, 위의 성부는 프랑스어로 불렸다(단 정선율의 성가는 악기로 연주되는 경우가 많았을 것이다). 하지만 르네상스 시대가 되면서 이런 이해하기 힘든 일은 일어나지 않는다. 세속곡에서 빌린 선율을 사용하여도 원래의 가사는 종교적인 라틴어로 바뀌게 된다. 위 성부는 라틴어의 '키리에 에레이존', 정선율은 프랑스어의 '만약 내 얼굴이 빨갛다면' 등과 같은 기묘한 일은 일어나지 않게 된다. '아베마리아'나 '키리에 에레이존'과 같은 통일된 가사를 부르게 된 것이다.

세 번째로 이 시대가 되면 정선율의 처리가 점점 자유로워진다는 점을 들 수 있다. 빌려온 선율은 작곡가가 다루기 쉽도록 자유롭게 변형하여 사용한다(작곡가의 '창의'가 앞으로 나오게 된다). 특히 중요한 것은 빌린 선율이 놓이는 부분이다. 중세의 오르가눔이나 모테토에서 정선율은 언제나 저음의 자리에 놓였다. 그래서 위에서 아무리 세속적인 가사를 불러도 기본 축에는 성가가 있다는 것이 중요했다. 르네상스의 미사곡에서도 초기에(뒤페나 오케겜 때에는) 차용된 선율은 아직 저음에 놓여 있었다(편곡의 방법은 중세와 비교해 상당히 자유로워졌지만). '기본 축 위에 건물을 만든다'는 중세적인 발상은 아직 남아 있었던 것이다.

하지만 조스캥의 시대가 되면 정선율은 저음이 아닌 선율에 배치된다. 그의 미사곡을 뭐든 들어본다면 바로 알 수 있겠지만, 거의 대부분의 작품이 다음과 같이 진행된다.

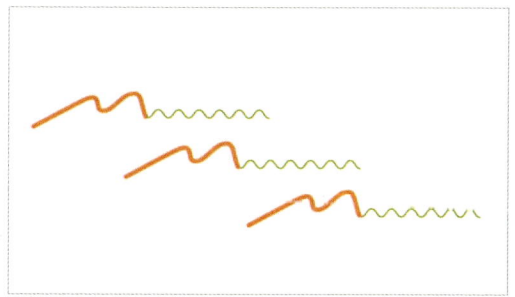

르네상스의 무반주 합창곡에서는 한 가지의 주제(두꺼운 선)가 잇달아 모방되어 간다

먼저 반드시 치음에 한 파트가 솔로로 노래하기 시작한다. 노래하기 시작한 파트의 선율(주제: 소제트 soggetto 라고 불린다)에 차용해 온 정선율이 자유롭게 배치되어 채워지게

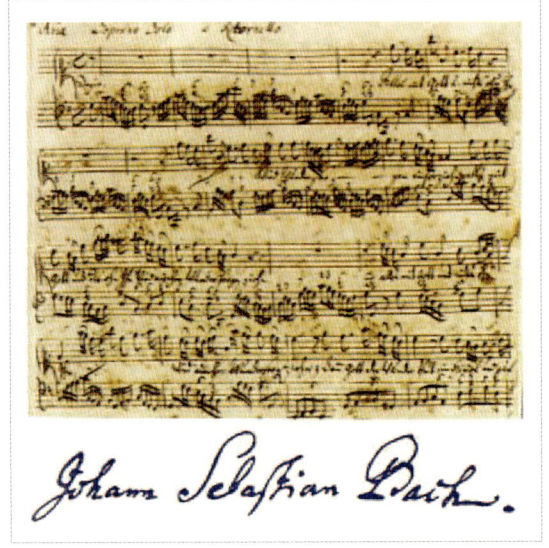

바흐의 평균율집
건반 연주인 푸가(Fuga)가 쓰인 대표적인 작품이다.

된다. 그리고 일정한 간격을 두고 그 선율을 제2파트가, 다음에 제3의 파트가 점차 충실히 모방해 간다.

이런 식으로 균질한 아름다운 물결이 만들어져 가는 것이다. 이 형식은 전문 용어로 '통모방(通模倣)'이라고 부른다. 같은 선율을 모든 성부가 '전체적으로' '모방해 간다'라는 뜻이다. 간단히 말하면 일종의 돌림노래(캐논)라고 생각하면 된다. 이런 통모방 형식의 미사나 모테트의 최고봉이 조스캥의 작품들이다.

또한 16세기에 들면 이런 통모방 형식의 무반주 합창곡과 닮은 건반곡이 다수 나타나게 된다. 일종의 건반용 편곡이다. 이것은 바로크 시대의 푸가의 원형이 된다. 푸가란 바로크 시대에서 보면 고풍스러운 시대의 음악 양식을 건반으로 연주한 장르였던 것이다.

물론 바흐의 평균율에는 좀 더 새로운 무도곡 같은 주제도 많다. 하지만 큰 음표로 느긋이 움직이는 곡은 당시로서는 고풍스러운 형식을 의도한 것일 것이다.

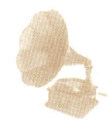

작곡가의 탄생

중세와 비교했을 때 르네상스 시대의 큰 특징 중의 하나는 많은 작곡가의 출현을 들 수 있다.

작곡가를 화가나 작가로 바꿔 이야기하면 미술사나 문학사에서도 사정은 같을 것이다. 작곡가란 자신의 이름을 작품에 서명하는 사람들을 말한다. 벽돌공은 결코 자신이 만든 작품에 서명하지 않는다. 익명인 것이 기술자의 긍지라고 말할 수 있을 것이다.

그에 비해 예술가의 자의식은 만드는 사람이 스스로 이것은 내가 만든 작품이라고 칭할 때 생겨난다. 세상 누구와도 다른 내가 만든 작품이라는 자아가 예술가와 기술자의 결정적인 차이를 만드는 것이다(요즘 요리사도 자신의 이름을 거는 경우가 많은데, 이것은 요리사 스스로가 자신을 일

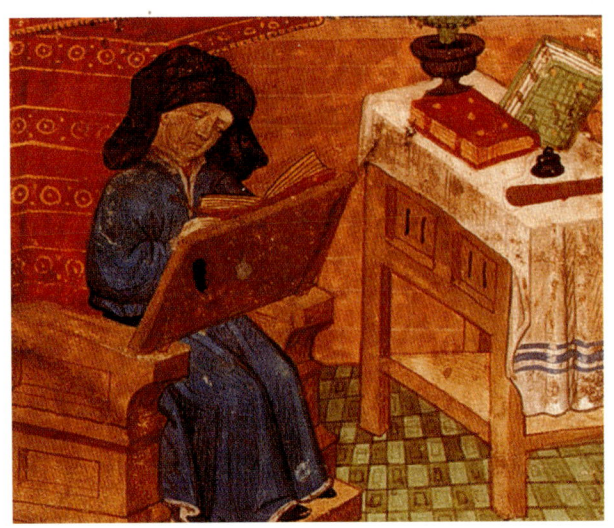

마쇼[Guillaume de Machaut 1300?~1377]

종의 예술가로서 의식하고 있는 증거라고 할 수 있을 것이다).

거대한 고딕 교회의 벽돌을 만든 벽돌공(그것은 굉장한 기술이었지만)은, 결코 자신이 만든 벽돌이라고 새겨 넣지 않았다. 마찬가지로 중세의 오르가눔과 모테토의 작자는 대부분이 익명이다. 레오냉과 페로탱은 그들이 활약하고 약 100년이 지난 후에야 '예전 노트르담 대성당에서 이러저러한 거장이 활약했다'고 적혀 있었기 때문에 이름이 남게 된 것이다.

중세의 작곡가 중 의식적으로 자신의 이름을 후세에 남기려고 한 것은 아마 마쇼뿐이었을 것이다. 마쇼는 상당히 자의식이 강한 사람이었다. 그는 생전에 자신의 작품집을 모아 출판하였는데, 이것은 당시로서 극히 예외적인 일이었다(반대로 말하면 마쇼만큼 자의식이 강하지 않았던 탓에 후세에 남지 않은 훌륭한 작곡가가 있었을지 모른다).

그에 비해 르네상스 시대가 되면 자신의 작품에 서명하는 작곡가가 급증한다. 뒤페, 뱅슈아, 뷔뉘아, 오케겜, 이자크 등등. 이런 상황은 작곡가의 이름을 알고 싶어도 이름이 남아 있지 않아 알지 못하는 중세와 너무나도 대조적이다. 이는 르네상스 시대가 되면서 작곡가들 사이에서 자신은 다른 사람들과 다르다는 개인 의식이 싹트게 되었다는 것을 나타내는 것이다.

미술사의 분야에서도 이런 르네상스 예술가의 '자의식의 발동' 을 이야기해 주는 에피소드가 많다. 도나텔로는 주문 받은 흉상이 완성되었을 때 그 가격이 너무 비싸다고 불평하는 주문자 상인 앞에서 그것을 때려 부쉈다고 한다. 그것은, 예술가는 일당으로 보수를 받는 보통 기술자가 아니다! 내가 만드는 것은 보통 상품과는 다르다! 라는 의지를 말하는 것일 것이다.

음악사의 경우 이런 일화는 미술사만큼 풍부하지 않다. 즉, 예술가의 자립이 그만큼 늦어졌다는 것이다. 그래도 1547년 글라레아누스라는 이론가는 오브레히트나 조스캥이나 피에르 드 라 뤼의 작품을 고대 및 동시대의 위대한 시와 미술(오비디우스, 베르길리우스, 호라티우스, 미켈란젤로, 라파엘로, 티치아노 같은 사람들)에 필적하는 것이라고 말하였다.

도나텔로의 막달라 미리아 흉상

특히 조스캥의 작품에 대해서는 완벽한 기예라고 극찬했다. 이자크와 조스캥을 비교해 보면 고분고분하며 신속히 새로운 곡을 만드는 이자크에 비해 조스캥은 다른 사람한테 부탁받아도 자신이 만들고 싶을 때만 작곡했다. 또한 조스캥은 자신이 원하는 금액을 요구하지만, 이자크는 부르는 금액대로 곡을 만들었다고 한다(이와 관련한 다수의 증언이 남아 있다). 이는 예술가로서의 높은 자의식을 뒷받침하는 것이다.

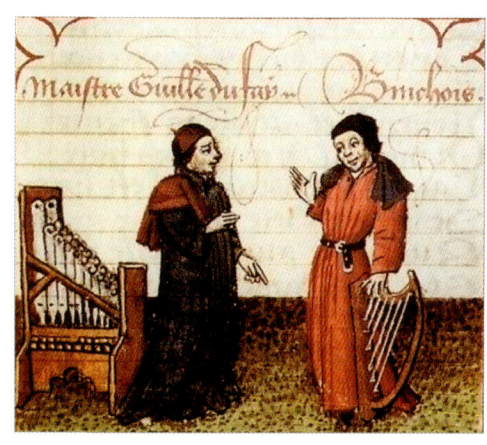

뒤페와 뱅슈아의 세밀화
이들은 동시대 사람이 그들을 그릴 정도로 유명했다. '거장 기욤 뒤페 뱅슈아' 라는 문자가 보인다. '작곡가' 의 개념이 성립하는 것은 이 무렵이다.

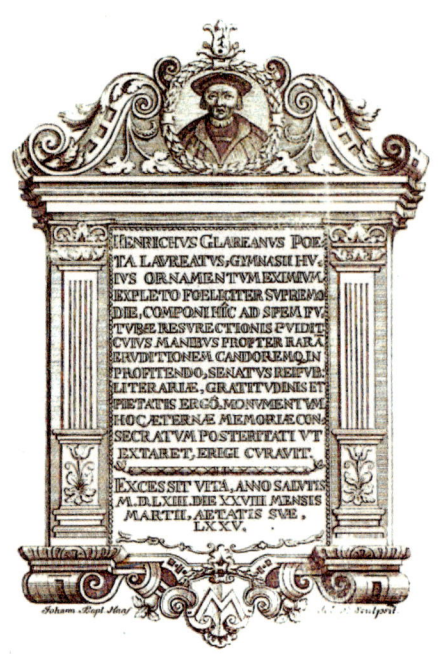

글라레아누스 [Henricus Glareanus, 1488~1563]
스위스의 다재다능한 음악 이론가로 많은 저작을 남겼다. 그 중
음악 이론서 『도데카코르돈(12현) Dodekachordon』(1547)에서 종
래의 교회선법에 4가지 선법을 더하여 12가지의 교회선법이 있
다고 주장하는 등 근대 음악 이론의 기초를 닦았다.

페트루치 [Ottaviamo dei Petrucci
1466~1539]
악보의 활판 인쇄술을 발명하여 플랑드
르 악파의 상송을 주체로 한 오데카톤
(100곡의 다성 악곡집으로 서양 악보의 첫 인
쇄본. 1501년에 베니스에서 출판)을 출판하
였는데, 이는 유럽 각지에서의 활발한
악보 출판의 계기가 되었다.

또 이 시대에는 작곡가의 탄생과 함께 작품이
라는 개념이 사람들의 의식에 떠오르기 시작했
다. 그 기록으로 유명한 것이 리스티니우스의
이론서 『뮤지커』(1537년)이다. 그는 여기에서 '뮤
지커 포에티카' 라는 개념을 제안했다. 그것은
간단히 말하면 '작곡법' 에 대한 것이다. 리스티
니우스는 그것을 '완성된 닫힌 작품을 만드는
것', '작자의 사후에도 남을 수 있도록 완전하
며 독립된 작품을 만드는 것' 이라고 정의하고
있다.

이 시대부터 단순히 그 시대만 즐기는 음악이
아닌, 후세에까지 남는 '작품' 으로서의 음악을
만든다는 의식이 생겨난 것이다(하지만 이런 이념이
완전히 실현된 것은 19세기가 되고 부터이다).

이런 '작곡가' 와 '작품' 의 개념 성립에는 동
시대의 조형 예술의 분야에서 나타나는 만능 천
재들의 영향도 있었을 것이다. 하지만 르네상스 시대에 발명
된 혁신적인 인쇄 기술의 탄생과도 깊은 관련이 있다고 생각
된다.

상업적인 악보 인쇄가 처음으로 실행된 것은 1501년 베네
치아의 페트루치에 의해서이다. 그 후 유럽 각지에서 인쇄업
자들이 속속 출현하고 앞다투어 악보를 인쇄하기 시작한다.
인쇄된 악보에 의해 개인의 이름이 이전과 비교가 되지 않을

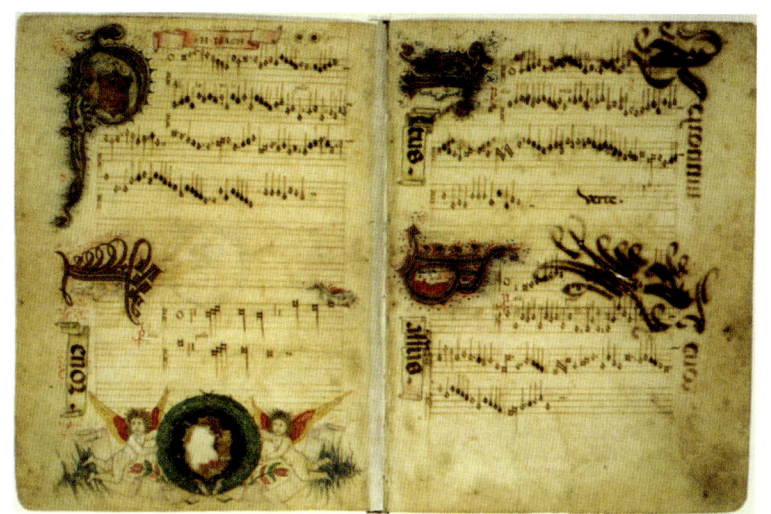

이자크 [Heinrich Isaac, 1450?~1517?]의 상송

플랑드르 양식을 독일에 처음 전파시킨 작곡가로 독일 예술 가곡의 선구적 존재였던 루드비히 젠의
스승이기도 하다. 여러 나라 말에 능통하여 국제적인 작품을 남겼다. 프랑스, 독일, 이탈리아 가사를
갖는 상송 및 가사 없이 기악만으로 연주되는 상송풍의 짧은 곡을 작곡하기도 했다. 대위법적 수법으
로 미사곡과 세속적인 다성 가곡에 뛰어난 작품을 남겼다. 그의 작품으로 '인스브루크여 안녕'이 특
히 유명하다.

정도로 광범위하게 퍼져나가게 되고, 이는 명성과 명예를 드높이게
하였다.

　이 시대에 '작곡가란 악보에 인쇄되어 후세에까지 남는 작품을 만
드는 사람'이라는 이미지가 최초로 싹트게 된 것이다.

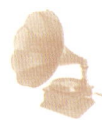

✺ 팽창하는 역사와 함께 하는 16세기의 음악

같은 르네상스라고 해도 15세기와 16세기는 상당히 다른 시대상을 보인다. 예를 들어 보티첼리나 다빈치를 미켈란젤로나 틴토레토와 비교해보면 세기가 바뀌면서 시대가 얼마나 변했는지 바로 실감할 수 있을 것이다.

예전의 고요함을 띠던 완벽한 아름다움은 더 이상 존재하지 않고, 극단적인 힘의 과시가 전면에 나타난다. 아름다움보다는 박진감, 조화와 우아함보다는 격렬한 움직임이 중요시 된 것이다. 그것은 동시대의 정치 상황과 결코 무관하지 않다.

유럽의 16세기는 격동의 시대였다. 지구는 둥글뿐만 아니라 돌고 있다는 것이 증명되며 대항해 시대가 시작된다(콜럼버스의 미국 도달이

1492년, 마젤란의 세계 일주가 1519년이다). 서양 세계는 밖을 향해 폭발적인 팽창을 시작하며 그로 인해 막대한 부를 얻게 된다. 앞을 보지 않는 탐험가의 힘의 과시와 폭력적인 도취, 극적인 것을 즐기는 행동은 예술에도 영향을 끼쳤다.

또한 19세기는 종교 개혁의 시대이기도 했다. 1515년 루터는 『95개조의 논제』를 공개한다. 이후 독일에서는 이것을 계기로 농민 전쟁이 일어나고 전국이 초토화된다. 잔인한 스페인 왕은 식민지 네덜란드에 극심한 탄압을 더해 갔으며(이것은 베르디의 오페라 '돈 카를로스'의 소재가 되었다), 프랑스에서도 1562~1598년에 걸쳐 위그노 전쟁이 일어난다(이것은 마이어베어의 오페라 '위그노 교생'의 소재가 되었다).

가톨릭 교회에는 풍기 문란적인 종교 단체가 조직되었고, 이에 종교 재판이 강화된다. 랏소의 엄숙하고 장대한 울림과 제수알도의 불협화음의 위협적인 표현은 강경한 반종교 개혁 운동을 연상시킨다. 이들 작곡가를 15세기의 조스캥과 비교해 본다면, 그 양식의 차이는 너무나도 분명할 것이다.

16세기 음악사를 한마디로 표현한다면 '다원화'라고 이야기할 수 있다. 중세가 알 수 있는 것이 너무나 석은 시대리 한다면, 16세기는 이미 많은 것을 알고 있는 시대이다. 이 시대가 되면서 음악 장르가 다양화하기 시작한다.

먼저 악기곡이 대량으로 쓰이게 되었다. 쳄발로의

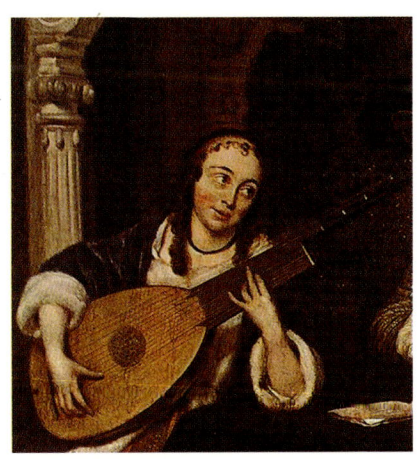

오를란도 디 랏소 [Orlando di Lasso, 혹은 Lassus, 1532~1594]

라수스라고도 부르며, 벨기에 몽스 출생의 작곡가이다. 소년시절부터 뛰어난 미성으로 로마·나폴리·밀라노 등지에서 활약하였으며, 1553년 이후는 로마의 라테라노 대성당에서 활약하였다. 그는 생애를 마치기까지 미사곡·모테트·세속곡 등 2,000여 곡의 작품을 남겼으며, 플랑드르 악파의 마지막을 장식한 거장이자 후기 르네상스 폴리포니 음악의 한 정점을 이룩하였다.

카를로 제수알도 [Carlo Gesualdo, 1560?~1613]

이탈리아의 작곡가로, 마드리갈에 반음계적인 화성을 쓴 것으로 유명하다. 이 어법은 16세기가 되기까지 다시 쓰이지 않은 것이다. 제수알도는 1590년 바람난 첫 아내와 그 정부를 죽이도록 명령하고 1594년에 돈나 엘레노라 데스테와 재혼한 살인 사건으로 유명하다.

류트를 치고 있는 여인
류트는 16세기를 중심으로 유럽에서 유행했던 발현 악기이다.

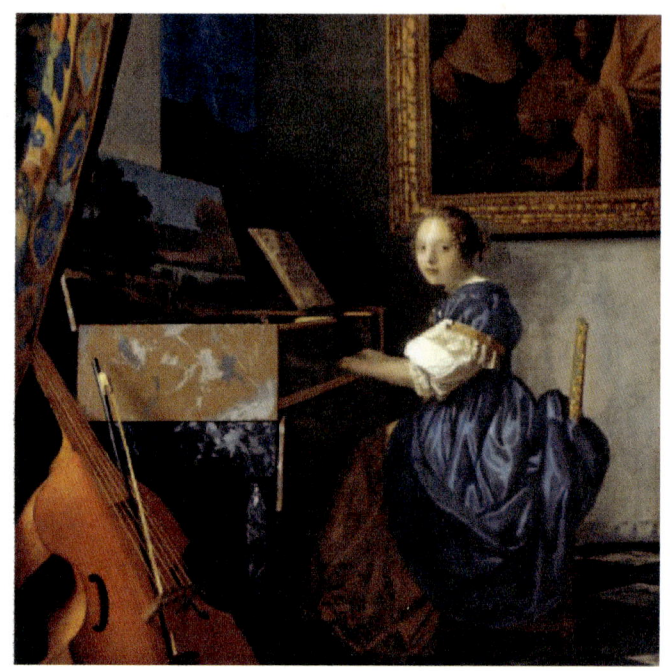

버지널(중세의 건반악기) 앞의 젊은 여인.
얀 베르메르 作

전신(前身)인 버지널과 류트, 오르간을 위한 작품, 화려한 관악합주 등
이 그것이다. 중세에서 르네상스 전반에 걸쳐 성악이 예술 음악의 중
심이었던 것에 비해, 바로크 이후에는 기악 문화가 폭발적으로 발전
한 것이다.

16세기는 딱 그 이행기에 해당한다고 할 수 있다. 또 하나 중요한
것은 '마드리갈'이라는 음악 장르의 유행이다. 마드리갈은 세속적인
가사(이탈리아어)의 합창곡이다. 그 내용은 풍자적이거나 극적이거나 다
원적이거나 관능적이었다. 마드리갈은 특히 16세기 말의 전조적인 음
악 장르가 된다. 바로크 시대의 음악이 여기에서 생겨났다고 해도 과
언이 아닐 정도이다.

～ 16세기 최고의 음악 도시 베네치아

16세기에 들어 유럽 음악 문화는 지역적으로도 급격히 팽창하기 시작한다. 스페인에서는 종교 합창곡을 특기로 하는 빅토리아와 모랄레스가 등장한다. 나중에 바로크 음악에서 중요한 부분을 차지하는 궁정무도의 다수가 여기에서 생겨난 것이다. 이탈리아에서는 기븐즈와 다울런드, 탈리스, 타바나와 같은 유력한 작곡가들이 나타나고, 버지널 음악(굴드의 훌륭한 녹음으로 유명해졌디)이 번영했다.

독일에서 독자적 음악 문화가 눈뜨기 시작한 것도 중요한 부분으로, 그때에 큰 역할을 한 것이 루터다. 조스캥의 숭배자였던 그는 종교에 있어 음악 의식을 중시했다. 그는

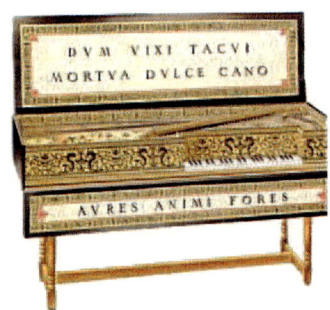

버지널
버지널은 발현 건반 악기로, 네모난 상자 모양이 특징이다. 이것은 현들이 건반에서 앞으로 뻗어나가지 않고 건반이 배열된 방향으로 좌우로 뻗어 있다. 좀 더 긴 베이스 현들은 앞쪽에 있고, 짧은 트레블 현들은 뒤쪽에 있으며, 이 모든 현들은 2개의 브리지 위를 지나간다.

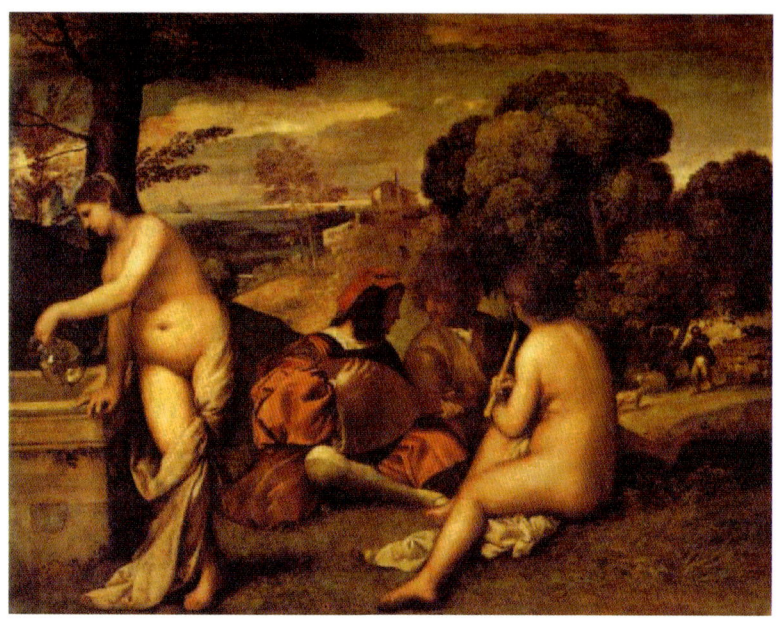

티치아노의 '전원 음악회'(1510~1511년)
16세기에 들어 악기를 연주하는 사람들을 묘사한 회화가 많이 제작되었다.

프로테스탄트 교회에도 가톨릭 교회의 그레고리오 성가에 해당하는 음악이 필요하다고 생각했다.

그리하여 생겨난 것이 '코랄'이다. 어딘가 신비적인 그레고리오 성가(가사는 라틴어)에 비해, 종교 개혁을 위해 모든 계층의 사람들에게 널리 불리는 것을 목적으로 한 코랄은 민요처럼 친숙하며 따뜻하다(가 사는 독일어로, 일부는 민요 편곡이다). 코랄은 독일 프로테스탄트 음악 문화의 토대가 되며, 이후 바흐로 인해 정점에 달한다.

하지만 이후 음악사에서 무엇보다 중요한 것은 이 시대의 이탈리아의 움직임이다. 이미 앞서 말했듯이 중세는 프랑스, 르네상스 전기는 플랑드르 악파가 유럽 예술 음악의 중심이었다. 그러나 16세기가 되면서 음악사의 주도권이 이탈리아의 작곡가로 옮겨가게 된다. 이때부터 바로크 시대에 걸쳐 이탈리아는 유럽 음악의 중심이 된다(바흐와 헨델의 이름이 유명하여 착각하기 쉬운데, 바로크 또한 '이탈리아 음악의 시대'이다).

먼저 15세기를 대표하는 장르였던 무반주 종교 합창곡은 16세기 이탈리아인에 의해 전통이 이어지게 된다. 그 대표적인 인물이 유명한 팔레스트리나(1525~1594년)이다. 그의 음악은 트리엔트공의회에서 종교 음악 이상의 칭송을 받았을 뿐만 아니라, 먼 훗날까지 대위법의 규범으로 작곡법의 본보기가 되었다. 팔레스트리나의 모든 작품은(너무나 매끄러운 경향이 있으나) 비교할 수 없는 우아함과 아름다움을 자랑한다.

팔레스트리나는 가톨릭의 본거지인 로마에서 활약했다. 16세

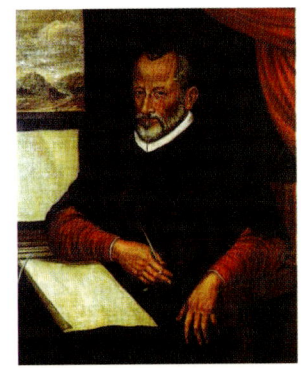

팔레스트리나[Giovanni Pierluigi da Palestrina, 1525~1594] 초상화
팔레스트리나의 음악은 팔레스트리나 양식, 즉 아카펠라(무반주 합창곡)의 양식을 낳았으며, 그가 죽은 후 제자인 나니니, 조바네리, 아네리오 등 로마 악파의 작곡가들에게 계승되어 규범으로 받들어졌다. 그의 미사곡들은 평온함과 속세를 초월한 듯한 분위기를 풍긴다. 100곡 이상의 미사곡 외에 300곡 이상의 모테트 등이 있다.

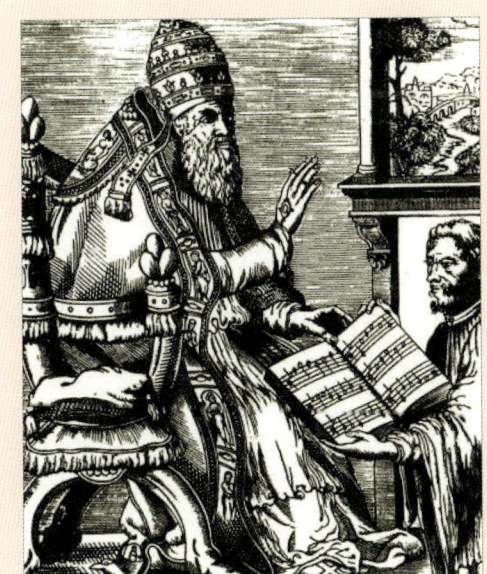

교황 율리우스 3세에게 헌정하는 팔레스트리나(판화)

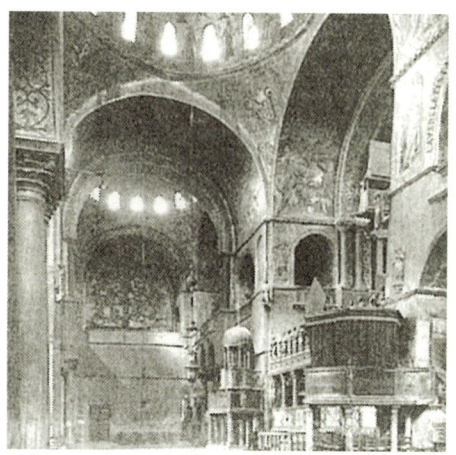

화려한 금색의 모자이크로 장식된 베네치아의 산 마르코 사원은 두 개의 합창 단석을 구비한 것으로 유명하다(사진의 오른쪽 안쪽과 왼쪽 앞에 각각 기둥으로 지지되어 높게 되어 있는 단과 같은 부분). 합창을 두 장소로 나눠 일종의 스테레오 효과가 생겨난다.

베네치아 악파 [Venetian school]

16세기 베네치아 산 마르코 대성당을 중심으로 활약한 음악가들의 총칭으로, 많은 작곡가들(빌라르트, 가브리엘리, 데로레 몬테베르디 등)과 이론가들(비텔티노, 차를리노 등)이 있다. 바로크 양식의 선구적 역할에 기여하고 이탈리아 음악의 우위성을 확고히 했다. 상업 도시의 기풍을 반영한 악풍을 보이고, 2중합창에 의한 입체적인 음향 효과와 색채적인 반음계 기법, 화려한 토카타 양식 목소리, 악기의 협주적인 결합 등을 보이며 역사적으로 중요한 역할을 담당했다.

지오반니 가브리엘리

베네치아 악파의 대표적인 작곡가이자 산마르코 대성당의 오르가니스트이다. 그의 작품은 성악과 악기의 대담한 교합, 화성과 음색의 눈부신 색채 효과 등 현란하고 화려한 회화를 연상케 한다. '종교적 교향곡'이 대표작으로 수록된 14개의 칸조나와 2개의 소나타는 독창성을 잘 나타내고 있다.

기의 가장 중요한 음악 도시라 하면 베네치아를 들지 않을 수 없다. 십자군 전쟁 당시 베네치아는 동서무역으로 막대한 부를 쌓게 된다.

베네치아가 문화의 성숙기를 맞게 된 것은 16세기이며, 미술에서는 벨리나와 조르조네, 티치아노, 틴토레토와 같은 화가들이 여기에서 활약했다. 그리고 음악에서도 이 시대에 '베네치아 악파'라고 불리는 독특한 스타일이 꽃피게 된다. 대표적인 작곡가는 지오반니 가브리엘리(1557~1612)이다. 그의 금관합주곡은 연주 효과가 뛰어나 대단히 웅장하며 아름답다. 가브리엘리를 필두로 베네치아 악파의 최대의 자랑거리가 유명한 에코 효과이다.

베네치아 악파의 중심은 동방적인 화려한 금색의 모자이크로 유명한 산 마르코 사원이다. 많은 곡이 이 교회에서의 연주를 목적으로 작곡되었다.

이 교회에는 두 대의 오르간과 두 곳의 합창단석이 구비되어 있다(보통 교회에는 한 개밖에 없다). 베네치아 악파의 작곡가들은 다른 두 곳에 위치한 합창단으로 메아리치듯 부르는 효과를 전적으로 사용했다.

보통의 한 곳에 음원(합창이나 오르간)을 두는 방법

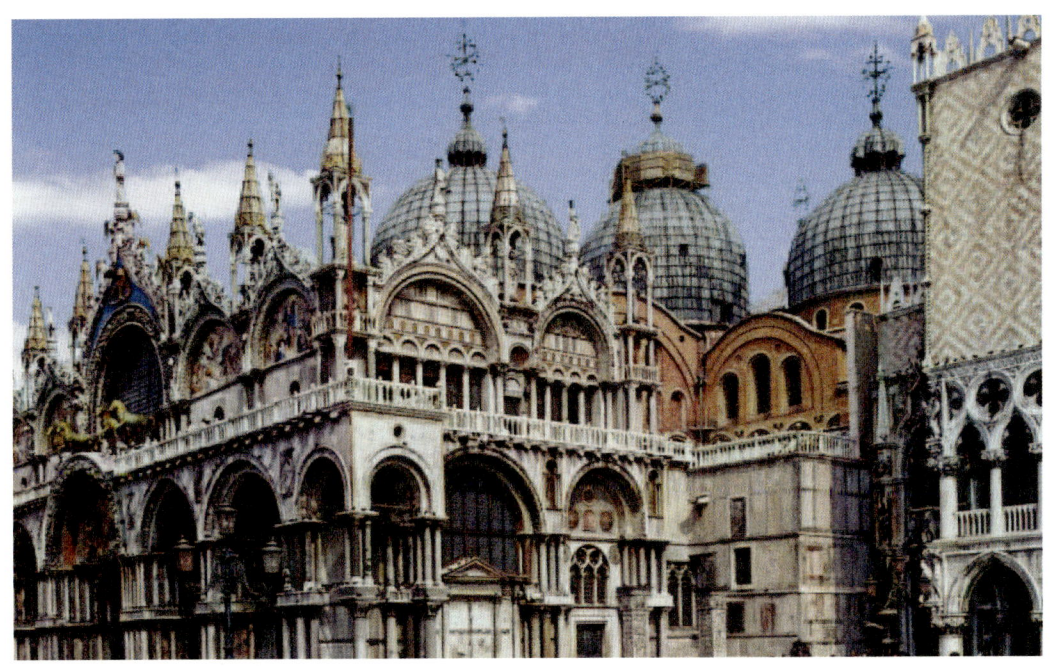

산 마르코 사원의 전경
세계적으로 유명한 베네치아의 상징인 산 마르코 대사원은 로마네스크 양식과 비잔틴 양식이 혼합된 사원으로, 828년 베네치아의 수호성인인 마르코의 유체를 모시기 위해 창건되었다. 이후 967년 화재로 유실된 뒤로부터 1063년부터 10년에 걸쳐 복원 공사를 하여 현재에 이르고 있다.

을 모노 녹음이라고 하면 베네치아 악파의 방법은 스테레오 효과에 비유할 수 있을 것이다. 베를리오즈의 '로미오와 줄리엣'과 말러의 '교향곡 제2번'에서처럼 객석에 음원 일부를 배치하는 기법이 이미 베네치아 악파에서 사용되고 있었던 것이다. 몬테베르디의 대걸작 '성모마리아의 저녁기도'(1610년)도 이 형식에 의한 전형적인 작품이다.

산 마르코 사원에서 녹화된 엘리어트 가드너의 연주영상(DG)을 보면 성당 내부 각각의 장소에 합창과 악기를 배치하는 베네치아 악파의 방법을 시각적으로도 느낄 수 있을 것이다.

베네치아는 후기의 르네상스 시대만이 아니라 그 이후에도 많은 음

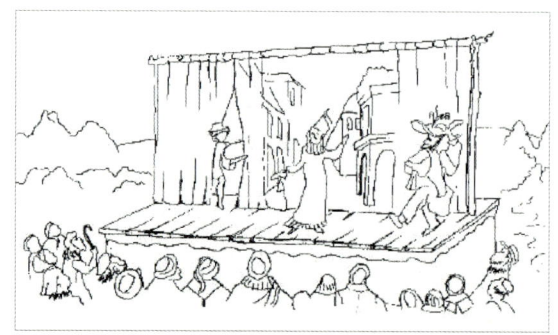

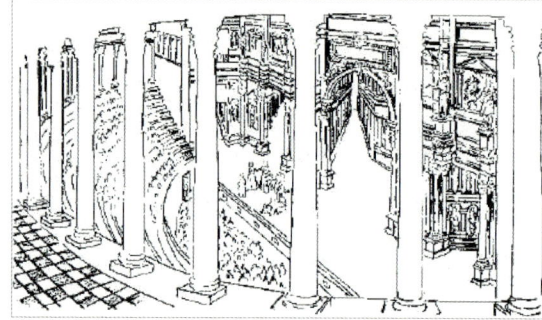

베네치아 산 카시아노 극장

베네치아에 건립된 세계 최초의 오페라 전용 극장(1637년)으로 음악을 즐기는 사람들이 많아지고 오페라 극장의 성황으로 전 유럽에 오페라 열풍을 일으킨 계기를 마련했다. 궁정 오페라 작곡가 몬테베르디도 시민들을 위하여 많은 오페라 작곡에 힘썼으며, 여러 음악가들이 이탈리아에 와서 오페라를 공부하고 돌아가 고국의 오페라 발전에 이바지하기도 했는데, 헨델도 그 중 한 명이다.

악가들에게 영감을 주었다. 아마 베네치아만큼 오랜 기간에 걸쳐 음악가들에게 영감을 주었던 도시는 없을 것이다. 몬테베르디뿐만이 아니다. 바로크 시대가 되면 유럽 최초의 오페라 극장이 이곳에 세워진다.

비발디가 활약한 곳도 이 마을의 고아원이다. 19세기가 되어 로시니가 오페라 작곡가로서 활동을 시작한 곳도 이곳인데, 특히 '탄크레디'는 유럽 전체에 큰 반향을 일으켰다. 베르디가 '라 트라비아타' 등을 작곡한 것도 베네치아의 페니체 극장을 위해서였다.

바그너가 죽은 곳도 또한 이곳이다. 오펜바흐의 '뱃노래'나 멘델스존의 '베니스의 뱃노래'(무언가 제1막) 등 이 도시에 영감을 받은 곡은 셀 수 없이 많다. 디아기레프도 베네치아에서 죽었고, 스트라빈스키는 스스로의 희망으로 여기에서 장례를 치렀다.

일반적으로 '음악의 도시=빈'이라는 이미지가 강하지만, 나는 감히 베네치아야말로 유럽의 음악 도시라고 말하고 싶다.

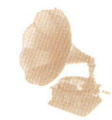

〜 '사운드' 와 '불협화음' 의 발견

'장르와 지역의 다원화' 이외에, 순수하게 기법을 기준으로 16세기 음악의 특징을 한 가지 든다면, 그것은 '사운드의 발견' 이라고 할 수 있을 것이다. 라소와 가브리엘리 등 이 시대를 대표하는 작곡가의 작품을 뭐든 들어보자.

그 음악은 15세기처럼 매끄러운 몇 가닥의 굽이치는 횡의 흐름이 부드럽게 녹아 하나가 되는 듯한 음악이 아닐 것이다. 그 음악은 장대한 기둥 몇 개가 나란히 늘어서 있는 것처럼 들릴 것

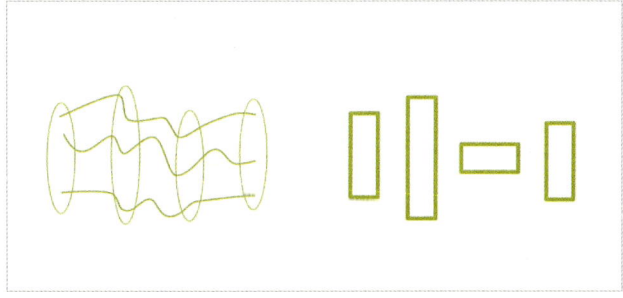

15세기에는 아직 횡의 선을 하나로 묶어주는 끈과 같은 역할밖에 없었던 화음이지만 (왼쪽), 16세기 들어 화음의 기둥이 상당히 눈에 띄게 된다(오른쪽).

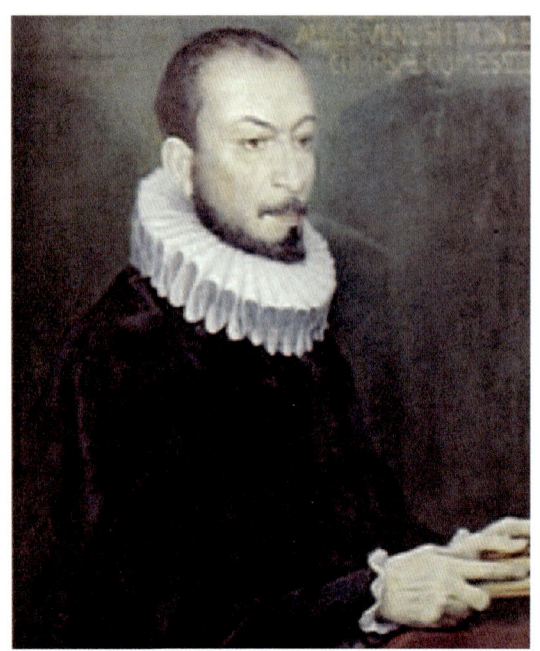

제수알도 [Carlo Gesualdo, 1560?~1613]의 초상화

제알수도는 대담한 반음계적인 화성법의 사용으로 침울감이 엿보이고 정형화한 곡의 구성 속에 틀에 박힌 방식으로 인해 음악상의 마니에리슴이라는 평을 받기도 하였다. 약 150곡 정도의 마드리갈 작품이 있는데 20세기에 들어와 스트라빈스키에 의해 다시 재발견되기 시작했다.

이다. 여기서 기둥이란, 즉 화음을 말한다. 화음은 음악의 수직축이 되어 더욱 두드러지게 된다. 15세기의 합창곡에서 화음은 곡 전체에 부드러운 색조를 띠게 하는 배경이면서, 횡의 선율이 흩어지지 않게 묶어주는 끈과 같은 것이었다.

그에 비해 16세기 음악에서 화음은 건물을 지탱해 주는 '기둥'이 된다(앞쪽의 그림 참조)

'화음'의 발견은 '불협화음'의 발견과 같은 의미이기도 하다. 화음에서 벗어난 음이 섞여 있으면 이물질로 두드러지게 된다. 즉 불협화음으로 들리는 것이다. 16세기는 사람들이 불협화음의 강렬한 표출 효과를 처음으로 깨닫게 되는 시대이기도 했다.

예를 들면 제수알도의 종교 작품을 들 수 있다. 나폴리 근교의 귀족이었던 그는 부정을 저지른 아름다운 부인을 죽이고 기구한 인생을 보낸 것으로 알려진 신비적인 인물이다. 그의 합창곡은 심한 전위적 불협화음을 사용하여 그 시대에는 거의 무조화로 들릴 정도였다(스트라빈스키도 제수알도 작품에 매료되어 몇 곡의 편곡을 남겼다).

제수알도는 불협화음(반음계)의 효과를 최대한으로 이용하여 참회와 고문의 고통을 연상시키는 듯한 감정을 표현했다. 즉, 음악이

'미(美)(협화된 것)'에서 '(불협화가 상징하는) 표현'되기 시작된 것이다.

불협화음이 갖는 표현력을 철저하게 연구한 또 한 명의 작곡가는 몬테베르디(1567~1643년)이다. 베토벤이나 쇤베르크와 같이 그도 두 시대 사이에 걸쳐 있는 음악사의 거장 중 한명이다. 그는

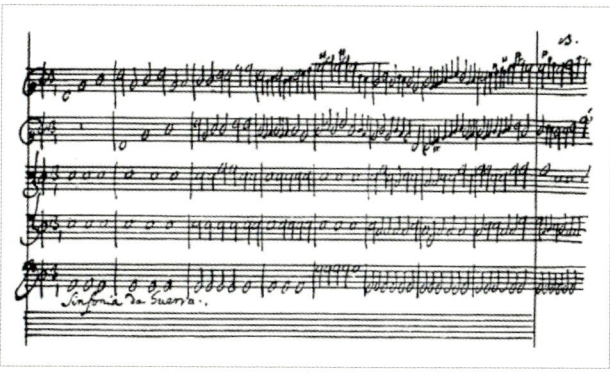

몬테베르디 악보

르네상스적인 세계에서 출발하여 그것을 해체하고 완전 새로운 시대의 문을 연 사람이다. 그 장대한 실험장이 된 것이 마드리갈이란 장르이다.

앞에서도 말했던 것처럼, 마드리갈이란 이탈리아어로 된 세속적인 합창곡이다. 음악적으로는 원래 모테트와 그다지 차이가 없었다. 즉 매끄러운 선율이 몇 중으로 겹쳐지는 합창곡이며, 모테트(이 경우의 '모테트'는 어디까지나 르네상스의 모테트로 중세의 모테트가 아니다)와의 차이는 단지 가사의 내용이 세속적이라는 점뿐이다. 단 가사는 상당히 관능적인 것이 많은데 이 장르의 개척자 중 한 사람인 **루카 마렌초**(1553-1599년)의 곡에는 다음과 같은 가사도 있다.

루카 마렌초 [Luca Marenzio, 1553~1599]

16세기 후반의 가장 뛰어난 이탈리아의 마드리갈 작곡가로 개성적인 표현과 마드리갈의 시적 내용이 암시하는 분위기와 이미지를 표출하는 능력이 뛰어났다. 단선율의 스타일로 악절을 구성했으며, 과감한 화성을 구사하기도 했다. 몬테베르디, 제수알도, 히슬러 등에게 영향을 끼쳤고, N. 용지(N. Yonge)의 『알프스산맥 너머의 음악 Musica transalpina』이라는 책에 그의 작품들이 인쇄되어 이 작품집은 영국 마드리갈의 성립을 촉진했다. 수많은 마드리갈과 빌라넬라, 5권의 모테트집을 출판했다.

'티르시는 사랑하는 여자의 눈동자를 바라보며 죽고 싶었다. 그를 사랑하는 여자는 말했다. "아, 당신, 아직 죽지 말아요. 나도 함께 죽고 싶어요." 티르시는 죽고 싶은 마음을 참았다.'

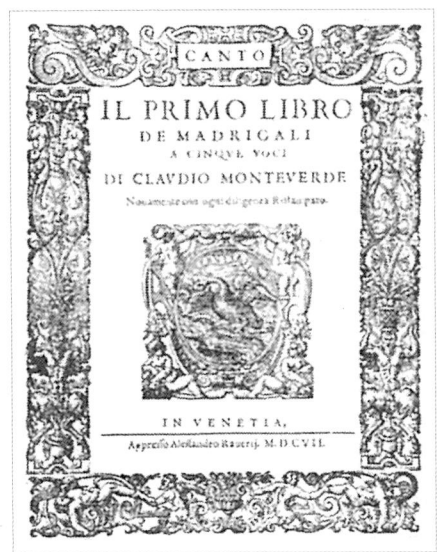

베네치아에서 출판된 몬테베르디의 '마드리갈집 제1권'의 악보집이다. 음악 인쇄가 성행하면서 작곡가의 이름이 표지에 크게 인쇄되게 된다. 그것은 작곡가에게 큰 선전이 되었을 것이다.

'5성의 마드리갈집'(1580년) 제1장 중 '티르시는 죽고 싶었다'에 나오는 한 대목이다. 고대 로마풍의 전원시의 모습을 빌리고 있지만, 대부분 포르노와 같은 가사이다. 이런 마드리갈의 가사(그것은 극적이거나 관능적이거나 풍자적이다)를 음악을 통해 초월적으로 리얼하게 표현하려 한 것이 몬테베르디이다.

몬테베르디의 작품 '마드리갈집 제4권'(1603년 출판)과 '마드리갈집 제5권'(1605년 출판)은 새로운 시대를 향한 결정적인 한 걸음을 알리고 있다. 이것은 일단 종래의 무반주 합창곡 형식을 지키고 있는 듯 보이지만, 빈번하게 불협화음과 반음계를 사용하고 있다.

그것은 가사 내용의 표현력을 강하게 하기 위한 것으로, 이러한 과격한 감정 표현은 보수파의 심한 반발을 부르게 된다. 이 논쟁은 바로크 시대의 개막을 고하는 매우 뜻깊은 것이었다.

음악사가들은 대부분 음악사에 있어 르네상스의 종언을 약 1600년 전후로 간주한다. 그때 반드시 증거로 드는 것이 몬테베르디를 둘러싼 신구 논쟁이다. 1600년에 조반니 마리아 아르투시(1450~1613년)라는 보수파 이론가가 몬테베르디가 불협화음을 너무나 많이 사용하는 것을 비난했다. 이에 대해 몬테베르디는 1605년에 출판된 '마드리갈집 제5권'의 서문에서 다음과 같이 반격했다.

"보수파의 사람들이 말하는 규칙은 오케겜과 조스캥에서 빌리르트에 이르는 음악(르네상스 절정기의 우아하며 아름다운 무반주 합창곡)에만 들어맞는다. 이와 같은 음악에서는 가사 내용보다도 울림의 아름다움과 조화가 우선시 된다. 그에 비해 나는 말이 지배하는 음악을 쓴다."

이렇게 말하며 몬테베르디는 종래의 음악 형식을 '제1의 기법(프리마 프라티카)', 자신이 개척한 새로운 형식을 '제2의 기법(세콘다 프라티카)'이라고 불렀다. 그의 음악에 대한 사고(세콘다 프라티카)는 일종의 리얼리즘이었다. 즉, 가사 내용의 극적인 표현을 위해서라면 아무리 형식을 깨는 불협화음이라도 사용한다는 것이다. 논쟁을 일으킨 마드리갈집의 제4권과 제5권을 지금 듣는다면 도대체 이 불협화음의 어디가 그렇게 귀에 거슬렸었는지 상상하기 어려울 것이다.

하지만 이 곡들을 보수파의 아르투시가 신봉하고 있던 조스캥의 곡들과 비교하여 들어보자. 분명 많은 사람들이 몬테베르디의 곡이 어딘가 아름답지 못하다고 느낄 것이다. 바로 이 미미한 '귀에 거슬리는 느낌'은 동시대 사람들에게는 르네상스와의 결별을 의미하는 것이었다.

현대의 청중에게는 유명한 '탄크레디와 클로린다의 싸움'을 포함하고 있는 '마드리갈집 제8권'(1638년)을 들으면 '르네상스적인 것(프리마 프라티카)'과 '바로크적인 것(세콘다 프라티카)'의 차이를 이해할 수 있을 것이다(8권은 이미 음악적으로는 완전히 바로크에 들어선 작품이다).

이 곡집을 시험 삼아 가사를 보지 않고 들어 보았으면 좋겠다. 그것이 유머러스한 것인지, 비탄의 내용인지, 관능적인 내용인지, 활기찬 장면인지, 음악을 듣는 것만으로 바로 알 수 있을 것이다. 그 이유는 음악에 가사 내용이 리얼하며 떠들썩하게 표현되어 있기 때문이다. 음악을 통해 언어의 정서적인 내용을 표출하는 것이야말로 르네상스가 몰랐던 '제2의 기법'이며, 바로크 시대를 향한 문이었다.

바흐의 변주곡에 얽힌 에피소드

수많은 명곡을 후세에 남긴 바흐이지만 그 중 가장 위대한 한 곡을 고르라면 주저 없이 '골든베르그 변주곡'을 들 수 있을 정도로 이 곡은 명곡으로 통한다. 그래서인지 이 곡에는 다음과 같이 흥미로운 에피소드가 따라다니고 있다.

일찍이 바흐가 라이프치히의 작센공으로부터 궁정 음악가의 칭호를 받았을 무렵의 일이었다. 어느 날 밤 갑자기 바흐에게 드레스덴 주재의 러시아 대사였던 헤르만 카를 폰 카이저링크 백작으로부터 급한 연락이 왔다. 그 사연인즉, 자신이 불면증에 시달려 잠을 자지 못하고 있다는 것이었다. 그는 몇날 며칠 밤을 도저히 잠을 이룰 수 없어 골드베르크라는 이름의 쳄발로 연주자를 고용하기까지 하여 자신이 잠들 수 있도록 침대 곁에서 연주하게 하였으나 그래도 소용이 없었다고 한다. 그런 가운데 생각난 사람이 평소 친분이 있던 당대 최고의 음악가 바흐였다. '바흐라면 내가 잠들 수 있는 음악을 만들어 줄 수 있지 않겠는가!'

이렇게 하여 카이저링크 백작은 바흐에게 도움을 요청한 것이다. 바흐는 먼저 카이저링크 백작이 고용한 골드베르크를 생각하며 변주곡을 만들었다. 그리하여 완성한 곡에 '골드베르크 변주곡'이란 이름까지 붙여주었다. 골드베르크는 바흐의 지도를 받으며 변주곡을 익힌 후 드디어 카이저링크 백작 앞에서 '골드베르크 변주곡'을 연주하기 시작했다. 그러자 놀랍게도 카이저링크 백작이 어린아이처럼 새근새근 잠드는 것이 아닌가. 혹시나 했으나 그 다음 날도 또 그 다음 날도 카이저링크 백작은' 골드베르크 변주곡을 들으며 편히 잠들 수 있었다. 카이저링크 백작은 너무나도 만족하여 바흐에게 기쁨을 표시했고 상당한 액수의 사례비를 주었다. 그 금액은 바흐가 지금까지 작품을 쓰고 받아본 돈 중 최고의 액수에 해당하는 것이었다.

이 에피소드가 사실이라면 바흐는 그 유명한 '골드베르크 변주곡'을 한낱 불면증 환자 개인의 자장가를 위해서 만들었다는 이야기가 된다. 지금 우리가 듣고 있는 불후의 명곡을 만든 이유치고는 뭔가 꺼림직한 것이 사실이다. 그래서 지금은 이 에피소드가 사실이 아닐 거라고 믿는 사람들이 더 많다. 어쨌든 분명한 사실은 바흐가 카이저링크 백작을 위해서 당시 클라비어의 연주에 뛰어난 실력을 가지고 있었던 골드베르크에 맞춰 이 곡을 만들었다는 것이다.

Chapter **03**

바로크 시대의 음악

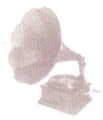

🖋 바로크 음악의 알기 쉬운 부분과 알기 어려운 부분

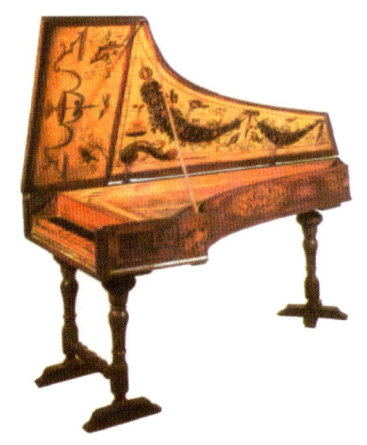

하프시코드
쳄발로라고도 하는데 피아노는 현을 해머로 치는
데 반해 이 악기는 가죽으로 된 고리로 현을 퉁겨
소리를 낸다. 바로크 음악의 기초 악기이다.

비발디(1678~1781년)의 '사계', 헨델(1685~1759년)의 '메시아'와 '왕궁의 불꽃놀이', 바흐(1685~1750년)의 '인벤션'과 '샤콘느'와 '토카타와 푸가' 등은 많은 사람들에게 친숙한 곡이다. 이처럼 바로크 시대란 음악사에서 처음으로 잘 알고 있는 작곡가나 작품이 잇달아 등장하는 시대이다.

또한 바로크 시대에는 친숙한 '대작곡가'가 있으며 익숙한 '명곡'이 있다. 장르(악기 편성)에서도 바로크 시대에 처음으로 건반 독주곡이나 협주곡, 관현악곡, 오페라 등이 등장하게 된다.

중세 후반에는 라틴어의 그레고리오 성가 위에 속어의 선율을 얹었고, 르네상스 시대에는 무반주 합창곡이 중심 장르였으며, 속요에서 빌린 정선율로 미사를 썼다. 이러한 현상들은 현대인에게 잘 와 닿지 않는 현상들이다. 하지만 바로크 시대에는 이러한 현상이 거의 일어나지 않는다.

바로크 음악의 특징 중 한 가지는 우리들이 느끼는 '기시감(데자뷔, 한 번도 경험한 일이 없는 상황이나 장면이 이미 경험한 것처럼 친숙하게 느껴지는 일)'이다. 실제의 울림과 리듬 면에서 이 시대는 우리들의 감각에 급격히 가까워진다. 한 가지 예를 들면 바로크 시대의 곡은 예외 없이 정확히 '도미솔'의 화음으로 끝난다. 중세에는, 현대인의 귀에는 불협화음으로 들리는 '도솔'의 울림만이 사용되었다고 앞서 말한 바 있다.

그러다가 중세 말기에서 르네상스에 걸쳐 망설이면서도 따뜻한 울

헨델의 '수상의 음악' 초판 표지
20개의 관현악곡으로 이루어진 모음곡인 이 작품은 명랑 화려한 느낌이 곡 전체를 흐른다.

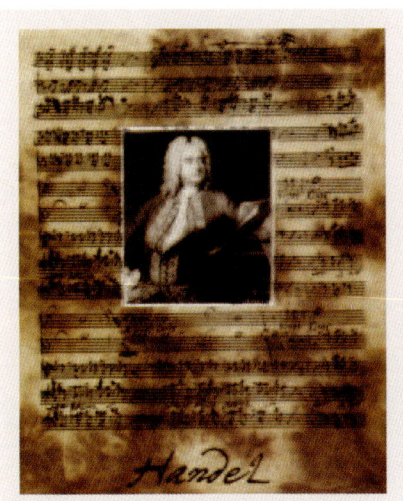

헨델 [1685~1759]
오라토리오 '에스테르 Esther', '메시아 Messiah', '알렉산더의 향연 Alexander's Feast' 등을 작곡하였다. 오페라(46곡), 오라토리오(32곡) 등 대규모의 극음악 작곡에 주력했으나 기악 방면에서도 상당히 많은 작품을 남겼다. 유명한 관현악 모음곡 '수상의 음악 Water Music', '왕궁의 불꽃놀이 음악 Royal Fireworks Music', 작품 6의 합주 협주곡, 하프시코드용의 모음곡(1720년) 등은 모두 주목할 만한 작품들이다. 영국에 귀화하여 사후 최고의 영예인 웨스트민스터 대성당에 묻혔다.

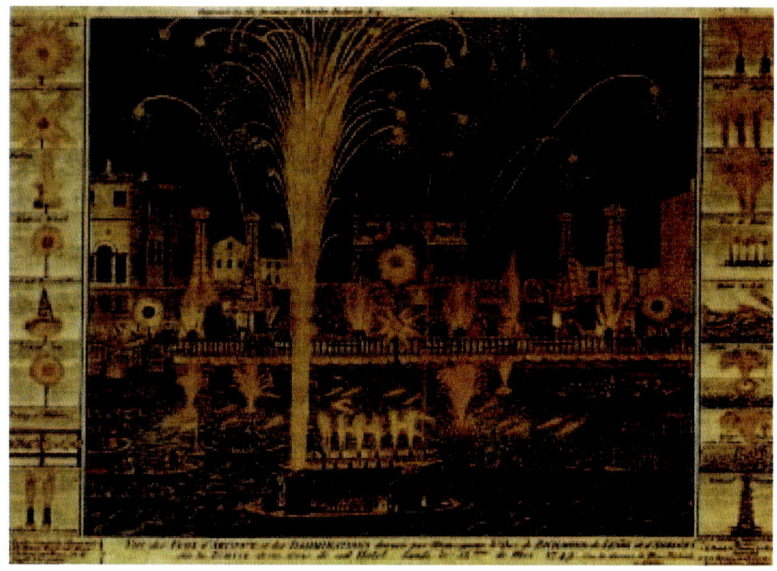

템즈 강의 불꽃놀이

조지 2세 때인 1749년 영국과 프랑스의 평화조약 축하를 기념하여 열린 불꽃놀이 장면을 그린 그림. 이 날을 기념하기 위해 헨델이 작곡한 유명한 관현악 작품인 '왕궁의 불꽃놀이 음악 Music for the Royal Fireworks'의 서곡이 연주된 뒤 거대한 성당 모양을 하늘에 그리려던 시도로 쏜 불꽃이 잘못 튀어 뜻하지 않은 화재가 발생하는 등 공연장은 수라장이 되고 말았다. 대신 사람들의 관심이 '왕궁의 불꽃놀이 음악'으로 몰려 헨델은 성대한 성공을 거두었다.

림을 주는 '미'라는 음을 더하기 시작한 것이다. 하지만 모든 음악이 예외 없이(우리들에게 당연한) '도미솔'로 끝나게 된 것은 르네상스 말기 혹은 바로크 초기부터라고 볼 수 있다(덧붙여 말하면 '도미솔'로 끝나는 '밝은 곡'(장조)과 '도미♭솔'로 끝나는 '어두운 곡'(단조)으로 음악이 이분화되는 것도 바로크 이후의 일이다).

리듬에서의 '박자감'은 현대를 사는 우리에게는 명확해진다. '음악에는 반드시 박자가 있다(4분의 4박자와 4분의 3박자와 8분의 6박자 등), 그리고 반드시 첫박은 강하며 그에 반해 두박이나 세박째는 약하다(3박자라면 강약약, 4박자라면 강약강약 등)' 등 우리는 이것을 당연하게 생각한다.

박자감을 잘 표현하지 못하는 사람은 음치라고 불리기 쉽다. 하지만 중세나 르네상스 시대 음악의 대부분은 박자를 알 수 없는(알 필요도 없는) 것이 대부분이었다. 팔레스트리나의 무반주 합창곡을 행진곡처럼 '강약강약' 악센트를 붙여서 연주한다면 매우 이상할 것이다.

르네상스 시대까지는 박자감이 정확하지 않은 단조로운 선율의 흐름이었다. 그에 반해 바로크 시대 이후부터 점차적으로 강박과 약박이 주기적으로 교체되는 리듬감이 음악을 지배하기 시작한다(단 바로크는 아직 과도기로 그 강박과 약박의 교체에서 자유로운 작품이 많다).

대작곡가와 명작, 친숙한 장르, 3화음, 장조·단조의 구별, 박자감 등 바로크는 우리가 음악의 기본 규칙이라고 생각하는 여러 가지 사항이 확립된 시대이다. 바로크 이후부터 역사적 이해라는 우회로를 거치지 않고도 어느 정도 직접적으로(즉 듣기만 해도) 이해할 수 있는 음악이 등장한다. 요컨대 바로크란 '고대 음악(역사상의 음악)'이 '클래식'이 되기 시작한 시대인 것이다.

그렇지만 바로크 시대의 음악사가 18세기 말에서 19세기 이후까지와 비교해 아직 어딘가 막연하다는 것은 부정할 수 없다. 그 원인의 하나는 유명한 사람이 적기 때문이라고 생각한다. 쉿츠, 북스테후데, 알렉산드로 스카르라티, 쿠나우, 코렐리, 텔레만 등 이름 정도는 들어본 적이 있는 작곡가가 다수 있긴 하다. 하지만 그들은 과연 근대적인 의미에서 대작곡가일까? 단지 역사적 의의라는 점에서 중요한 것이 아닐까.

19세기 이후의 경우, 많은 '대작곡가'들이 있고 그들에 의해 음악사라는 직물이 짜여 있다. 사람들은 음악을 듣는 것만으로도 베토

칸타타 [cantata]

바로크 시대에 성행했던 성악곡의 형식으로 이탈리아어 cantare(노래하다)에서 파생된 말이다. 독창·중창·합창과 기악 반주로 이루어지고, 가사의 내용에 따라 세속 칸타타와 교회 칸타타로 나뉜다. 이탈리아에서는 귀족들의 연회용 실내 칸타타가, 프랑스는 웅장한 오페라풍의 양식이 중심을 이뤘으며, 독일에서는 찬송가의 가사와 선율을 바탕으로 한 코랄칸타타가 성행했는데, 그 절정을 이룬 것은 200여 곡에 이르는 작품을 작곡한 바흐 때이다. 이후에도 하이든, 모차르트, 베토벤, 브람스 등에 의해 명맥이 유지되긴 했으나 바흐와 더불어 칸타타의 시대는 내리막길로 접어들었다.

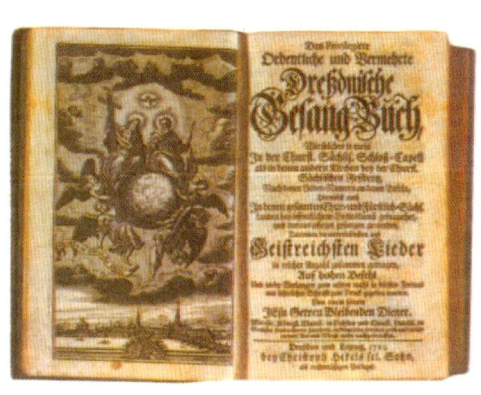

'마태오 수난곡' 소재가 된 루터역 신약성서

바흐가 소장하고 있던 것으로 마태오 수난곡의 소재가 되었다. '마태오 수난곡(Matthäuspassion)'은 바흐 작품 번호 244번으로 마르틴 루터의 독일어 번역본 신약성서의 마태오 복음서 26장과 27장, 피칸더의 대본을 기초로 한 예수의 고통을 다룬 종교 음악이다. 전곡은 78곡, 3시간 반의 상연 시간을 요하는 대작이며, 라이프치히의 성 토마스 성당에서 초연된 후 잊혀졌다가 1829년 멘델스존에 의해 재조명되었다. 공산주의자 칼 리프크네히트가 "이보다 더 달콤하고 부드럽고 감동적인 것은 없다"고 극찬했다. 바흐의 많은 수난곡 중 '마태오 수난곡'과 '요한 수난곡'이 남아 있다.

벤이나 슈베르트, 바그너, 드뷔시, 말러의 '위대함'을 느낄 수 있다. 그들은 역사를 뛰어넘고 있다. 하지만 동시에 우리는 그들 사이의 역사상 상호 관계도 막연하게나마 떠올릴 수 있을 것이다.

즉, 19세기에는 역사를 뛰어넘는 대작곡가들이 동시에 역사를 구성하고 있는 것이다. 그에 반해 바로크는 이런 도식이 좀처럼 맞아 떨어지지 않는다. 거기에는 서로 잘 구별되지 않는 군소 작곡가가 몇몇 있고 군데군데 '대작곡가'들이 독립되어 서있는 것처럼 보인다.

미술 역사가 곰브리치는 '날짜는 역사라는 장대한 피륙을 걸 때 반드시 필요한 못이다'라고 말했다. 이것에 빗대어 말하면 바로크 시대는 '역사라는 피륙을 걸 때 필요한 대작곡가라는 못'의 수가 절대적으로 부족한 것이다.

장르의 문제도 바로크 음악사를 알기 어렵게 하는 원인 중 하나이다. 당시 수난곡, 오라토리오, 칸타타, 합주협주곡, 트리오 소나타, 무도조곡 등과 같은 장르가 번성했다. 하지만 이것들은 19세기 이후 실질적으로 소멸된 장르이다.

한편 바로크 시대에는 현대인에게 친숙한 교향곡과 현악4중주, 피아노 소나타, 리트와 같은 장르는 아직 존재하지 않는다. 이것이 성립된 것은 18세기 후반의 빈 고전파 시대이며, 그 이후 연주회의 메인으로 현대까지 이어지고 있다. 즉 교향곡과 현악4중주가 '현대와 연속적으로 지속되고 있는 장르'로 '근대'적인 것인 데 반해, 칸타타나 코랄 변주곡은 '현대와의 단절이 있는 장르'로서 '전근대'적인 것이다.

바로크는 근대와 전근대가 어수선하게 공존하고 있는 시대이다. 군데군데 잘 알고 있는 풍경과 맞닥뜨리지만 그 옆에는 전혀 생소한 풍경이 펼쳐져 있다. 그 때문에 방향 감각이 이상해져 원근감을 잘 잡을 수 없는 시대, 우리에게 가까운 것인지 멀리 있는 것인지 잘 알 수 없는 시대가 바로크 시대이다.

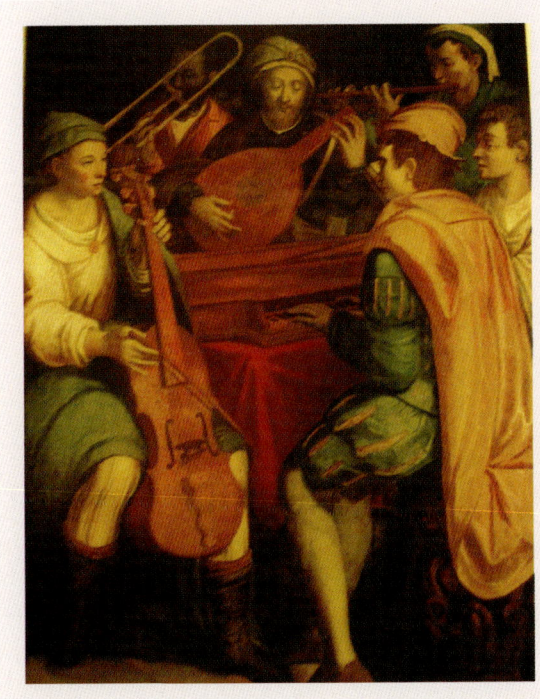

바로크 시대 사람들이 악기를 다루고 있는 모습

〰 절대왕정 시대의 음악

바로크 시대는 음악 양식 면에서 통일적인 전체상을 이루고 있지
않다. '바로크라고 하면 바흐, 바흐라고 하면 종교 음악과 푸가'라고
떠올리는 사람이 많다. 하지만 동시에 바로크는 궁정의 사치를 위한
BGM적인 음악(륄리, 비발디, 헨델, 텔레만 등에 의한)이 대량으로 만들어진
시대이기도 하다.

혹은 많은 음악사 책에서 '바로크의 시작=오페라의 탄생'이라고
쓰기도 한다. 카스트라토(거세당한 남성 소프라노 혹은 알토) 등과 같은
스타를 주역으로 한 바로크 시대의 현란하고 호화로운 오페라가
바흐의 엄숙한 종교 음악과 어떻게 관계하고 있는지 확 와 닿지
않는 사람도 많을 것이다.

🎻 **BGM [background music,
배경 음악]**
분위기 조성이나 극중의 행동을
강화하는 등 연극이나 영화, 드라
마 등의 진행을 보조하는 음악

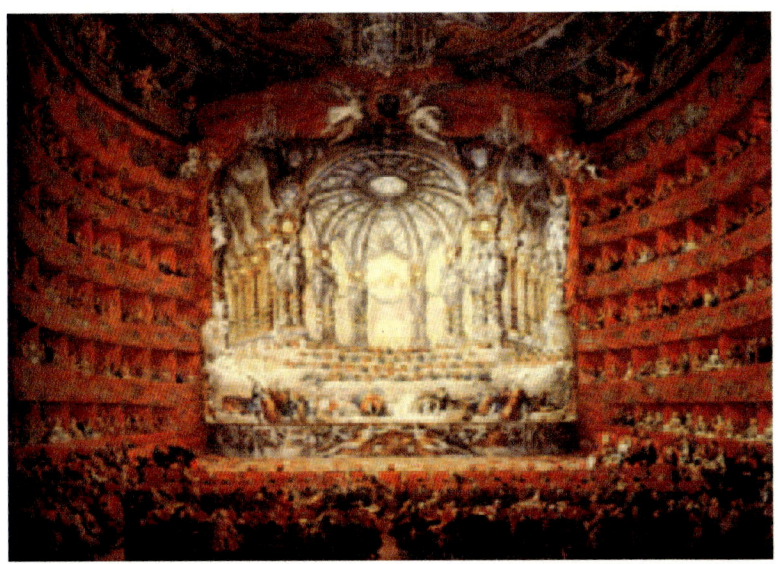

호화로운 음악에의 축전. 판타니 作
18세기 이탈리아 로마에서 열린 오페라의 한 장면. 화려한 무대와 의상, 엄청난 수의 관객, 거대한 극장 등에서 오페라의 인기를 확인할 수 있다.

　또한 바로크 시대 초기의 몬테베르디와 후기의 텔레만을 비교하여 들어보면 너무나 스타일이 달라 이 둘이 어째서 같은 바로크 시대의 작곡가인지 잘 이해되지 않을 수도 있을 것이다. 이처럼 통일적인 이미지로 수렴할 수 없는 다양함과 다채로움이야말로 바로크 음악의 본질일지도 모른다.

　이런 다양함 중 먼저 '절대왕정 시대의 음악'에 대해서 생각해 보고 싶다. 바로크 시대의 음악은 보통 1600년 전후에서 1780년 전후까지라고 보는 경우가 많다. 즉, 제2장에서 말한 몬테베르디를 둘러싼 논쟁(1600~1608년)이 바로크의 시작을, 그리고 바흐의 죽음(1750년)이 그 끝을 나타내는 연호가 되고 있는 것이다. 그리고 정치적으로 이 기간은 모든 절대군주(그리고 16세기에 이어 새로운 항로의 개척과 해외 식민지의 형성)

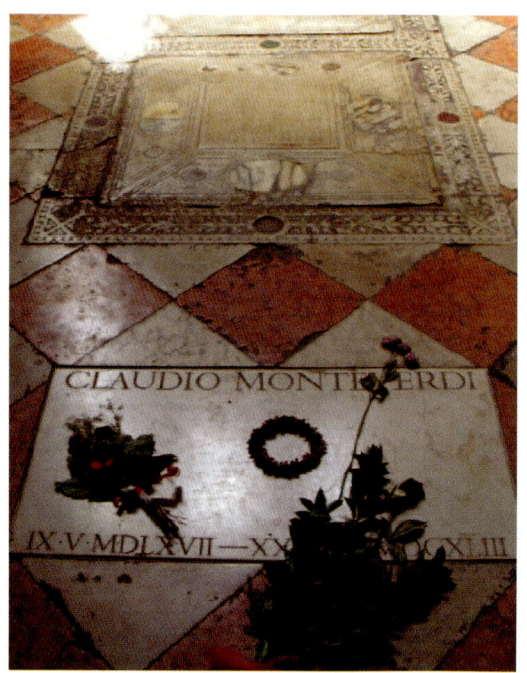

몬테베르디 무덤

시대와 거의 겹쳐진다. 모델이 되는 것은 루이 14세의 베르사유 궁전이다.

거기에서는 매일 같이 축제가 행해지고, 불꽃놀이, 승마 시합, 무도회, 만찬회, 발레, 오페라와 같은 장관이 펼쳐졌다. 순간적인 부의 낭비가 절대적 왕권의 상징이었던 시대였던 것이다. 리하르트 알빈의 『대세계 극장』에서는 바로크 시대에 대해 다음과 같이 말하고 있다.

"바로크 시대에는 소비와 작용의 불균형을 철저하게 음미하는 낭비의 취향이 있었다. 몇 개월, 경우에 따라서 1년이 넘는 긴 준비 시간을 소비했다. 왕은 소원을 말하고 예술가들은 구상을 제출하며, 궁전의 사람들은 계산을 하고, 위원회에서는 협의가 이루어졌다. 수공업자, 목수, 화가, 재봉사, 정원사, 요리사가 동원되었다. (중략) 수천 명의 노동자가 10만 시간 동안 일했다. 그것은 하룻밤을 즐기기 위함이었다."

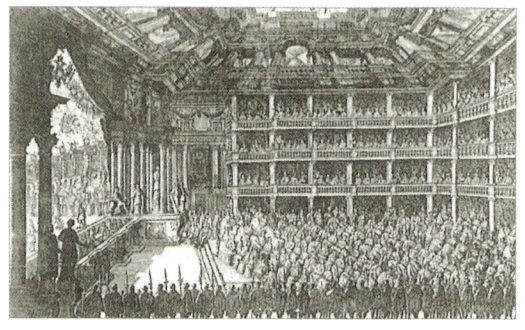

체스티의 축제 오페라 '황금사과'가 1668년 빈에서 상연되었을 때의 광경이다. 국왕의 권력 과시를 노린 바로크 시대의 궁정 축제의 정점이 오페라 상연이었다. 엄청난 돈을 들인 화려한 장관이다.

이러한 (불꽃놀이, 의상, 식사, 건축, 분수, 정원, 잔디, 춤 등과 함께) 장대한 축제 (그것은 이미 르네상스 말기부터 시작되었지만)를 연출할 때 빼놓을 수 없는 소도구 중 하나가 음악이었다.

바로크 시대에 음악은 도대체 어떤 의미를 갖고 있었을까. 중세에서 르네상스를 옮겨가는 서양 음악사는 '종교에서 태어난 음악이 점차적으로 유복한 귀족을 위한 즐길 거리로 옮겨가는 과정'이었다.

그리고 바로크 시대 이후를 먼저 말하자면, 18세기 말 이후 음악은 '부르주아의 즐길 거리'가 되었으며 거기에서 '음악을 음악(음악 예술)으로서 듣는' 태도가 탄생했다.

'즐길 거리로서의 음악'이나 '예술로서의 음악'은 말할 필요도 없이, '종교를 위한 음악'도 결코 현대의 우리가 상상할 수 없는 것은 아니다. 하지만 '왕의 축전을 위한 음악'은 상상할 수 있을까? 단 한 명의 왕의 영광을 칭송하기 위해 나라 전체의 재화를 쏟아 부어 열리는 축전은 도대체 어떤 것이었을까? 단지 자신만을 위해서

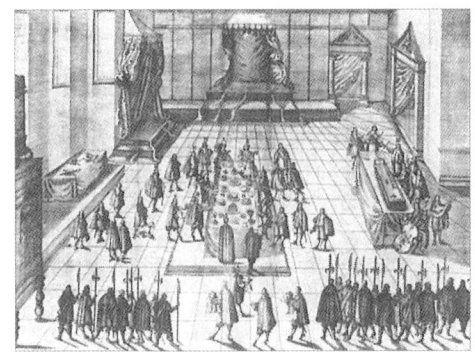

1652년 그려진 빈 궁정의 만찬회의 모습이다. 오른편에 악사들이 식탁 음악을 연주하고 있다. 바로크 시대의 기악합주곡의 대부분은 이런 때를 위한 BGM이었다.

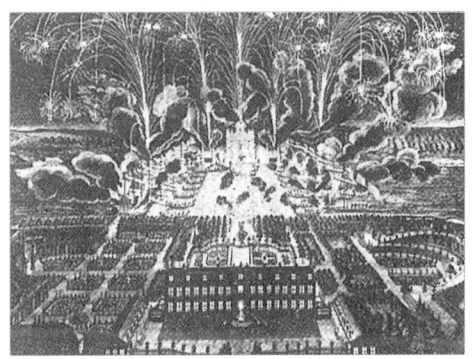

1731년 드레스덴의 궁전에서 한 축제의 모습이다. 이런 '불꽃놀이와 정원의 분수가 연주하는 협주곡'은 굉장한 것이었을 것이다. 당연히 그곳에서는 음악도 연주되었을 것이다. 바로크 시대의 오페라는 거의 항상 이런 축제와 세트로 상연되었다.

나라의 재정이 파탄되는 축제를 열고, 그것을 눈 하나 깜짝하지 않고 태연하게 받아들이는 사람의 감각은 도대체 어떤 것일까? '왕권을 꾸며주는 축전'의 음악은 현대인의 이해 범위를 훨씬 뛰어넘고 있다.

게다가 바로크 음악을 한층 어렵게 하는 것은 당시의 많은 곡들이 축전을 위한 BGM으로 만들어졌다는 점이다. 그렇지만 오늘날 우리

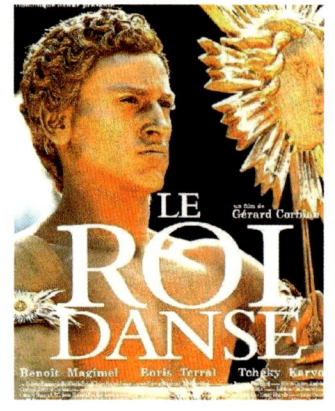

가 체험할 수 있는 것은 궁전이나 정원, 불꽃놀이, 분수, 식사, 무도회와 같은 본래의 문맥에서 벗어난 '음악 그 자체'이다. 왕의 만찬회에 초대받아 엄선한 식탁음악을 들으며 몇 시간에 이르는 식사를 한다.

그리고 눈부신 장식이 되어 있는 오페라 극장으로 유유히 이동하여 인기 카스트라토의 소리를 듣고 그 후 정원에 나와 분수를 배경으로 불꽃놀이를 즐긴다(그때도 배경에는 '왕궁의 불꽃놀이'가 흐르고 있었을 것이다).

지금 우리가 이런 체험을 하는 것은 불가능하다(덧붙여 제라르 코르비오 감독의 영화 『파리넬리』와 『왕의 춤』은 바로크 축전의 이미지를 알려고 할 때 큰 참고가 된다). 결국 이 시대의 궁정에서는 식탁 음악, 무도 음악, 사냥 음악, 살롱 음악, 자녀의 배움을 위한 건반 음악(스칼라티의 건반 소나타 등), 장례를 위한 음악(쉿츠의 '무지칼리쉐 엑제크비엔' 등)에 이르기까지 모든 상황에서 음악이 연주되고 있었다. 이런 왕정 생활을 단장하는 바로크 음악의 정점이 바로 오페라이다.

✎ 오페라의 탄생 – 극이 된 음악

극단적으로 말하면 바로크 음악은 오페라의 탄생과 함께 시작했다고 할 수 있다. 오페라는 원래 고대 그리스의 비극을 복원하려고 한 피렌체 호사가들의 시도로 탄생하였다. 그리고 이 장르를 부동의 것으로 확립한 것이 몬테베르디의 유명한 '오르페오'(1607년)이다. 그 이후 바로크 시대 동안 전 유럽에서 수많은 오페라가 만들어지게 된다.

현대 오페라 극장에서 차지하는 레퍼토리의 대부분은 모차르트 이후의 것이다. 상연 시의 어려움(카스트라토가 주역이었던 점) 때문에 오늘날 바로크 오페라를 극장에서 체험할 수 있는 기회는(이전보다 늘었다고 하지만) 적다.

하지만 바로크 시대야말로 대량으로 오페라가 만들어진 오페라의

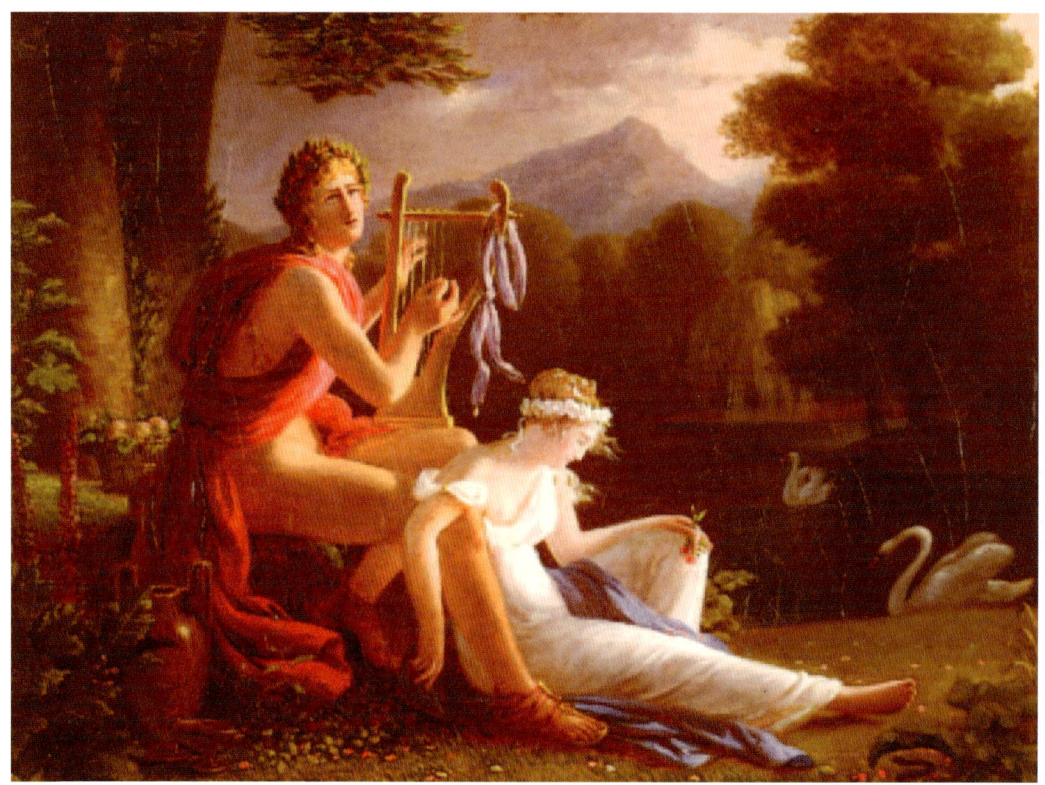

몬테베르디의 '오르페오(Orfeo)'

그리스 신화를 소재로 팬터마임과 대위법, 화성법 등 바로크 기법을 결합시켜 탄생된 오페라로 그를 단숨에 '서양 음악의 일인자'로 만든 작품이다. 그리스 신화 최고 음악가 오르페우스와 물의 요정 에우리디케의 슬픈 사랑 이야기로 아리스타이오스를 피하다 독사에 물려죽은 아내를 구하러 명계로 내려간 그의 노래와 비파 연주에 감동한 저승의 왕 하데스는 아내를 데리고 돌아가게 한다. 그러나 지상에 돌아갈 때까지 뒤돌아보지 말라는 약속을 어긴 탓에 에우리디케를 구해오지 못하고 만다는 그리스 신화를 줄거리로 한 오페라이다.

황금시대로, 바로크와 오페라는 거의 같은 의미라고 해도 과언이 아닐 정도이다.

바로크란 '음악이 극이 된 시대'이다. 앞서 이야기하였지만, 울림의 조화를 중시하는 종래의 르네상스 음악에 반해, 몬테베르디는 가사 내용의 극적인 표현을 위해 자신의 음악을 대치시키려 하였다.

몬테베르디의 후기 마드리갈(특히 제8집)은 전부 오페라의 한 장면과 같다. '극으로서의 음악'은 바로크 음악의 개막을 고하는 것이었다. 오페라뿐만이 아니다. 오라토리오는 종교적 소재의 무대 없는 오페라라고 할 수 있으며, 수난곡은 그리스도 책형의 이야기를 주제로 한 일종의 오라토리오이다.

또 음악의 작은 교훈극이라고 할 수 있는 칸타타도 있다. 이것 또한 '음악에 의한 극'이며 이런 극적 음악은 바로크를 르네상스와 구분하는 결정적인 것이기도 하다.

르네상스적인 조화된 아름다움과 대조적으로 바로크 시대에는 영웅적이며 번뜩이는 효과가 선호되었다. 많은 사람이 알고 있듯이 바로크란 원래 '일그러진 진주'라는 의미이다. 이것은 르네상스 시대와 비교해 이 시기 미술의 고약한 취미를 야유한 표현이었다.

이 시대는 연극적인 것, 장대한 것, 영웅적인 것이 사랑받았다. 베르사유 궁전은 장대한 무대였다(그 주역은 당연히 루이 14세이다. 젊은 시절의 그는 뤨리의 음악으로 발레를 했다). 또한 베르니니의 유명한 '성녀 테레사'(1644~1652년, 위의 그림)를 보

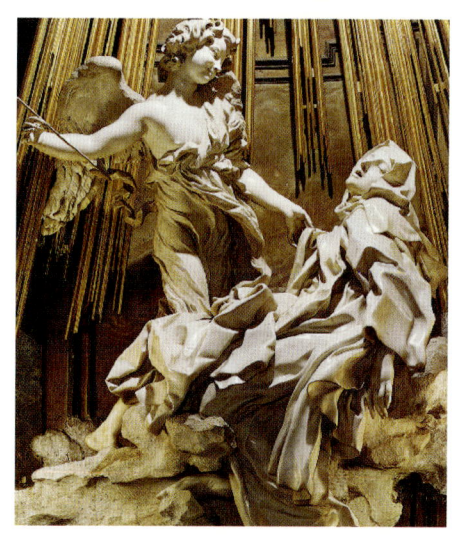

이탈리아 바로크 시대를 대표하는 베르니니의 '성녀 테레사'
종교적 주제임에도 불구하고 거의 정사 장면을 연기하는 여배우 같은 표정을 하고 있다. 이 '연극화'는 바로크 음악의 특징이기도 하다.

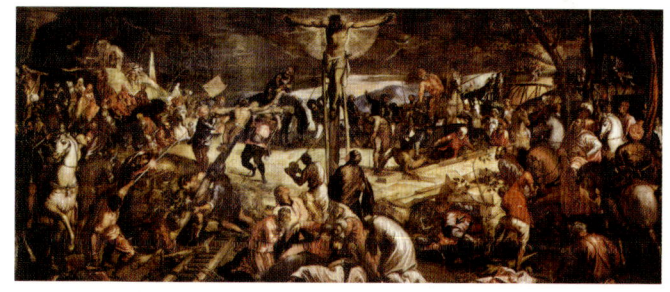

틴토레토가 묘사한 거대한 그리스도 책형 장면
아직 16세기의 작품이지만, 여기에는 이미 바로크 시대의 오페라와 같은 시공 감각이 예고되어 있다. 여기에 그려진 사람들을 실제 사람들이 연기하고 거기에 음악을 더하면 그것은 오페라다.

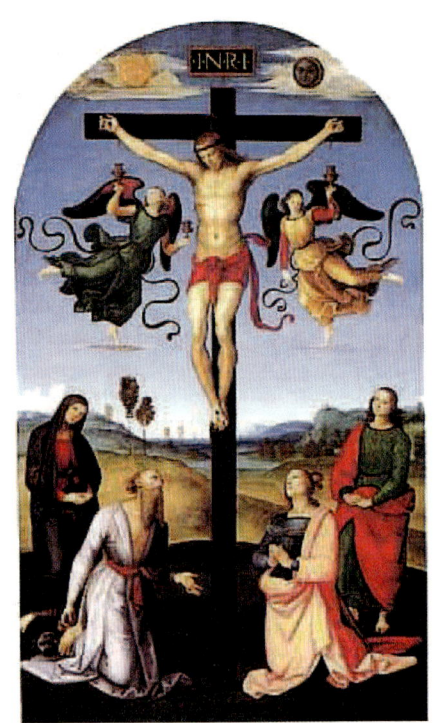

몽드의 그리스도 책형

런던 국립 갤러리 소장. 죄인을 기둥에 묶어 세우고 창으로 찔러 죽이는 형벌인 책형은 크리스트 교도의 박해에 사용되었으며, 십자가에 못박힌 예수 그리스도의 책형은 유명하다. 그리스도의 책형장으로 성모와 성 요한이 경건한 자세의 입상을, 성 히에로무스와 막달라 마리아가 무릎을 꿇고 그리스도의 수난을 애통해 하고 있다.

면 마치 여배우와 같은 포즈를 취하고 있음을 느낄 수 있다.

혹은 (아직 16세기 작품이지만) 베네치아의 스쿠올라 그란데 디 산 로코를 위해 틴토레토가 그린 거대한 그리스도의 책형 장면(1564~1567년, 101쪽 아래 그림)을 보자.

마치 그리스도의 십자가를 지금 바로 끌어올리는 것만 같다. 이것을 보고 있으면 군중의 떠들썩함, 줄을 당기는 둔탁한 소리, 그리스도의 신음소리까지 들리는 듯하다. 마치 이 작품은 묘사된 오페라의 한 장면처럼 보이지는 않는가. 이 정경을 살아 있는 인간이 실물 크기의 무대 장치를 배경으로 연기한다고 상상해 보자.

그리고 거기에 등장인물들의 정서를 표현하는 장대한 음악을 덧붙이면 거의 오페라는 눈앞에 있는 것과 다름없다. 몬테베르디의 최고 걸작 '포페아의 대관'(1642년) 등을 들어 보았으면 한다.

여기에는 르네상스 시대에서는 느낄 수 없었던 등줄기가 오싹해지는 애증 표현을 느낄 수 있다. 오라토리오에서는 헨델의 '메시아'(1741년)와 '마카베우스의 유다'(1746년), 수난곡에서는 바흐의 '마태 수난곡'(1729년)이 바로크 시대의 극적인 음악을 잘 나타내주고 있다. 이 곡들이야말로 바로크의 '극적인 음악'의 최고봉이다.

이 시대가 되면 음악으로 희로애락을 표현하기 위한 여러 가지 '음악의 수사법'이 개발된다. 몬테베르디는 '마드리갈집 제8권'의 유명한 '탄크레디와 클로린다의 싸움'을 이용하여 '흥분'과 '분노'를 나타내는 격렬한 트레몰로 효과를 사용했다. 이것은 음악을 통해 감정을 표현한 최초의 예 중 하나이다.

이런 특정 음형을 특정의 효과와 연결짓는 방법은 특히 독일에서 활발히 개발되었다. '기쁨'은 큰 음정 활약으로, '고통'은 좁은 반음계(특히 반음의 4도)로, '한탄'은 흐느껴 우는 듯한 끊어지는 선율 등으로 표현하였다.

이런 기법은 쉿츠나 바흐의 작품에서 많이 볼 수 있다. 이런 음악의 수사법을 최초로 정리한 것은 부르마이스터의 『뮤지카 포에티카』(1739년)이다. 부르마이스터는 음악 수사법에 의해 표현할 수 있는 효과로서 사랑, 슬픔, 기쁨, 분노, 공포, 용기, 절망 등과 함께 희망, 욕망, 긍지, 겸손, 완고, 질투 등을 예로 들고 있다. 바흐의 '마태 수난곡'은 이런 음악적 정

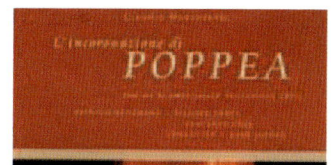
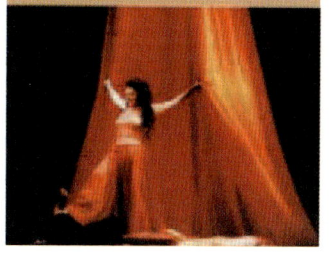

포페아의 대관[L' Incoronazione Di Poppea]

'오르페오', '율리시즈의 귀환'과 더불어 몬테베르디의 3대 걸작 오페라이다. 일생에 걸쳐 다듬어져 온 극음악에 대한 작곡가의 심미안이 꽃을 피운 최후의 결과물로 360년의 시간이 흐른 지금까지도 그 생명력을 온전히 유지하고 있다. 흉악무도한 폭군의 이미지에 휩싸인 불행했던 로마 황제 네로가 실권을 잡기 전 오토네라는 정인이 있는 포페아에게 반해 그녀에게 구애하자 그녀도 젊은 황제에게 마음을 빼앗겨 사랑을 하게 되는 이야기이다.

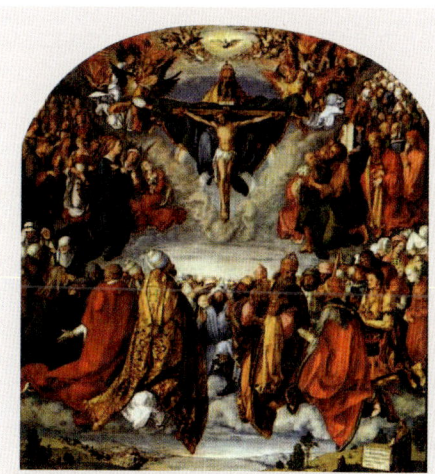

헨델의 메시아

메시아는 헨델의 친구인 찰스 제넨스(Charles Jennens)가 성서를 바탕으로 쓴 것이며, 내용은 메시아의 일생을 그린 것이다. 1부 '예언과 탄생', 2부 '수난과 속죄', 3부 '부활과 영생'의 총 3부분으로 나눠져 있는데, 1부는 처음을 장식하는 서곡 부분이며, 2부는 그리스도의 전도와 수난, 속죄, 그리고 복음의 선포와 그 최후의 승리를 나타내는 '할렐루야' 코러스가 그 백미이다. 마지막 3부는 하나님의 실제, 영생의 확증, 가난의 행복이 그려지는 부분으로 굳은 신앙의 고백으로 '부활과 영생'으로 마지막을 장엄하게 장식한다.

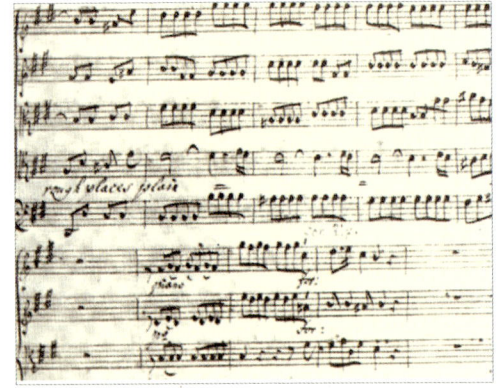

헨델의 '메시아'의 악보 중 일부
1741년 헨델에 의해 작곡된 그의 작품 중 가장 뛰어난 작품이다.
예수의 탄생에서부터 부활에 이르기까지의 일대기를 묘사하고 있
는데 오페라와 종교 음악의 중간 형식으로, 총 3부로 되어 있다.

서 표현의 보고라 할 수 있다.

하지만 '음악에 의한 희로애락의 표현'은 바로크 시대와 근대(18세기 후반 이후) 음악을 비교하면 성격이 상당히 달라진다. 바로크 음악의 정서 표현은 정형적인 것이었다. 거기에서는 '희망', '슬픔', '용기', '분노'와 같은 패턴화된 정서가 패턴화된 음악 수사법에 의해 표현된다.

이것은 특히 바로크 오페라에 적용된다. 이러한 기법 때문에 정서적인 면과 내용적인 면에서도 표현 수단이 대체적으로 비슷비슷하게 들릴 수 있다(물론 몬테베르디는 위대한 예외이지만). 트럼펫의 팡파르를 모방한 큰 음정의 활기찬 마리아, 느긋한 템포로 반음하강을 사용한 슬픈 아리아, 트레몰로와 거친 콜로라투라 패시지의 복수 아리아처럼 어떤 작품이든 '형식'을 기본으로 만들어져 있다.

이런 정형성은 바로크 시대의 작곡가가 어떤 '형식'에도 수렴되지 않는 말로 표현하기 어려운 감정을 추구했던 것과 대조적이다. 근대 음악을 기준으로 바로크 음악의 감정 표현이 미숙하고 딱딱하게 들린다면 이런 이유 때문일 것이다.

또한 '음악에 의한 정서 표현'은 주로 바로크 극음악의 특징으로, 기악곡에는 해당되지 않는다. 당시의 기악에 요구되었던 것은 주로 '쾌적한 BGM' 기능이었다. 기악곡이 본격적인 감정 표현의 매체가 되기 시작한 것은 19세기 이후의 일이다.

🎵 모노디와 통주저음의 시대

이 시대의 음악은 사회 기능적으로는 '절대주의 시대의 궁정 생활'로, 미학적으로는 '정서의 표현'으로 특징지을 수 있다. 그리고 작곡 기법 면에서는 바로크 시대를 **통주저음**과 협주곡의 시대'라고를 정의할 수 있을 것이다.

16세기에 들어 음악은 급속히 대위법에서 화성으로 변화하기 시작하였다. '몇 가닥의 횡의 흐름이 얽히는 것'이 아닌, '몇 가지 화음의 기둥이 늘어서 있는 것'과 같은 형식의 음악이 주류가 된 것이다. 통주저음은 이 경향의 연장 속에서 생겨났다.

통주저음이란 문자 그대로 곡을 처음부터 끝까지 일관하여 지지해가는 저음으로 오르간이나 첼로, 쳄발로에 의해 연주된다.

🎻 **통주저음**

낮은음표 밑에 숫자를 달아 화성을 나타내는 것으로, '통주저음의 시대'라 부를 만큼 바로크 시대의 최대 특징이다. 그 기원은 16세기 후반의 종교 합창곡의 오르간 반주에서 찾을 수 있는데, 반주자가 처음 멜로디에 바탕을 두고 즉흥적으로 화성을 채워 즉흥 연주용의 스코어로 성악의 최저 성부를 쓰고 그 아래에 다른 성부에 생기는 화음을 명시하는 기호를 나타냈다. 18세기 전반 독일에서는 반주 부분에 모방과 대위법적 기법을 채택해 독립성을 유지시켜 통주저음의 전성기를 이루었다.

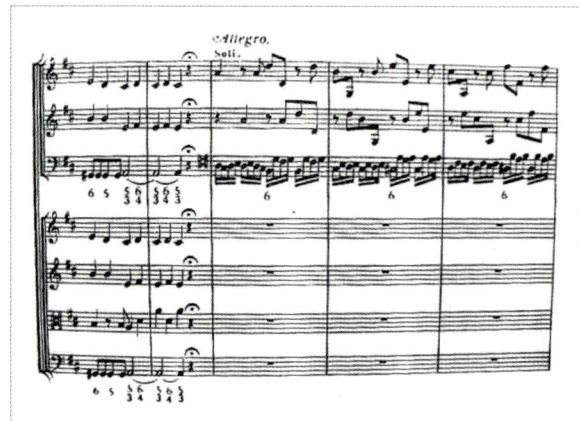

숫자로 표기된 통주저음의 화음
코렐리 콘체르토 그로소 op.6-1 중에서

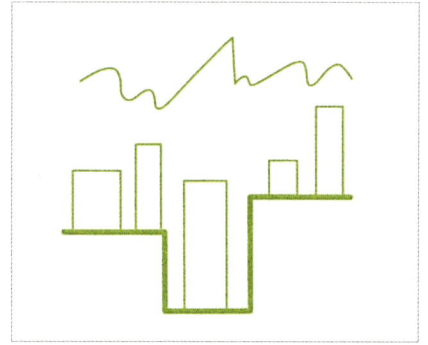

바로크 시대에는 통주저음(두꺼운 선)과 화음이 음악을 지탱하고, 선율(얇은 선)이 그 위를 꾸미는 형식의 음악이 매우 많다.

저음 파트 악보에는 그때그때 코드명을 나타내는 숫자를 적고(4, 6, 7과 같은), 통주저음을 담당하는 주자는 그것을 보면서 즉흥적으로 화음을 보충해 간다. 이런 토대 위에 선율이 얹혀지는 것이다.

이 통주저음은 재즈의 베이스와 피아노가 하는 역할과도 매우 비슷하다. 피아노의 왼손과 그것을 보강하는 베이스가 곡의 토대를 만들고 피아노의 오른손이 코드를 메워 가며 그 위에 색소폰과 트럼펫과 같은 솔로 악기가 자유롭게 연주한다. 이런 원리와 완전히 같은 것이다.

이런 통주저음의 원리는 오페라의 탄생과 불가분의 관계가 있다. 제2장에서 말한 것처럼 오페라는 고대 그리스 비극을 부흥시키려는 16세기 피렌체의 호사가(카메라타라고 불린다)들에 의해 생겨났다. 그들은 그리스 비극이 노래하는 극이었다고 생각하여 그 복원을 위해 새로운 극적 가창법을 모색했다. 왜냐하면 기성의 음악어법(요컨대 르네상스의 그것)으로는, 극을 위한 음악을 만들 수 없었기 때문이다.

조스캥이나 팔레스트리나의 합창곡 중 아무거나 좋으니 들어 보길 바란다. 이런 종류의 음악을 사용하여 극을 만드는 것은 절대로 불가능하다는 것을 알 수 있을 것이다.

제2장에서 말한 몬테베르디 논쟁의 중점도 바로 이것이었다. 처음부터 전성기의 르네상스 음악은 '울림의 조화'를 지상의 목적으로 하고 있기 때문에 가사 내용의 리얼한 표현에는 맞지 않았다. '생생한 표현'과 '아름다움'이란 양립할 수 없는 경우가 많다. 게다가 대위법의 음악에서는(캐논을 상상하면 쉽게 알 수 있을 것이다) 한 파트만이 튀어나오게 되면 음악이 성립하지 않는다. 모든 파트가 순서대로 같은 가사의 선율을 노래하며 울림이 하나가 되도록 항상 균질함에 신경을 써야 한다.

여기에서는 누구 한 사람이라도 자신이 주역인 체 기분 내키는 대로 노래할 수 없다. 이런 대위법적인 음악을 단념하고 극음악을 위한 새로운 가창법으로 고안된 것이 모노디라고 불리는 형식이다. 이것은 통주저음의 반주 위에 한 사람의 극적인 가창을 얹는 기법이었다.

요컨대 모노디란, '악기에 의한 화음 반주를 수반하는 극적인 독창'을 말한다. 조스캥의 무반주 합창곡에서는 조금씩 간격을 두면서 모든 파트가 균등하게 같은 선율을 노래할 수 있다. 그것은 말하자면 민주적인 형식이다.

그에 반해 모노디는 영웅이나 주인공을 위한 형식이다. 단 한 넝의 주인공이 반주 아기와 함께 등장하여 마음껏 자신의 심정을 토로한다. 이런 음악이 절대왕정 시대의 시작과 거의 동시에 등장한 것은 결코 우연이 아닐 것이다. 그리고 몬테베르디는 이 형식을 후기의 마드리갈과 오페라에 대규모로 전개

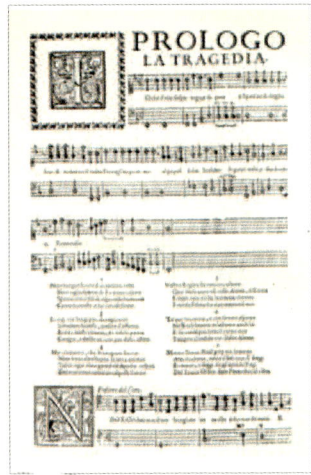

오페라 '에우리디체[Euridice]'의 전주
통주저음을 쓴 현존하는 작품들 중 가장 오래된 오페라로 1600년에 출판된 작품이다. 리누치니가 대본을 쓰고, 페리와 카치니가 각각 작곡하여 1600년에서 1602년 즈음에 피렌체에서 상연되었다. 텍스트의 자연스런 리듬이란 장점과 끊임없이 반복되는 형식, 단조로운 멜로디 선 등의 결점도 가지고 있다.

모노디 [monody]
화음반주를 가진 단일 멜로디의 음악 양식. 즉 1600년경, 피렌체의 카메라타 그룹에 의하여 이루어진 통주저음의 반주가 있는 레치타티보 양식의 독창 성악곡을 뜻한다. 이 그룹은 고대 그리스에서 본딴 '신음악'의 이론, 즉 언어와 멜로디가 완전 일치하고, 언어가 지배하고 음악은 따르는 것을 지향하며, 텍스트의 명확한 이해를 위해 간단한 반주가 따르는 솔로의 형태를 취하여야 한다는 등의 근본 원리를 확립하였다.

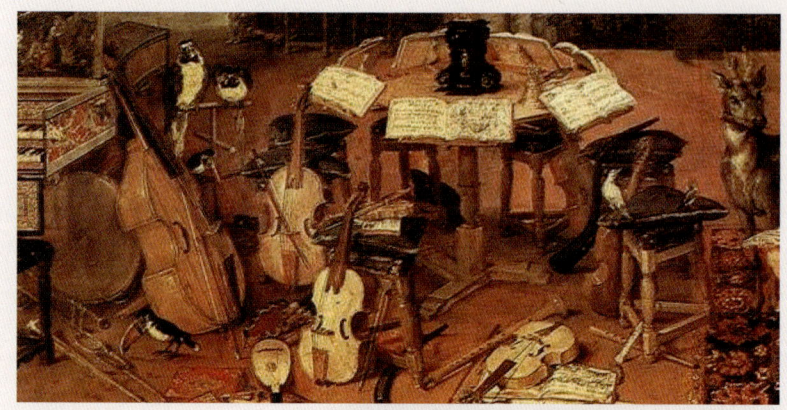

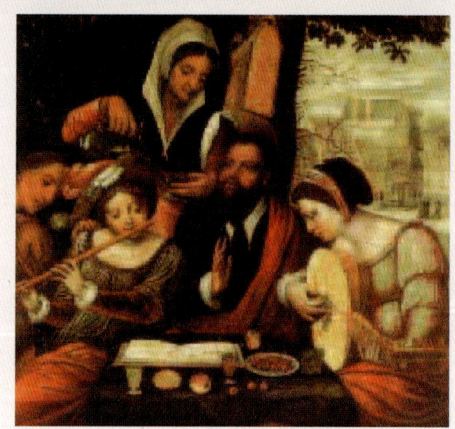

바로크 시대 기악 음악과 악기들

하게 된다.

모노디는 '노래'라기보다는 일종의 '레치타티보(오페라에서 대사를 말하듯 노래하는 형식)'로 바로크 초기에만 볼 수 있는 형식이다. 또한 그 특징은 독특하고 거친 인토네이션(음의 상대적인 높이의 변화, 음조)이다. 이러한 특징은 시대가 흐름에 따라 오페라 등에서 선율법이 좀 더 매끄러워지게 된다.

하지만 바로크 시대의 통주저음 위에 선율을 얹는 형식은 성악곡뿐만이 아니라 트리오 소나타, 협주곡, 관현악곡 등 모든 장르의 기초였다. 바흐의 인상이 강한 탓에 '바로크라고 하면 푸가'라는 이미지를 갖고 있는 사람이 많다. 하지만 바로크 시대는 통주저음의 시대, 알기 쉽게 말하면 '저음이 주도권을 갖고 있는 화음'의 시대이다.

우리는 제1바이올린이 오케스트라의 콘서트마스터를 하는 것에 익숙해져 있다. 그래서 '음악을 주도하는 것은 선율악기(음역이 높고 뛰는 악기)'라고 생각하기 쉽다. 하지만 바로크 시대의 콘서트마스터는 저음이었다.

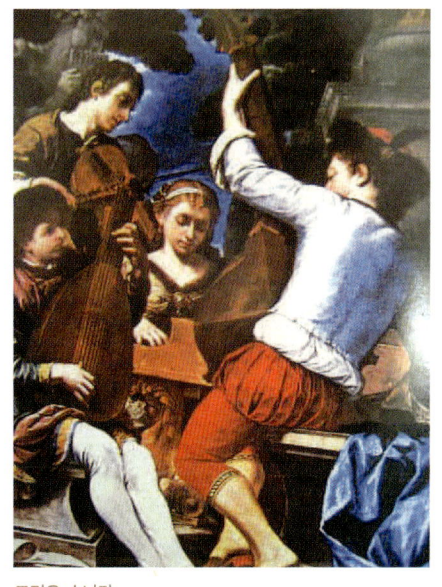

트리오 소나타
주제를 연주하는 두 대의 고음역 악기와 저음역 악기, 화음을 깔아주는 통주저음 악기인 오르간이나 합시코드 같은 화음 악기까지 4대의 악기가 연주함으로써 완벽한 연주 형태를 이뤘다. 악기는 4종이지만 성부만으로 따지면 3성부에 반주가 더해진 것이다.

전형적인 바로크 시대의 악기인 오르간을 생각해 보자. 오르간은 페달(저음)이 토대를 만들고 그 위를 양손(선율)이 연주한다. 바로크 음악에 '선율과 반주가 있다'는 차원으로 보면 현대인의 감각에 가깝다. 하지만 '저음이 주도한다'라는 의미에서 보면 현대와 멀어진다.

통주저음의 매력을 가장 잘 이해할 수 있는 작품으로 카잘스 지휘의 바흐 '관현악조곡 제1번'의 앞부분을 들고 싶다. 첼로의 감동적인 저음이 강한 물결을 만들어 내며, 무언가 크나큰 것에 안긴 듯한 느낌을 준다. 이런 느낌은 선율 주체의 음악에서는 절대로 얻을 수 없는 것이다.

❧ 협주와 대조가 지배했던 시대

  '통주저음'과 함께 바로크 음악의 양식적 특징으로 들 수 있는 것
이 '협주곡의 원리'이다. 르네상스 음악의 특징은 조스캥의 무반주
합창곡을 대표로 하는 균형미이다. 울림은 충돌을 피해 완벽하게 녹
아 하나가 된 매끄러움을 추구한다. 거기에는 악기조차 사용되지 않
는다.

  게다가 르네상스 시대의 합창곡은 모든 파트가 같은 가사로 같은
선율을 노래한다. 여기에서는 모든 이질적인 울림의 충돌은 철저하게
배제된다. 그렇지만 균형미가 지배하고 있다는 점에서 '움직임'의 표
현은 보이지 않는다. 움직임을 표현하기 위해서는 어딘가에서 균질함
을 무너뜨려야 한다. 균형이 무너져 대조가 생길 때 움직임이 생겨나

는 것이다.

이런 '대조에서 생겨나는 움직임' 을 음악에서 최초로 표현하려고 한 것이 15세기 후반 베네치아 악파이다. 그들은 그때까지 무반주였던 종교 합창곡에 악기를 사용한 반주를 더하기 시작했다. '콘체르토' 라는 말이 처음 곡의 제목으로 쓰이게 된 것은 안드레아 및 조반니 가브리엘리부터이다.

콘체르토란 기악 반주의 종교 합창곡을 말하는 것이다. 콘체르토라는 말은 악기와 합창이 '경쟁하면서도 조화를 이룬다' 라는 뜻이다. concertare는 라틴어로 '싸운다' 를, 이탈리아어로는 '조화시키다' 를 의미한다. 즉, 협주곡은 경쟁곡인 것이다.

이후 바로크 시대가 되면서 수많은 기악협주곡이 만들어지게 된다. 흔히 '바로크 시대는 협주곡의 시대' 라고 말할 때, 그것은 단순히 '이 시대에 대량의 협주곡이 만들어졌다' 는 것만을 의미하는 것은 아니

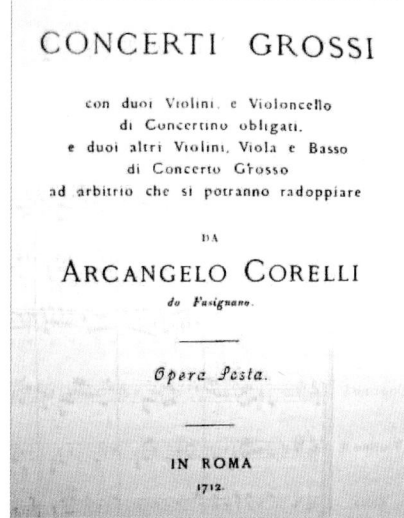
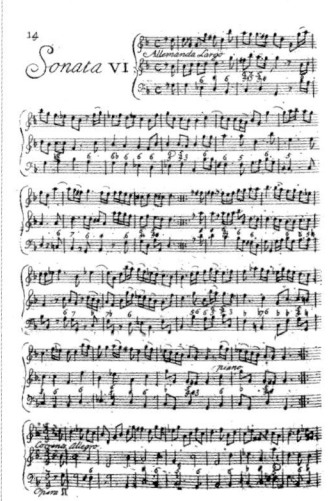

코렐리의 콘체르토 그로소 op.6 의 표지와 Trio Opus.II-VI의 손으로 쓴 악보

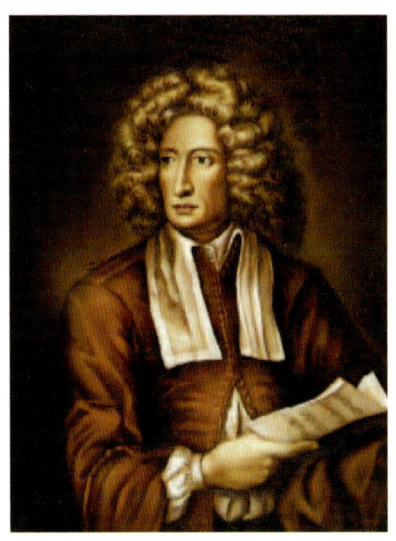

코렐리

op.1에서 6까지의 코렐리의 협주곡 중 처음 4개는 2개의 바이올린과 통주저음을 위한 작품으로 교회 소나타와 실내 소나타가 교대로 연주되고, op.5는 바이올린과 통주저음을 위한 작품으로, 마지막 op.6은 콘체르토 그로소를 모은 것으로 특히 공을 들인 작품이다. 최대의 공적인 합주협주곡의 확립 외에 트리오 소나타와 바이올린 소나타도 최고점에 이르게 하여 기품 넘치는 선율과 균형 잡힌 형식감으로 양식의 완성을 가져다 준 고전적인 예술가로 높이 평가되고 있다. 당대의 음악 평론가 로저 노드 Rodger Node는 "코렐리의 합주곡이 등장하여 다른 모든 형태의 음악이 들어서게 될 터전을 마련했다. 마침 콘체르토가 출연했으니, 그 모두가 음악가들에게는 생명의 양식이었다. 거기에다 콘체르토가 아무리 나오더라도 싫증이 날 것 같지 않았다. 만약 음악이 불멸의 위치에 오를 수 있다면 코렐리의 콘체르토가 그러리라"라는 표현을 빌어 그를 극찬했다.

다. 바로크 시대에는 협주곡뿐만 아니라 모든 음악 장르가 협주의 원리에 의해 만들어졌다.

이것은 음색, 음량, 악상에서 다른 복수의 음향원과 대조시켜 겨루게 하는 기법이다. 성악곡의 '목소리와 악기' 혹은 중창의 '목소리와 목소리'의 대조, 트리오 소나타와 같은 반주가 딸린 기악곡의 '독주 악기와 반주 악기'의 대조, 협주곡의 '독주와 오케스트라'의 대조 등 여러 장르에서 대조의 기법을 사용한 것을 볼 수 있다.

특히 이 시대에 유행한 합주곡의 경우, 독주 부분은 피아노로, 오케스트라 부분은 포르테로 연주하도록 한 경우가 많았다. 거기에서는 음색뿐만이 아니라 음량의 대조도 중요한 역할을 하고 있다.

합주 협주곡은 복수의 독주자가 있는 협주곡이다. 특히 코렐리가 많은 합주 협주곡을 남겼다. 바흐로 말하자면 '브란덴부르크 협주곡'의 제2번과 제4번, 제5번 등이 여기에 해당한다. 제2번에서 독주는 트럼펫과 플루트, 오보에와 바이올린, 제4번에서는 플루트 두 개와 바이올린, 제5번에서는 플루트와 바이올린과 쳄발로가 맡는다. '음량의 대조'를 보여주는 바흐의 '이탈리아 협주곡'이나 '골드베르크 변주곡'과 같은 2단 건반 쳄발로(2단의 건반 중 한쪽은 음량이 포르테, 다른 한쪽은 피아노로 되어 있다)를 위한 작품도 잊어서는 안 될 것이다.

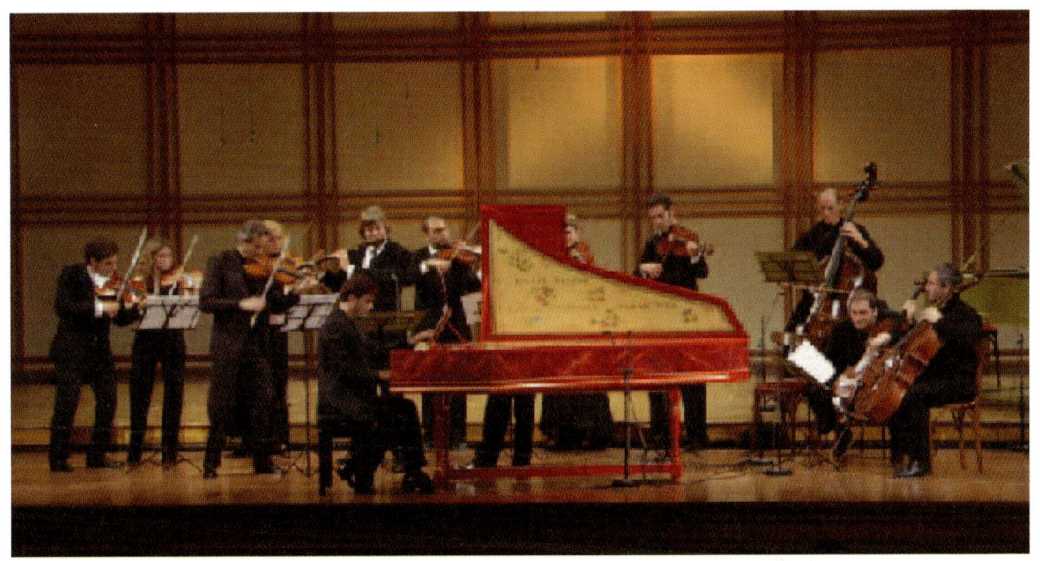

베를린 필하모니 오케스트라가 로몰로 발리 극장에서 클라우디오 아바도의 지휘로 공연한 바흐의 브란덴부르크 협주곡 장면. 공연에는 쉽게 보고 듣기 힘든 쳄발로 등 고악기가 동원돼 바흐 시대의 소리를 들려주었다.

　　우리는 후기 낭만파의 극적인 음악에 익숙해져 있다. 그래서 바로크 시대가 협주와 대조의 원리가 지배했던 시대였다고 해도 좀처럼 와 닿지 않을 수 있다. 그 곡들에는 눈에 띄는 강약의 대조가 없어 단지 귓가를 기분 좋게 흘러가는 음악으로밖에 들리지 않을 것이다.

　　하지만 바로크 시대는 처음으로 '대조'가 음악의 구성 원리가 되기 시작한 시대이다. 최초로 악보에 강약이 적힌 작품은 조반니 가브리엘의 '사크라 심포니아집'(1597년)에 실린 '피아노와 플루트의 소나타'이다. 이 작품은 당시의 사람들에게 아마도 큰 사건이 되었을 것이다. 균질한 울림 속에 '대조'라는 극이 들어 왔기 때문이다. 후기 낭만파에 이르러 정점에 달하는 '극적인 음악'은 바로 여기서부터 발전해 가기 시작한 것이다.

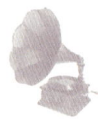

◟ 독일의 프로테스탄트 음악 문화 − 바흐의 문제

지금은 음악의 나라라고 하면 독일이나 오스트리아를 떠올린다. 그러나 르네상스 시대까지 독일어권에서는 중요한 음악사적 사건이 없었다. 중세는 프랑스 음악, 르네상스 전기는 플랑드르 악파, 그리고 르네상스 후기는 이탈리아 음악의 시대였다. 독일은 말하자면 음악사에서 고립된 곳이었다.

정치적으로 독일은 유럽의 다른 나라들과 비교해 현저하게 뒤떨어져 있었다. 종교 개혁의 동란과 30년 전쟁의 여파를 받아 중앙 집권 국가를 이루지 못한 채 작은 나라가 무리지어 있을 뿐이었다. 따라서 영국, 스페인, 네덜란드, 프랑스처럼 국력을 결집하여 해외로 나아가 식민지로부터 막대한 이익을 얻는 것은 꿈도 꿀 수 없었다. 1871년이 되어서야 겨우 독일은 통일 국가를 성립할 수 있었다.

지금까지 바로크 시대를 '현란한 궁정 귀족의 음악 문화'라는 모습으로 묘사해 왔다. 만약 독일이 음악적으로도 '후진국'이었다면 이 시대의 음악사의 이미지는 훨씬 단일적이며 이해하기도 쉬웠을 것이다. 하지만 번거롭게도 이 시대부터 독일의 음악 문화가 급속히 부흥하기 시작했다.

독일의 음악 문화 부흥은 궁정을 중심으로 한 이탈리아와 프랑스의 음악 문화와 상당히 다른 성격의 것이었다. 바로크 시대의 음악사를 통일적인 형태를 기본으로 이해하기 어려운 것은 이것 때문이다.

바로크 시대의 음악을 알기 위해서는 '가톨릭 문화권과 프로테스탄트 문화권'이라는 이원성을 이해하고 있어야 한다. 이 두 가지 문화(종교적으로 대립하고 있었던 것이니 당연하다면 당연하지만)는 처음부터 끝까지 완전히 대조적이다. 따라서 바로크 시대를 화려하고 아름다운 궁정 문화와 연결지어 생각하면 바흐를 어디에 둬야 할지 모르게 된다.

반대로 프로테스탄트 문화권에서 생겨난 바흐의 내성적인 음악이 바로크 시대의 모든 것이라고 믿는다면 이 시대의 전체 풍경을 잘못 보게 되는 것이다.

스페인, 프랑스, 이탈리아, 오스트리아(및 독일 남부)는 이 시대 대표적인 가톨릭 국가로 이곳에서 궁정 문화가 발전하였다. 그에 비해 프로테스탄트의 본거지는 네덜란드와 독일 북동부로 그것을 지지하고 있던 것은 주로 시민(상인) 계급이었다. 신앙이 깊고 근검절약가였

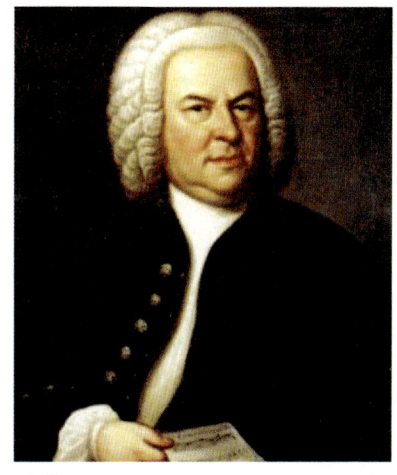

바흐[Bach, Johann Sebastian, 1685~1750]의 초상화. 하우스만 (1746년 作)
'3성의 캐논' 악보를 들고 있다. 바흐는 종교곡, 기악곡 소나타, 협주곡, 관현악 모음곡 등을 쓴 독일의 작곡가로 대위법 음악을 완성하여 음악의 아버지라 불린다. 작품으로 '마태 수난곡', '브란덴부르크 협주곡', '부활제' 등이 있다.

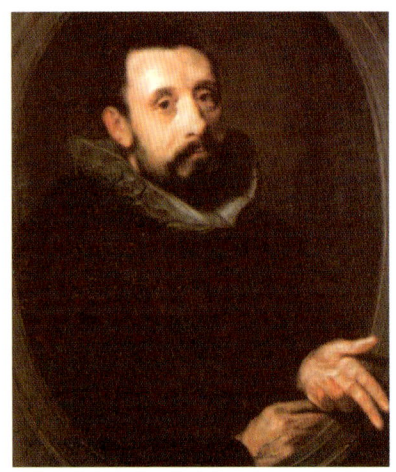

스베일링크 [Jan Pieterszoon Sweelinck, 1562~1621]
작곡가이자 바흐 이전 오르간 음악의 기초를 이룩한 네덜란드 오르간과 하프 연주자. 작품으로 '4성부터 8성의 2분의 1 시편곡' 등이 있으며 변주곡이나 판타지아에서 영국 버지널 악파의 영향을, 토카타에서는 베네치아의 영향을 받았다.

던 그들의 성격이 그 문화를 담당하고 있었던 것이다.

막스 베버가 지적한 것처럼, 모든 면에서 화려한 것을 선호하던 가톨릭과 대조적으로 프로테스탄트 문화는 허식을 배제하고 겸양의 내면적인 것을 추구하는 경향이 있다. 벨기에의 화가 루벤스와 네덜란드의 화가 렘브란트의 작품을 비교해 보면 바로크 시대의 가톨릭 문화와 프로테스탄트 문화의 차이를 일목요연하게 알 수 있을 것이다.

렘브란트와 페르메이르를 낳은 네덜란드의 프로테스탄트 문화의 음악 분야에서는(바로크 초기에 활약하고, 오르간 음악 전통의 기초를 쌓은 스베일링크(1562~1621년)를 유일하게 예외로 한다) 그다지 유력한 작곡가를 배출하지 못했다. 만약 독일 프로테스탄트권에서도 군소 작곡가만 배출했다면, 이 시대의 음악사 기술은 훨씬 쉬워졌을 것이다. 바로크의 프로테스탄트 문화권은 무시하고 오로지 이 시대의 음악 조류의 주류였던 이탈리아와 프랑스의 궁정 음악만 화제로 하면 되기 때문이다.

하지만 정치적으로 시대 조류에 늦어지고 음악사에서 아직 후진국이었던 독일에서 이 시대에서 가장 '위대한' 바흐라는 작곡가가 나오게 된다. 이것이 바로크 음악의 전체적 상을 복잡하게 하고 있다.

바흐를 낳은 독일 프로테스탄트 문화의 중심은, 독일 동부의 작센과 튀링겐 지방(바흐가 활약한 바이마르와 라이프치히, 헨델이 태어난 할레 등)이다.

같은 독일어권에서도 가톨릭의 중심부이며 궁정 도시에 있던 뮌헨과 오스트리아의 잘츠부르크, 빈 등과 비교해 볼 때 거리적 느낌은 너

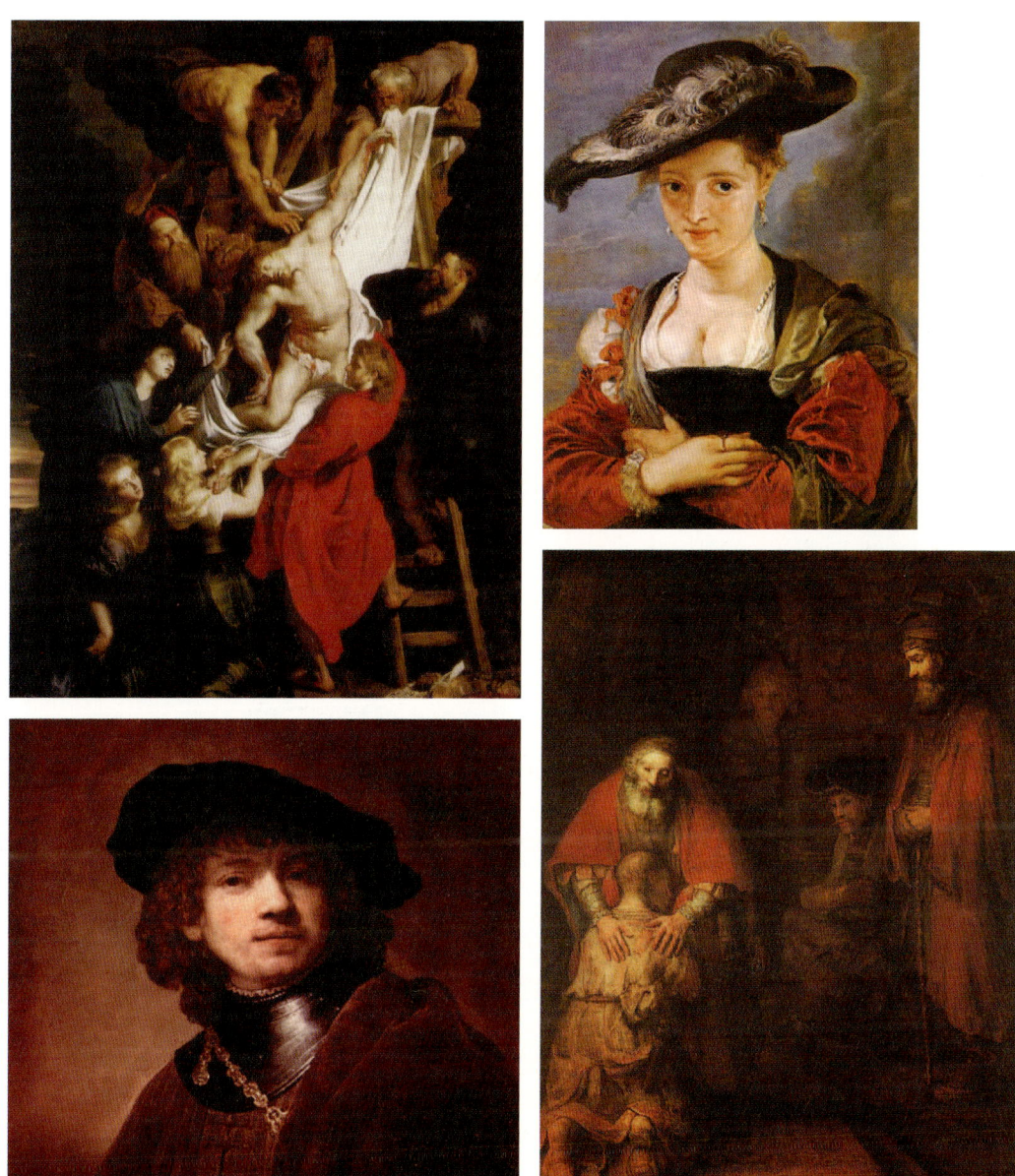

루벤스의 십자가에 내려지는 예수 그리스도(왼쪽 상, 1610~1611년 作)와 수잔느 푸르망(오른쪽 상, 1625년 作),
렘브란트의 자화상(27세 모습, 왼쪽 하, 1634년 作)과 탕자의 귀환(오른쪽 하, 1662년 作)

17세기 동시대를 산 두 거장의 작품을 보면 바로크 시대의 가톨릭 문화와 프로테스탄트 문화의 차이를 한눈에 파악할 수 있다.

무나도 초라하게 느껴진다. 이곳에는 베르사유를 모방한 장대한 궁전도 없으며, 화려한 장식으로 꾸민 바로크 교회도 보이지 않는다. 그리고 바흐의 시대, 이 지방에서는 궁정 도시와는 너무나도 대조적인 음악 생활이 영위되고 있었다. 프로테스탄트권의 음악 문화의 중심은 교회였다. 루터 이후 프로테스탄트에서는 '음악은 신에게 올리는 것'이라는 전통이 중요시 되었다.

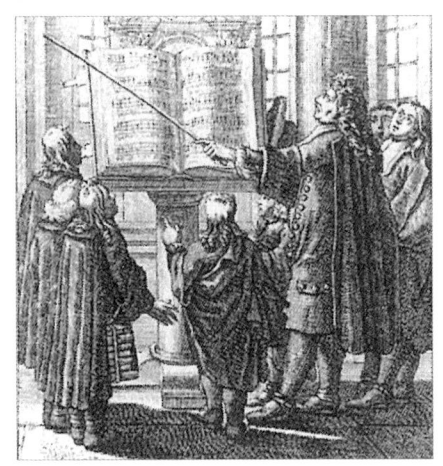

교회 부속 학교의 칸토어(음악교사)는 프로테스탄트 독일의 음악 문화에서 항상 중심적인 역할을 하고 있었다. 그들은 아이들에게 노래와 이론을 가르치고 교회에서 오르간을 치며 계속하여 곡을 쓰고 연주해야 했다. 바흐도 그런 칸토어 중 한 사람이었다.

매주 일요일 교회의 오르가니스트의 반주로 회중이 코랄을 노래하고 교회 부속 학교의 음악교사가 칸타타를 만들어 그것을 교회 학교의 학생들이 노래한다. 교회에는 이런 신과의 연결을 통한 긴밀한 음악 공동체가 존재했다. 이런 음악 문화 속에서 바흐가 나왔다.

물론 바흐의 작품에도 화려한 궁정 음악풍의 느낌이 남아 있다. 하지만 바로크의 다른 유명한 작곡가와 비교해 바흐의 활동은 상당히 수수하다. 이탈리아인이면서 루이 14세에게 총애를 받아 베르사유 궁전에서 음악의 권세를 누린 륄리, 이탈리아에서 수행한 후 오라토리오 및 오페라 작곡가로 런던에서 유례없는 명성을 획득한 헨델, 나폴리에서 태어나 긴 세월 포르투갈 왕녀 마리아 바르바라를 시중들던 도메니코 스카를라티, 독일인으로 이탈리아에서 명성을 높이고 후에 드레스덴

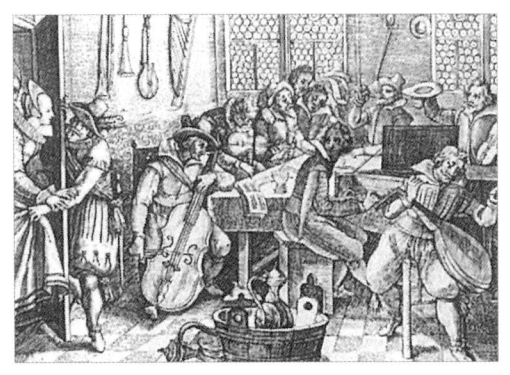

콜레기움무지쿰이라고 불리는 학생들의 합주 단체도 프로테스탄트권 특유의 것이다. 바흐는 이런 그룹을 위해서도 곡을 썼을 것이다.

의 궁정악장으로 당대 제일의 인기 오페라 작곡가가 된 하세

(작센 지방이면서 가톨릭이 강했던 드레스덴에서 오페라가 번성하여 바흐도 만

년에는 아들을 데리고 종종 하세의 오페라를 들으러 갔다고 한다) 등, 그들

의 국제적 활약에 비해 바흐의 활약은 오로지 독일 북동부로

한정된다.

당시 작곡가들의 출세 기준은 이탈리아에서 인기를 얻거나

유력 궁정에 소속되거나 오페라 작곡가로서 명성을 얻는 것

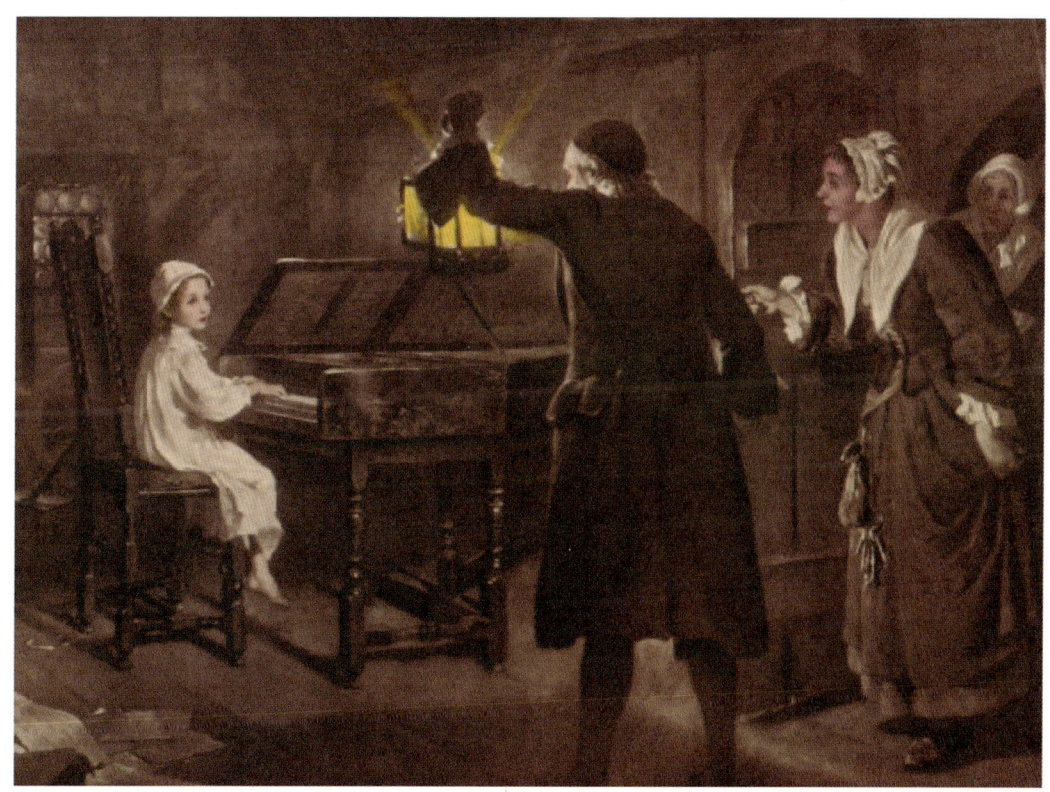

어린 헨델의 첫 번째 시도 [마그리트 딕시, 1893 作]
음악에 관심이 많던 헨델은 소리가 있는 곳이라면 어디든 갈 정도였는데, 특히 오르간과 쳄발로 연주에 뛰어났다.

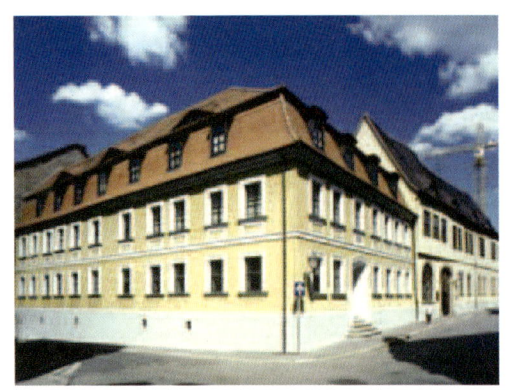

헨델의 할레 생가

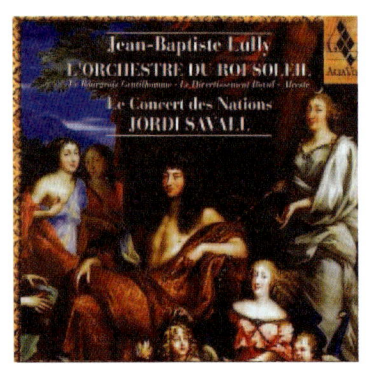

장-밥티스트 륄리의 태양왕의 오케스트라 연주곡 CD 표지(1999)

륄리는 프랑스 궁정에서 오래 전부터 연주되어 오던 소위 '궁정 아리아'와 '궁정 발레' 양식의 음악을 바탕으로 프랑스 오페라의 기초를 정립한 작곡가이다. 이 작품은 프랑스 바로크 음악의 진수를 보여준다는 평가를 받았다.

이었다. 하지만 바흐는 생애 동안 그런 것들과 전혀 인연이 없었다.

바흐는 이탈리아에 갈 생각도 오페라 작곡가로서 인기를 얻을 생각도 없었던 것일까. 아니면 바흐는 동시대 사람들의 눈에는 그다지 매력적인 '탤런트'로 비치지 않았던 것일까. 이런 점은 바흐 연구가들이 명확히 해주었으면 하는 부분이다. 물론 바흐가(그 후 반생 동안 활동의 장소였던 라이프치히가 국제적인 상업 도시였기 때문에) 동시대의 프랑스나 이탈리아의 여러 음악과 실시간으로 통하고 있었으며, 그렇기 때문에 그가 '바로크 음악의 집대성'이라고 할 만한 위업을 이룰 수 있었던 것은 분명하다.

그럼에도 불구하고 그는 이탈리아에도 프랑스에도 오스트리아에도 발을 딛지 않았다. 그것은 바흐의 창작의 중심 어딘가에 케니히스베르크에서 한 발도 나가지 않았던 칸트와도 닮은 향토주의가 있었기 때문임을 간과해서는 안 된다.

또한 바흐는 '시대의 가장 위대한 작곡가'이지 '시대의 가장 전형적인 작곡가'는 아니었다. 그는 동시대적으로 보면 오히려 고고한 사람이었다.

'바로크=바흐'→'바흐=종교 음악과 푸가'→'바로크는 종교 음악과 푸가의 시대'라는 이미지를 갖고 있는 사람이 많을 것이다. 하지만 바흐의 이미지만 가지고 바로크 시대 전체를 대표해서는 안 된다. 반면, 헨델은 시대 양상을 전형적인 형태로 투영하고 있다. 바로크 시대는 음악이 '왕권을 요란하게 꾸미게' 된 시대이다. '신에게 올리는 음악'이라는 이념이 중세 말기부터 이미 흔들리기 시작했다는 것은 제1장에서 이미 말하였다. 그런데도 바흐의 창작의 중심은 종교곡이며 기악곡에도 종교적인 감정이 투영되어 있다.

또한 그의 특기였던 대위법(푸가)은 앞서 말한 것처럼 처음부터 르네상스 시대의 무반주 합창곡을 원형으로 하고 있다(그것을 기악으로 모방한 리체

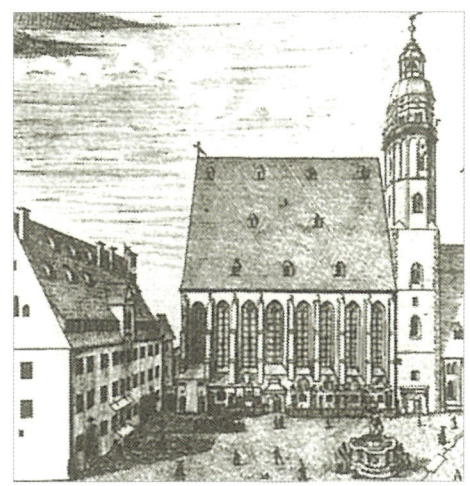

바흐가 오랜 시간 활약한 라이프치히의 성 토마스 교회(1723년)
중세부터 거의 변하지 않은 것 같은 거리는, 동시대의 빈과 파리의 장대한 궁전과 너무나도 대조적이다. 바흐를 만든 것은 이런 검소한 프로테스탄트권의 독일 시민 문화였다.

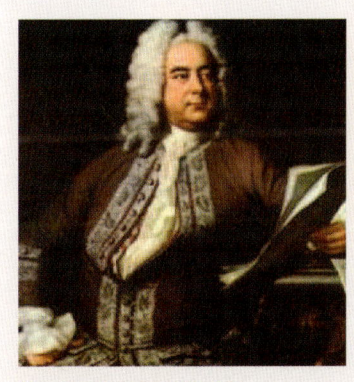

할렐루야 악보를 들고 있는 헨델

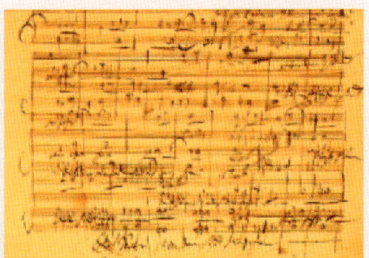

베토벤이 베낀 메시아 악보의 일부

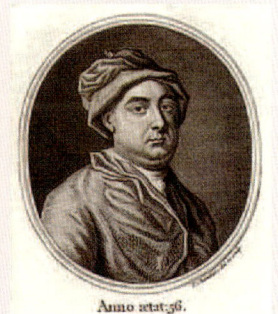

Anno ætat 56.

메시아 작곡 당시의 헨델의 초상화(56세)

'할렐루야'는 헨델이 대표 오라토리오 '메시아' 중 제일 유명한 제2부의 끝 곡으로 음악사에서도 손꼽히는 명작이다. 이는 성서를 바탕으로 하여 감동에 젖어 눈물을 흘리며 3주 만에 완성한 것으로 1742년 자선 연주회로 초연되어 대성공을 거둔 이후 오늘날까지 다양한 오케스트라 부분의 편성 시도로 많은 이들에 의해 널리 연주되고 있다. 메시아는 모차르트나 베토벤 등의 천재 작곡가들이 상당량 편곡하여 사용하였다. 특히 베토벤은 '메시아' 25번 곡 '그분이 채찍 맞아'를 갖고 푸가 기법을 연구하고는 "헨델은 역사상 가장 위대한 작곡가다. 그의 무덤 앞에 모자를 벗고 무릎을 꿇을 것이다"라고 말했다고 한다. 베토벤이 헨델의 메시아 중 일부를 직접 베껴보면서 다양한 작곡 기법을 배운 악보들이 현재까지 남아 있다.

르카레라는 장르가 먼저 성립한 후 푸가는 거기에서 발전했다). 그렇기 때문에 바로 크 시대에서 보면 그것은 이전의 고풍스러운 형식이다.

작곡 기법 면에서 바로크 시대는 점차 음악이 화성적인 것(화음의 기둥을 지탱하는 선율이 노래하는 종류의 음악)으로 향하는 시대였다. 그런 면에서 종교 음악과 푸가를 창작의 중심으로 한 바흐는 예외였던 것이다.

바흐의 '비동시대성' 을 주장하는 증언으로 자주 인용되는 것이 요한 아돌프 샤이베라는 인물의 바흐 비평이다. 젊은 비평가였던 그는 1737년에 한 잡지에서 바흐를 '위대한 인물' 이라고 부르면서도, "그가 사용하는 과장되며 난해한 양식은 작품을 부자연스럽게 하고 있다"고 비난한다. '과장되고 난해한 양식' (그는 '지나친 기교' 라고도 서술하고 있다)은 대위법을 말하는 것일 것이다.

바흐의 음악은 당시 젊은 사람에게 일반인은 읽을 수 없는 라틴어로 쓰인 과장되고 진부한 책처럼 느껴졌을 것이다. 지금도 적지 않은 피아노 학습자가 바흐의 '인벤션(2성, 3성의 클라비어곡)' 이나 '평균율(근사치 음정을 고르게 나눈 음률)' 을 '까다롭고 지루하다' 고 느낀다. 아마도 그것과 같은 감각이라고 생각하면 틀림없다.

후세의 입장에서, 샤이베를 '동시대의 조류에 편승하여 바흐의 시대를 초월한 위대함을 이해하지 못한 얕은 비평가' 라고 비난해 버리면 일은 간단하다. 하지만 동시대를 살았던 샤이베의 바흐에 대한 비평은 결코 빗나간 예상이 아니었다. 당시 음악사의 조류로 보면 바흐는 분명히 '시대에 뒤떨어지고' 있었다. 1730년 무렵부터 시대는 친숙하며 우아하고 쾌적한 음악을 요구하고 있었던 것이다.

샤이베는 바흐의 음악에 '기분 좋음' 이 결여되어 있음을 아쉬워했다. 감각적인 매혹이 결여된 난해하며 추상적인 대위법, 곡을 처음부터 끝까지 이끌어 나가는 장중한 통주저음, 위엄 있는 장식으로 가득한 선율법 등은 더 이상 사용되지 않기 시작했다. 바흐가 '나단조 미사곡'의 '키리에'와 '글로리아'를 썼다고 추정되는 1733년에, 나폴리에서는 페르골레시의 인테르메초(인테르메초란 오페라의 막간극을 말한다) '마님이 된 하녀'가 처음 상연된다. 그 친숙한 형식은 희극 오페라의 원점이 된다. 바흐와 6살밖에 차이가 나지 않지만 좀 더 쉬운 형식으로 당시에 큰 인기를 얻은 텔레만이 '타펠무지크(식탁 음악)'을 쓴 것도 같은 해이다. 그리고 바흐와 같은 해에 태어난 도메니코 스카를라티(1685~1757년)가 우

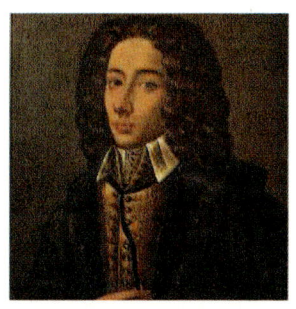

페르골레시 [Pergolesi, Giovanni Battista 1710~1736]

18세기의 가장 뛰어난 극음악 중 하나인 희극적 재능이 잘 드러난 '마님이 된 하녀 La serva padrona'를 썼다. '성모 애가'와 미사곡들은 대규모의 합창과 기악에 능통함을 보여주기도 한다. 그의 작품을 위조하려는 표절 음악가가 많아 사후 그의 작품들에 대해 진위 논란이 많다.

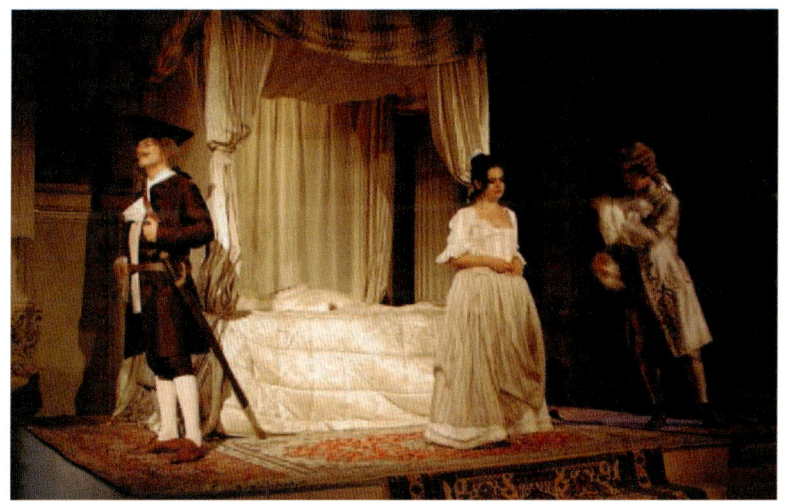

마님이 된 하녀 (페르골레시 막간극)

오페라 부파의 효시가 된 작품으로 18세기 전반기 인테르메초 중 가장 인기가 높았으며, 리모 중심의 프랑스 궁정 악파와 루소 중심의 이탈리아풍의 오페라 부파 애호가들 사이에 벌어진 유명한 뷔퐁 논쟁을 불러일으켰다. 등장인물 수가 적고 빠른 진행, 현악 합주와 쳄발로 반주, 가사와 음악의 유기적 결합, 급작스러운 강세와 급격한 도약을 통한 희극적 효과, 다양한 아리아의 사용 등에서 희극 오페라의 전형을 보여주고 있다.

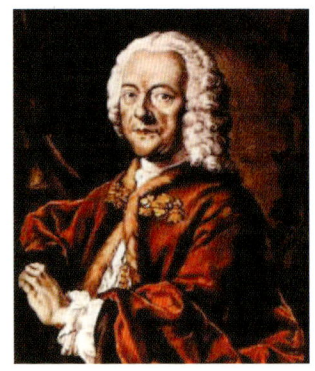

게오르크 필립 텔레만(1681~1767, 루이스 미하엘 슈나이더의 그림이 소실된 뒤 그린 발렌틴 다니엘 프라이슬러의 판화, 1750년 作)

후기 바로크 시대 독일의 작곡가로 각국 음악을 받아들여서 국제적인 양식을 만들었는데, 그 작풍은 아름다운 선율과 생기가 넘치는 리듬이 특징으로 바로크 음악을 넘어 고전파로의 경향이 강하다. 오페라, 관현악 모음곡, 협주곡 등 여러 장르에 걸쳐서 방대한 수의 작품을 남겼다. 바흐나 헨델과도 친했으며 또한 그들을 능가하는 평가를 받았으나, 사후에 잊혀졌다가 근래 그 진가가 재인식되면서 부활의 움직임이 일고 있다. 오페라 '핌피노네'와 기악곡들을 모은 '타펠무지크'가 있다.

텔레만의 친필 서명 (1714년과 1757년)

울하면서 우아한 건반 소나타를 쓰기 시작한 것은 대략 1738년 전후부터이다.

스위스의 음악 역사가 잭 한트신은 바흐의 창작이 동시대의 조류와 어긋나 있음을 다음과 같이 말하고 있다.

"음악사에서 바흐에게 많은 공간을 할애할 때면 나는 언제나 역사가로서 양심의 가책을 느낀다. 왜냐하면 바흐에 대해서 쓰기 시작할 때는 우선 지금까지의 흐름을 일단 중단하고, 바흐의 장을 끝낸 후 다시 중단한 이야기를 재개해야 하기 때문이다."

요컨대 바흐의 '위대함'에 대해서 장황하게 이야기하기 시작하면 시대의 흐름을 알 수 없게 되는 것이다. 바로크 시대와 바흐를 적당한 한 가지의 배치도로 정리하기 위해서는 이러한 문제와 그가 후세에 끼친 위대한 영향과의 거리 차이를 적절하게 간파할 필요가 있다.

〰 바흐의 위대함에 대한 사견

바흐의 음악이 동시대의 조류가 어긋나 있었다는 것을 이렇게나 강조하면서 '바흐의 시대를 초월한 위대함'에 대해 아무 말도 하지 않는 것은 어딘가 마음이 불편하다. 먼저 나에게 바흐라는 존재가 여러 가지 점에서 이해하기 어려운 작곡가임을 먼저 고백해 두겠다.

첫째로, 그의 음악의 '추상성'이다. 그의 음악은 '들으며 감각적으로 즐기기'보다 악보로 읽었을 때 비로소 그 대단한 작곡 기법의 솜씨를 이해하게 된다. 민년의 '음악의 헌정'과 '푸가의 기법'이 그 전형이다. 예를 들어 바흐의 푸가가 대단하다는 것은 작곡의 이해가 있는 사람이 그 악보를 '읽었을 때' 이해할 수 있는

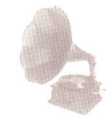

🎻 '푸가의 기법' 속 바흐 코드

푸가 중에서 가장 빼어난 작품이라고 평가되는 '푸가의 기법'은 15개의 푸가와 4개의 캐논으로 구성되어 있다. 죽음으로 인한 미완성의 작품이다 보니 악보가 오픈 스코어로 지정 악기로의 연주 지시가 없어 오케스트라, 실내 앙상블이나 현악4중주, 오르간이나 피아노 등 어떤 형태로든 연주가 가능하다. 또한 바흐는 '푸가의 기법'에 자기 이름의 네 글자 B, A, C, H를 새긴 '바흐 코드'를 남겼다. 독일어로 D는 시, A는 라, C는 도에 해당한다. H는 B와 같이 시를 뜻하지만 B는 시 플랫, H는 그냥 시를 나타낸다. 즉, 바흐 코드를 풀면 시, 라, 도, 시가 되는 것이다.

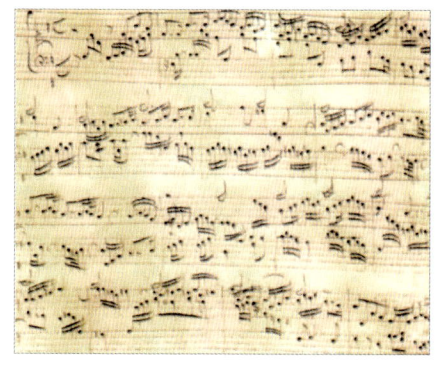

바흐의 자필 악보 중 현존하는 가장 오래된 오르간용 코랄
'샛별은 아름답게 빛나고' BWV 739

것이다.

그리고 두 번째는 그의 수난곡이나 칸타타와 같은 종교곡 성립의 전제가 되었던 '신학적 배경'이다. 그의 음악이 독일 프로테스탄트권의 종교적 배경을 짊어지고 있었다는 것을 생각하면 가볍게 '바흐의 보편성'과 같은 신화를 받아들일 수 없게 된다.

작곡 기법과 역사적인 면에서 이해하기 힘든 바흐의 음악을 생각하면 필자는 '음악의 아버지 바흐', '바흐의 평균율은 음악의 구약성서(뷜로)', '바흐는 언제나 새롭다'와 같은 상투어로 그를 신격화하는 것에서 거리를 두고 싶어진다. 나는 바흐 신화를 곧이 곧대로 받아들이기보다는 그것을 역사적인 맥락으로 이해하고 싶다.

널리 알려져 있듯이 바흐는 사후 반세기가 지나도록 그다지 주목받지 못했다. 하지만 1829년 멘델스존에 의해 '마태 수난곡'이 100년 만에 재연되면서 극적인 '부활'을 이루고, 19세기 독일에서 '음악의 아버지'로 신격화되기에 이른다. 하지만 19세기 무렵의 바흐 열기의 배후에는 다분하게 정치적 배경(프로테스탄트 독일 내셔널리즘이라고 불릴 만한)이 있었던 것을 결코 잊어서는 안 된다고 생각한다.

19세기는 그때까지 음악사적으로 후발국이었던 독일이 서양 음악의 패권을 쥐게 되는 세기였다. 독일어권에는 이미 하이든과 모차르트, 베토벤, 슈베르트가 있었다. 거기에 더하여 바흐라는 작곡가가 재발견된 것이다. '세계에 으뜸가는 독일 음악의 위대함'을 신격화시키기 위해 이 이상의 것이 있을까.

게다가 당시 독일에서는 '시류에 아첨하는 오락에 지나지 않는' 프랑스 음악과 이탈리아의 살롱 음악, 그랜드 오페라의 '경박함'을 짐짓 내세워 말하는 경향이 있었다('경박한 프랑스 이탈리아 음악' vs '시대를 초월한 위대한 독일 음악'이라는 도식은 오늘날에도 완전히 사멸되지 않았다). 이것은 당시 독일의 문화적 열등감을 뒤집기 위한 방편이었다.

결국 '경박한 동시대의 조류에서 초연하던 독고적인 바흐'나 '부활한 위대한 바흐'와 같은 이미지가 당시 독일 음악 내셔널리즘과 같은 대의명분이 된 것이다. 독일 낭만파는 '너무 위대하기 때문에 동시대에는 받아들여지지 못했던 예술가의 고뇌'와 같은 스토리를 좋아했다. '바흐의 재발견'은 이 낭만파적 줄거리에 너무나도 딱 맞아 떨어진다.

구체적인 작곡 양식 면에서도 19세기의 바흐 열기는 결코 우연의 산물이 아니었다. 즉, 바흐의 음악은 연주 방법에 따라 낭만파와 같은 정열적이며 기념비적인 음악이 될 수 있는 것이다. 반대로 말하면 바그너에서 정점에 달한 낭만파의 관현악은 끊임없이 오케스트라로 바흐적=오르간적인 울림을 재현하려고 했다. 부조니의 '샤콘느' 피아노 편곡과 바그너나 말러와 같은 대 오케스트라를 사용한 유명한 멩엘베르흐의 '마태 수난곡'의 녹음이 그 좋은 예이다.

이런 19세기적인 '낭만적 바흐'는 20세기에 구축되었다. 현대는 고전 음악 연주의 전성 시대이다. 바흐가 실제로 부조

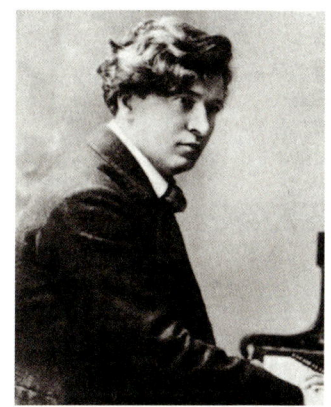

부조니 [Busoni, Ferruccio Benvenuto 1866~1924]

피아니스트이자 작곡가로 천부적 재능과 지성적 면모로 명성이 자자한 그의 작품은 낭만적 열정과 엄격한 지성, 라틴적인 현란함 등이 어우러진 복합적 성격을 띤다. 최대 야심작인 파우스트 전설에 관한 이전의 내용들을 바탕으로 한 미완성 오페라 '파우스트 박사 Doktor Faust'와 소규모 오페라 '아를레키노 Arlecchino', '투란도트 Turandot'와 음악 사고의 정수가 담긴 6개의 소나티네, 바흐의 미완성 푸가를 기초로 해 바흐 음악에 대한 관심을 요약적으로 나타낸 '판타지아 콘트라푼티스티카 Fantasia Contrappuntistica' 등이 있다.

멩엘베르흐 [Willem Mengelberg, 1871~1951]

네덜란드의 지휘자. 비흐에서 현대 음악에 이르기까지 광범한 레퍼토리를 지녔고, 특히 베토벤, R. 슈트라우스, G. 말러의 해석에 정평이 나 있으며, 후기낭만파 연주에 뛰어났다.

니나 멩엘베르흐와 같은 울림을 의도했다고는 생각할 수는 없다. 하지만 중요한 것은 비록 역사적으로 과오라고 하더라도(즉 바흐가 이런 '낭만적인' 음향을 의도하지 않았다 해도) 바흐 작품의 대다수가 낭만파 음악과 같은 '극적인 고뇌의 표출'로 연주할 수 있었다는 것이다.

어떻게 세공하여도 비발디나 스카를라티를 바그너나 말러의 곡과 같은 느낌이 나게 할 수는 없다. 하지만 바흐의 경우 작품에 따라 어느 정도 그것이 가능하다. 그 전형은 물론 '마태 수난곡'이다. 이런 점에서 또 바흐는 훌륭하게 낭만파 시대에 맞아 떨어진다.

마지막으로 '19세기의 신화'가 아닌 실질적인 바흐의 위대함에 대해 두가지 정도 필자의 생각을 말하고 싶다.

먼저 첫 번째는 후대의 작곡가에게 있어 바흐라는 존재이다. 아마 음악 사상 그렇게나 많이 '쓸 수 있던' 사람은 바흐밖에 없을 것이다. 어떤 음의 조합적 퍼즐도 손쉽게 풀어버리는 장인의 예술과도 같은 바흐의 음악은 모차르트, 베토벤에서 스트라빈스키, 쇤베르크에 이르는 후대의 작곡가들에게 무한한 아이디어의 샘이 되었을 것이다(단, 나는 이 부분에서 바흐의 대단함을 정말로 이해할 수 있는 것은 작곡가뿐이라고 생각한다).

그리고 두 번째로 연주가에게 있어 바흐라는 존재이다. 연주하는 사람에게 바흐는 무엇보다 흥미로운 존재이다. 이것은 나와 같은 아마추어가 '인벤션'을 쳐보아도 바로 실감할 수 있다. 그리고 그의 악보에는 그 시대의 작품처럼 세밀한 지정(템포나 강약, 악기 편성)이 그다지 적혀 있지 않다. 부조니처럼, 란도프스카처럼, 발하처럼, 리히터처럼, 굴드처럼, 나아가서는 재즈뮤지션처럼 어떻게든 연주할 수 있다. 이런 점도 바흐가 보편 불멸의 인기를 누리게 된 이유 중 하나일 것이다.

Chapter **04**

빈 고전파와 계몽의 유토피아

근대 시민을 위한 음악이 시작되다 | 빈 고전파를 만들어 낸 음악 도시 '빈' | 고전파 음악의 작곡 기법 | 음악 대중화에 싹이 트다 | 교향곡적인 음악과 새로운 공동체의 탄생 | 가장 빛나는 음악 형식, 소나타의 탄생 | 천재 모차르트와 오페라 부파의 등장 | 베토벤과 계몽 음악의 행방

❧ 근대 시민을 위한 음악이 시작되다

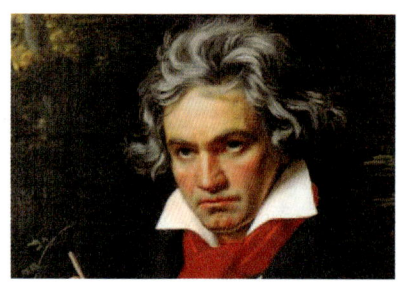

베토벤 [Ludwig van Beethoven, 1770~1827]
하이든·모차르트와 함께 빈 고전파를 대표하는 독일
의 작곡가로 하이든, 모차르트의 영향과 루돌프 대공
(大公) 등의 도움으로 작곡가로서의 지위를 확립하였다.
고전파의 형식이나 양식을 개성적으로 다듬었고 낭만
주의 음악의 선구가 되었다. 곡마다 동적이고 강고한
형식으로 일관되어 독자적으로 하나의 세계를 이루었
으며, 후기에는 보다 깊은 마음의 세계가 표현되었다.
아홉 개의 교향곡과 현악4중주곡 '라주모브스키', 피
아노 소나타 '열정', '월광' 등이 있다.

작곡가는 후세의 역사가를 생각하며 창작하지 않는
다. 따라서 고전파 시대가 언제 시작되고 언제 끝났는
가를 명확히 구분짓는 것은 간단하지 않다. 그래서 여
러 가지 시대 구분을 생각해 볼 수 있다. 바흐가 죽은
1750년은 그런 구분 중 하나로, 좀 더 빠른 1730년 무
렵을 고전파 음악의 시초로 보는 사람도 있다. 이 시
대는 엄격한 바로크의 대위법과 통주저음과는 관련
없는, 사람들에게 친근하며 단순한 음악이 나타나기
시작한 시대다(제3장에서도 말한 1733년 페르골레시 '마님이 된
하녀' 등).

또한 고전파 시대의 끝(낭만파로의 이행)에 대해서도 명확한 선을 그을 수 없다. 그렇지만 베토벤의 초기(크던 작던 간에 아직 하이든의 영향 아래 있던 시기)까지를 고전파라고 생각할 수도 있을 것이다. 1802년경 하일리겐슈타트 유서(청각 장애로 자살을 생각하고 쓴 것) 전후로 그가 정신적인 위기를 극복하고, 중기의 모든 '걸작'을 만들면서 음악사의 새로운 세계가 시작되었다고 보는 구분이다.

하지만 베토벤의 중기는 아직 고전파의 시대이며 베토벤 후기와 함께 고전파가 끝났다고 생각하는 사람도 많다. 이 경우 첼로 소나타 제4번 및 제5번(작품 102)과 피아노 소나타 제28번(작품 101) 등이 쓰인 1815년이 기준이 된다.

결국 한 가지 확실히 말할 수 있는 것은, 고전파 음악은 18세기 중엽부터 급속히 발전한 시민 계급과 '계몽주의' 운동의 전개 등과 함께 나타난 동시대 현상이라는 것이다. 산업 발전을 배경으로 중산 시민들의 발언권이 늘어나게 되면서

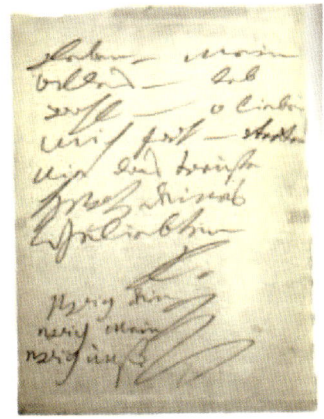

하일리겐슈타트 유서

베토벤의 유언과 개인 철학이 담긴 유서로, 요양차 내려간 하일리겐슈타트에서 자포자기 상태에 빠져 두 동생 앞으로 장문의 유서를 쓴다. 귀머거리가 될지도 모른다는 고백과 함께 절망적이고 비참한 죽음을 맞이하는 자신의 심경을 솔직히 피력했다. 부치지는 않았고, 그가 죽은 후에 발견되었다. 이와 대조적으로 이곳에 머물면서 작곡한 곡들은 매우 쾌활하고 낙천적인데 특히 '제2교향곡'은 매력 넘치는 풍요로운 작품으로 평가된다. 하일리겐슈타트의 집 근처에 '제6교향곡(전원교향곡)'을 구상한 산책로와 곡을 작곡한 집도 있다.

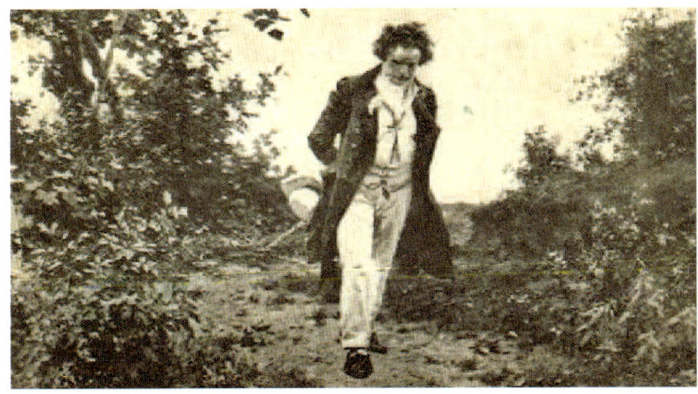

중기 교향곡들을 구상했던 하일리겐슈타트 산책로에서 베토벤

그들은 명쾌하며 합리적인 사고를 존중하고, 자유로운 인간상을 원하였다.

거기에서 '스스로를 신과 왕으로부터 해방시키고 어떤 권위로부터도 자유롭게 생각하며 행동하는 개인' 의식이 눈뜨게 된다. 삼권 분립을 주장한 몽테스키외(1689~1755년), 귀족과 교회의 부패를 가차 없이 공격한 볼테르(1694~1778년), 자유와 평등을 외친 루소(1712~1804년), 백과전서파의 디드로(1713~84년), 그리고 비판철학의 칸트(1724~1804년)와 같은 사람들이 이런 사상 조류의 담당자였다.

이 새로운 정신의 태동은 머지않아 1789년부터 프랑스 혁명으로 나타나고, 나폴레옹을 향한 열광으로 하나의 정점에 달하게 된다. 그리고 1814~1815년의 빈 회의(나폴레옹을 추방하고 다시 혁명 이전의 왕에 의한 통치로 유럽을 되찾으려 한 회의)에서 일단락된다. 이런 시대의 음악 양식이 고전파이다. 신이나 궁정을 위한 음악이 아닌, '시민에 의한 시민을 위한 시민의 마음에 호소하는 음악'이 처음으로 생겨난 것이다.

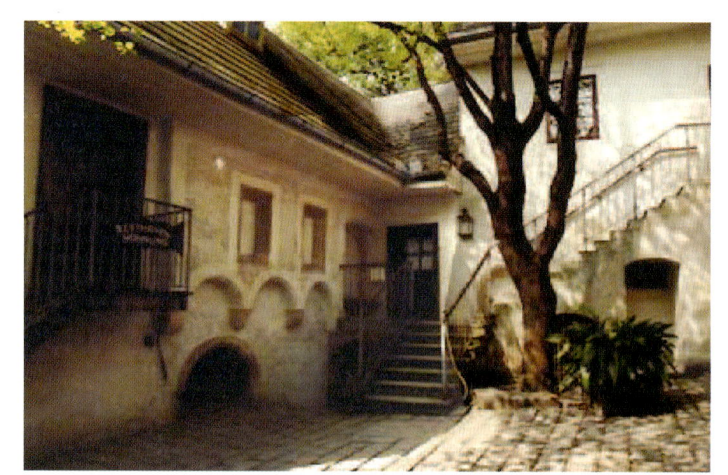

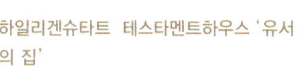

하일리겐슈타트 테스타멘트하우스 '유서의 집'

청력을 잃고 절망한 베토벤은 장문의 유서를 작성한다. 그가 유서를 쓴 집 하일리겐슈타트 테스타멘트하우스는 '유서의 집'이라 하여 지금까지 보존되어 있다. 오른쪽(133쪽) 글은 베토벤이 쓴 유서의 내용으로, 베토벤 사후에 발견되었다.

나의 동생인 칼과 요한에게

지난 6년 동안 절망적으로 괴로웠고 분별없는 의사들 때문에 병은 점점 더 악화되었다. 그래서 나는 스스로 곧 움츠러들어 외로운 삶을 살게 되었다.

청각 장애는 이중으로 쓰라린 경험을 맛보게 하였다. 하지만 나는 사람들에게 "좀 더 크게 말하시오. 크게 소리치시오. 왜냐하면 나는 귀머거리이기 때문이오"라고 말할 수 없었다. 그래서 사회에서 어울리지도 못하고, 거의 혼자서 살아야 했다.

누군가 나의 옆에 서서 멀리서 들리는 플루트 소리를 듣는데 나는 아무것도 들을 수가 없다거나 또는 누군가 양치기가 부르는 소리를 듣는데 나는 아무것도 들을 수 없을 때, 나는 너무나 큰 창피함을 느낀다.

그러한 일들은 나로 하여금 거의 절망에 빠뜨리고 더 나아가 생을 마감하고 싶은 생각도 들게 한다. 그러나 나를 붙잡는 것은 단지 나의 예술이다. 그래서 나는 이 비참한 현실을 참고 있다.

칼! 너는 나보다 더 자유로운 삶을 살기를 바란다. 너의 아이들에게 행복을 만드는 것은 돈이 아니라 덕이라는 것을 말해 다오. 불행한 가운데서도 나를 지탱해 준 것은 오직 도덕이었다. 도덕과 나의 음악에 감사를 보낸다. 행복하고 서로 사랑하라.

죽음이여! 오고 싶으면 언제든지 오라. 나는 너를 용감하게 맞으리라. 그러면 잘들 있어라.

– 하일리겐슈타트에서, 1802년 10월 6일, 루드비히 반 베토벤

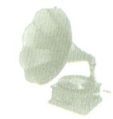

❧ 빈 고전파를 만들어 낸 음악 도시 '빈'

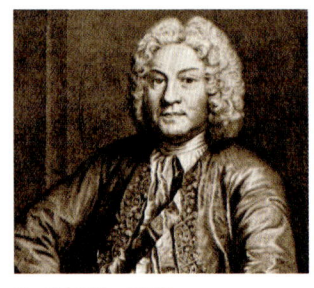

쿠프랭 [1668~1733]
작곡가이자 베르사유 왕실 예배당의 오르간 연주자이자 왕실 음악교사로 프랑스 음악계의 중심 인물이었다. 작품으로 많은 교회 음악과 실내 음악곡이 있지만 로코코적 궁정 문화의 정수라 할 수 있는 클라브생(clavecin: 쳄발로의 프랑스명) 모음곡은 유연하고 유동적인 선율과 섬세한 장식음이 압권이다. 라모, 바흐, 헨델에게 많은 영향을 끼쳤다.

그 존재감이 너무나도 큰 탓에 자칫하면 잊기 쉽지만 바흐는 사실 바로크의 말기(엄밀히는 이미 바로크라고 부를 수 없는 시대)의 작곡가이다.

앞서 말했듯이 그가 살아 있을 때부터 이미 여러 가지 새로운 음악 양식이 싹트고 있었다. 이것은 미술사에서 로코코 양식의 성립과 거의 대응하는 것이었다. 루이 15세(1723~1774)가 통치하는 18세기가 되면서 루이 14세로 대표되던 17세기와 다른 취미들이 생겨나기 시작한다.

거대한 것보다 섬세한 미니어처, 장중하며 삼엄한 것보다는 자연스럽고 간결한 것을 선호하게 된다. 이 로코코 시대를 대표하는 화가가 와트, 부셰, 프라고나르이며, 음악에서는 **쿠프랭**의 이름을 잊어서는 안 된다.

그의 작품에서는 클레브생 작품의 은세공과 같은 섬세한 장식, 경쾌함, 투명함을 느낄 수 있다. 이것은 바로크적인 장중함과 정반대되는 것이다. 이런 아름답고 감상적이며 사람들에게 친숙한 정서는 텔레만과 **라모**, **도메니코 스카를라티**의 음악에서도 분명히 찾을 수 있을 것이다.

대위법은 최소한으로 줄어들고 대신 단순하며 감각적인 선율이 전면에 나오기 시작한다. 그들의 선율은 감미로우면서 때로는 가벼운 우울을 숨기고 있다. 대신 장중한 통주저음은 점차 생략되었다.

라모와 스카를라티와 텔레만은 모두 바흐와 같은 시대의 사람으로 바로크의 말기를 대표하는 사람이다. 즉 새로운 음악의 태동이 이미 바흐의 시대에, 일반적으로 '바로크 작곡가'로 분류되는 사람들 사이에서 분명하게 눈뜨기 시작한 것이다.

이런 새로운 음악 양식이 정착한 것이 소위 '전고전파'로 불리는 시대이다. 이 시대는 '바로크의 아들들의 세대'라고 생각하면 된다. 많은 사람들이 알고 있듯이 바흐의 세 아들 모두가 음악가였는데, 그 중 가장 빨리 출세한 사람이 차남 칼 필립 엠마누엘(1714~1788년)과 막내 요한 크리스티안(1735~1782년)이다.

그리고 재미있는 것은 뒤에서 언급하는 전고전파의 작곡가들 대부분이 엠마누엘과 같은 1710년대에 태어났다는 점이다(덧붙여 바흐의 장남 빌헬름 프리데만은 1710년에 태어났다). 그리고 좀 더

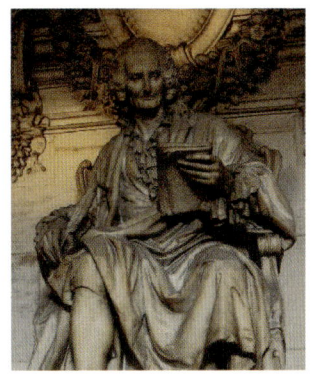

라모[Jean-Philippe Rameau, 1683~1764]
릴리에 의해 기초가 다져진 프랑스 국민적 오페라와 발레 양식을 발전시키고, 쿠프랭과 함께 표제적 경향의 모음곡을 많이 작곡하였다. 음악의 표현력을 추구한 작품 '화성론'은 근대 화성악의 기초가 되는 중요한 역작으로 인정받고 있다.

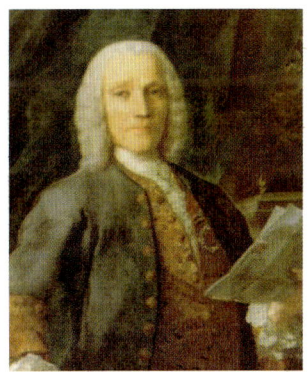

스카를라티[Giuseppe Domenico Scarlatti, 1685~1757]
근대 피아노 주법의 아버지로 작곡가이자 쳄발로 연주자이다. 이탈리아인으로 스페인에 정주하며 많은 클라비어곡을 남겼고 클라비어의 독특한 서법 발전에 공헌했다.

말하면 막내 크리스티안은 하이든(1732~1809년)과 동세대이다.

런던에서 활약한 크리스찬 바흐는 모차르트에게 강한 영향을 끼친 것으로 알려져 있다. 실제로 그의 건반 소나타 등은 '모차르트의 초기 작품'이라고 해도 구별이 가지 않을 정도다.

크리스티안의 세대에는 우리가 '고전파'라고 할 때 떠올리는 형식이 완전히 정착되어 있다. 도식화하여 말하면 전고전파는 바흐의 장

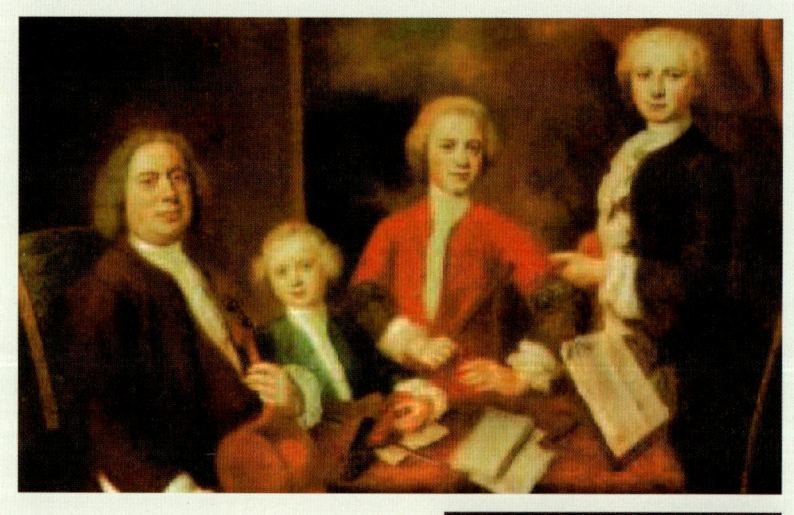

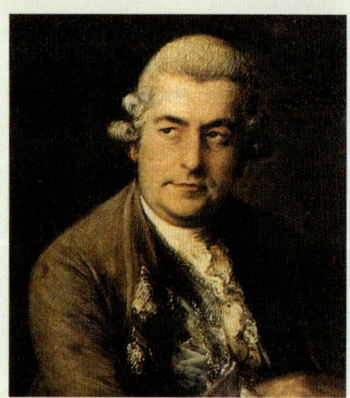

바흐와 그의 세 아들 빌헬름 프리데만, 엠마뉴엘, 크리스티안(오른쪽 사진은 크리스티안이다.)
대부분이 아버지의 뒤를 이어 음악가가 되었고 막내아들 크리스티안은 '런던의 바흐'라 불릴 만큼 유명해졌다.

남과 차남의 세대, 하이든은 바흐의 막내아
들의 세대, 그리고 모차르트(1756년생)는 바흐
의 아들들의 자식에 해당하는 세대(대 바흐에
서 보면 손자 세대일까?)이다. 덧붙여 모차르트의
아버지 레오폴트는 1717년 출생으로 그 또
한 바흐 주니어 세대이다.

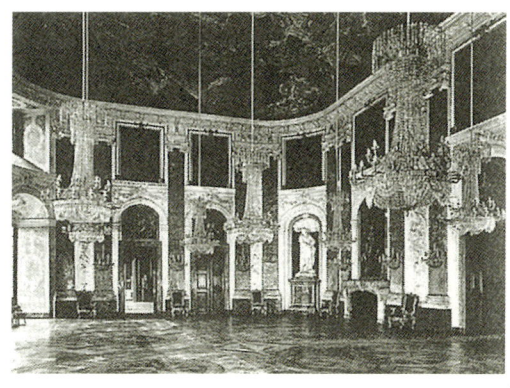

만하임 성의 '기사의 방'
슈타미츠의 교향곡은 번쩍번쩍 빛나는 듯한 로코코풍의 살롱에서 연
주되었다. 그것들은 현대 연주회장과는 전혀 다른 공간을 전제로 하
고 있었던 것이나.

전고전파의 음악은 지금 들어 딱히 재미
있지 않은 것이 많다. 하지만 음악사에 하이
든, 모차르트, 베토벤의 3대 거장이 갑지기
등장한 것이 아니라는 것을 이해하기 위해
서 일단 주요한 이름을 들어보자.

앞에서 든 엠마뉴엘 바흐는 베를린에서 활약하며 특히 건반 곡에서
거친 주관 표출을 한 것으로 알려졌다. 건반 악기의 명
수였던 그의 음악은 프란츠 리스트의 18세기 버전 같
기도 하다. 제3장에서 말했듯이 바로크 음악에서는 감
정 표현을 일정한 '형태'에 의해 간접적으로 나타냈다
고 하면, 그는 직접 건반을 내리치며 순간적인 기분의
움직임을 나타내려고 하였다.

고전파 관현악곡의 서법을 확립한 것으로 알려져 있
는 것이 만하임 악파이다. 이 악파 중 하이델베르크에
서 가까운 작은 소도시 궁정에서 유럽 제일이라고 칭
송받던 악단이 활약했다. 특히 유명한 것은 이 악단의
바이올리니스트였던 요한 슈타미츠(1717~1787년)이다.

> **🎻 만하임 악파 [Mannheimer schule]**
> 전고전파의 하나로서 18세기 중 후반에 걸쳐 만
> 하임에서 활약한 악파로 선율 중심의 호모포니를
> 바탕으로 소나타 형식과 4악장의 교향악, 관현악
> 법 확립, 새로운 음량 변화 시도 등을 한 것이 특
> 징이다. 합주 기술의 높은 수준으로 유명하였다.

> **🎻 요한 슈타미츠 [Johann Stamitz 1717~1757]**
> 작곡가 칼 슈타미츠와 안톤 슈타미츠의 아버지로
> 도 유명하며, 그의 음악은 바로크 시대에서 고전
> 파 시대로 넘어가는 과도기를 잘 반영하고 있다.
> 슈타미츠는 오케스트라 구성을 확대하여 작곡에
> 서 관악 부분의 중요도를 높였으며, 처음으로 오
> 보에의 독립된 선율을 둔 작곡가 중 한 사람이다.
> 또한 교향곡에서 최초로 4악장 구성을 채택한 점
> 도 그의 중요한 업적이다.

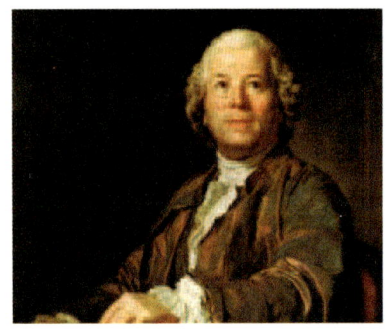

🎻 **게오르크 크리스토프 바겐자일 [Georg Christoph Wagenseil]**

오스트리아 태생으로, 마리아 테레지아와 루이 16세의 황후가 된 마리 앙트와네트에게 음악을 가르친 것으로 유명하다. 그는 빈 고전주의 초기에 가장 중요한 작곡가였으며, 하이든에게 크나큰 영향을 미치기도 했다.

🎻 **마티아스 몬**

몬은 오르가니스트로, 잘 알려지지 않은 작곡가여서 20세기가 되어서야 G단조 첼로 협주곡으로 주목을 받기 시작했다. 오스트리아 음악 사전에는 그에 대하여 "바로크 사람이나 전고전주의 사람으로 고전주의 선구자이다"라고 소개하고 있다.

크리스토프 빌리발트 글룩[Christoph Willibald von Gluck, 1714~1787]

글룩은 음악과 극의 균형을 이루게 한 바그너 이전의 최대의 오페라 개혁자로, 모든 국민에게 알맞는 음악의 작곡을 목표로 이탈리아의 오페라 양식과 프랑스 양식, 독일풍의 중후한 오케스트레이션을 배합함으로써 국제적인 오페라를 만들었다. 글룩은 오페라의 서곡을 별개의 것이 아닌 극의 내용과 연관 있는 오페라의 필수적인 부분으로 만들었다. '타우리스의 이피게니 iphigenie en Tauride'라는 오페라 작품을 통해 크게 성공하였는데, 이 작품은 륄리와 라모의 전통적인 서정 비극과 이탈리아 정가극을 혼합한 형태로서 이탈리아 오페라의 문제점을 최소화시킨 작품이다.

그는 바로크 시대에서 고전파 시대로 넘어가는 과도기의 대표적인 인물로 모차르트에게도 영향을 미쳤다.

빈이 음악 도시로 급속하게 발전하기 시작한 것 또한 이 시대이다. 특히 유명한 것은 게오르크 크리스토프 바겐자일(1715~1777년)과 마티아스 몬(1717~1750년)의 교향곡(혹은 후자의 첼로 협주곡)이다. 그들의 작품에는 이후 빈 음악의 특징이 되는 독특한 친숙함과 달콤함이 이미 나타나 있다.

오페라 개혁으로 유명한 글룩도 전고전파와 같은 1710년대에 태어난 세대이다. 많은 사람들이 알고 있듯이 그는 파리에서 '오페라의 개혁자'로서 대성공을 이루었다. 종래의 오페라는 지나치게 가수들의 '목소리 자랑'에만 치중하고 있었다.

그에 반해 글룩은 힘을 다해 극 내용을 간결하면서도 극적으로 표현하려고 했다. 그러나 음악사적인 명성에 비해 오늘날에는 글룩의 작품에 대한 상연 기회가 그리 많지 않다. 그의 작품을 약간 차갑고 지루하다고 느끼는 사람도 많지만 그래도 그의 최고 걸작인 '토리드의 이피게니'(1779년)를 최고의 연주로 듣는 것은 감동적인 체험이다.

심상치 않은 긴장감으로 가득한 서곡에서 그대로 제1막 폭풍의 장면으로 돌입하여, 이윽고 바다가 잠잠해질 때까지를 그리고 있다. 작품 첫머리의 숨도 쉬지 못

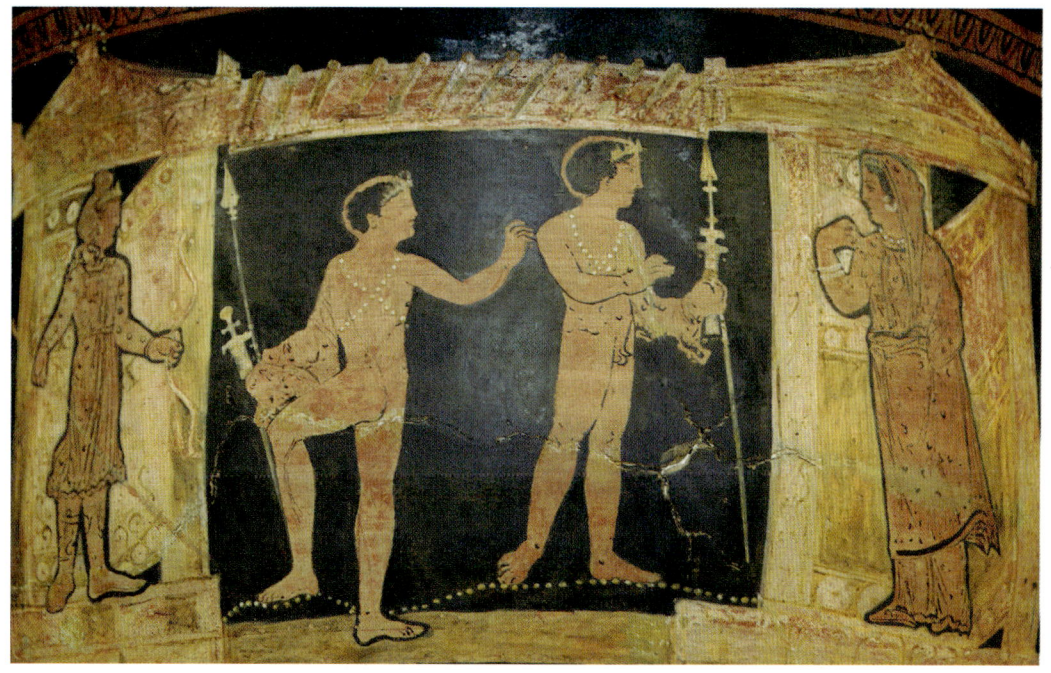

타우리스의 이피게니

오레스테와 필라데스가 타우리스에서 이피게니를 만나는 장면. 이 작품은 글룩이 작곡한 4막의 오페라로 1779년 파리에서 초연되었다. 글룩은 독일 고전주의 시대 작곡가로 후원자였던 마리 앙트와네트 왕비의 음악교사였으며 오페라 '오르페오와 에우리디체'로 유명하다. 그의 드라마적이지 못한 요소를 배제한 오페라 개혁은 음악사에서 큰 전환점이 되었다.

하게 하는 박력과 주인공 아리아의 일체의 장식을 거부한 위엄과 고요함을 느낄 수 있다. 글룩은 어쩌면 고대 그리스적인 의미의 가장 '고전적인' 작곡가일지도 모른다.

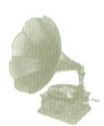

고전파 음악의 작곡 기법

작곡 기법 면에서 고전파 음악의 가장 큰 특징으로는 대위법의 폐지를 들 수 있다(물론 만년의 모차르트와 베토벤이 다시 푸가를 쓰기도 하지만, 이것은 예외에 속한다). 선율과 화음 반주만으로 만들어진 단순한 음악, 그것이 고전파다. 물론 바로크 시대의 통주저음의 형식도 선율과 반주로 이루어진 음악이었다. 하지만 고전파 음악은 통주저음을 완전히 폐지했다는 점에서 차이가 있다.

저음이 아닌 선율이 주도한다는 점이 고전파 음악의 또 하나의 특징이다. 고전파 음악에서는 선율이 장중한 통주저음의 구속에서 해방되어 자

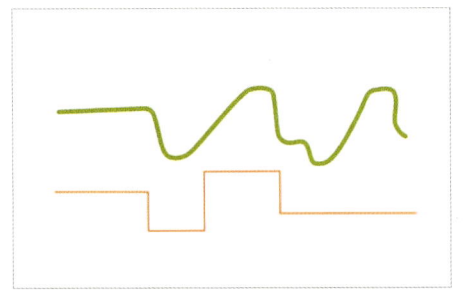

바로크 시대와는 반대로 고전파에서는 선율(두꺼운 선)이 음악을 이끌고, 저음(얇은 선)은 튀지 않는 배경이 된다.

유롭게 약동한다. 거기에서는 역동성과 경쾌함을 느낄 수 있다.

고전파와 바로크 시대는 선율의 성격 자체 또한 상당히 다르다. 바흐든 헨델이든 비발디든 상관없다. 뭐든 알고 있는 바로크곡의 주제를 기억만으로 노래해 보길 바란다. 어딘가 음정과 리듬이 어색해 노래하기가 어렵다거나, 선율의 기복과 강약이 조금 부족하다고 느끼지 않는가. 혹은 세세한 음표가 계속 이어져 왠지 막연해지는 느낌이 들지 않는가. 거기에는 '선율 그 자체의 매력'은 그다지 존재하지 않는다. 선율만을 끄집어내 흥얼거려 보아도 바로크 음악은 그다지 재미있지 않다. 선율은 치밀한 푸가의 그물코 속에 짜 넣어져 있거나 혹은 통주저음에 기반하여 연주될 때 비로소 나타나는 부차적인 존재에 지나지 않는다. 선율이 결코 음악의 중심이 아닌 것이다.

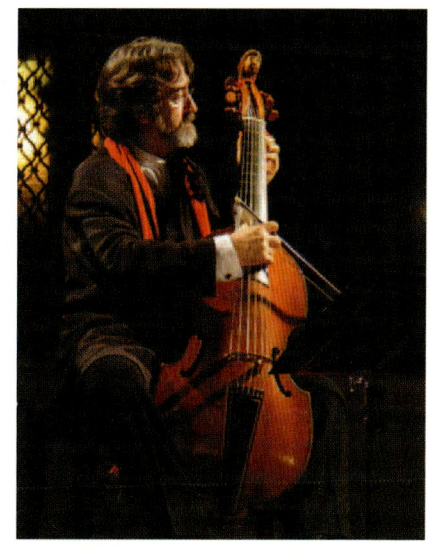

고전 음악계의 거장 조르디 사발이 비올라 다 감바를 연주하는 모습

비올라 다 감바는 비올족의 일종으로 1400년도에 시작하여 르네상스와 바로크 시대에 유행된 악기다. 그는 "왜 원전 악기로 바로크 음악을 연주하는가"라는 질문에 "왜 원전 악기로 바로크 음악을 연주하는가는 왜 우리가 이미 오래 전에 지워지고 퇴색해버린 교회 벽화를 다시 복원하느냐는 물음과 똑같다. 왜 복원하는가? 본래의 아름다움을 재현하고 싶은 욕망 때문이 아닌가"라고 답했다고 한다.

하지만 고전파의 선율은 다르다. 음정과 리듬은 항상 매끈하여 노래하기 쉽고, 거기에는 매혹적인 기복이 있다. 또한 프레이즈(4마디의 짧은 악절)는 명쾌하게 구분되어 있어 쉽게 기억할 수 있다.

사람을 순간적으로 매료시키고 누구나가 쉽게 외우고 흥얼거리는 '신율 그 자체의 매력'이 고선파 음악의 주역이 된다. 시험 삼아 바흐와 모차르트의 작품을 저음에 초점을 두고 비교해 들어보길 바란다. 바흐는 더욱 안으로 들어가 깊고 장엄하게 울리겠지만, 모차르트는 전혀 재미있지 않을 것이다.

　푸가와 같은 대위법적인 음악 속에서의 선율은 조화로운 세계에 통합되어 있는 하나의 존재에 지나지 않는다. 푸가라는 형식은 '신이 만든 세계 질서의, 소리에 의한 소우주'였다고 해도 좋다. 거기에서 가장 중요한 것은 '전체의 질서'일 뿐 개개의 선율이 아무런 가치를 지니지 않는다. 선율에만 초점이 맞춰지거나 선율이 능동적으로 음악을 주도하게 되면 오히려 전체의 질서가 흐트러져버린다. 거기에는 선율의 의지와 감정을 자유롭게 표현하는 기술은 없었다. 아니 있어서는 안 되는 것이었다.

　제3장에서 말했듯이, 통주저음이 지지하는 형식의 음악은 푸가보다는 자유롭게 선율을 표현할 여지가 있는 것이 확실하다. 하지만 거기에서도 음악의 주도권을 쥐고 있는 것은 선율이 아니다. 처음부터 끝까지 곡을 이끄는 것은 저음이며 선율은 '큰 질서'에 항상 구속·규정당하는 존재일 뿐이다. 선율에는 항상 통주저음이란 족쇄가 채워져 있었다.

　하지만 고전파 시대에 이르면서 선율은 모든 상위 질서로부터 해방되어 자유롭게 날개를 펼 수 있게 되었다. 음악사에 근대적인 의미의 '노래하는 음악', '개인의 감정과 의지의 표현이 주역이 되는 음악'이 등장하게 된 것이다. 여기에 왕과 신으로부터 해방된 '자유 정신'이 담긴 표현을 보는 것은 결코 본질과 동떨어진 일이 아닐 것이다.

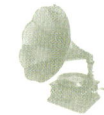

ᘒ 음악 대중화에 싹이 트다

지금은 누구나 좋아하는 음악을 자유롭게 들을 수 있는 시대이다. 하지만 이전에는 그렇지 못했다. 앞서 말했던 것처럼 예술 음악은 원칙적으로 왕과 귀족 혹은 교회를 위한 음악일 뿐이었다. 그것을 시민(서민)이 들을 기회는 매우 한정되어 있었다.

예를 들어 오페라는 18세기까지 왕후가 개최하는 축전의 일환인 경

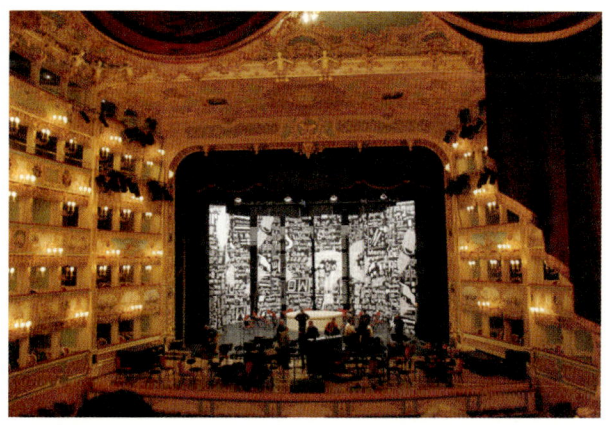

베네치아 페니체 오페라 극장
잦은 화재로 많은 오페라 팬들을 안타깝게 했던 불사조(페니체) 극장이다. 세계적인 테너 루치아노 파바로티는 "페니체 없는 베네치아는 영혼 없는 육체와 같다"고 할 정도로 이탈리아의 대표적 극장이다.

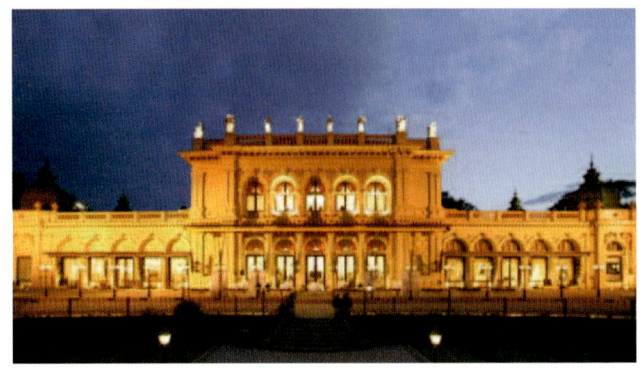

오스트리아 쿠어 살롱의 모습

우가 많았다. 따라서 옛날부터 공개 극장이 있던 베네치아나 함부르크와 같은 도시 이외에, 일반 관객이 오페라 극장에 가는 것은 매우 어려웠을 것이다.

또 악기가 연주되던 곳은 바흐가 라이프치히의 커피숍에서 행하던 연주회(콜레기움무시쿰)와 같은 것은 별도로, 대부분이 궁정의 살롱과 같은 곳에서 연주되었다. 기악곡 또한 홍차를 마시며 담소를 나누거나 트럼프를 하면서 듣는 왕후 귀족을 위한 사교 음악이었다. 그러니 시민에게는 그림의 떡이었을 것이다.

바흐의 종교 음악은 그것이 상연되는 교회의 회중이라면 누구나 들을 수 있었을 것이다. 하지만 특히 가톨릭 권에서 미사곡은 궁정 귀족의 예배당에서 연주되는 경우가 많았을 테니 과연 시민이 그것을 들을 수 있었을지는 의문이다.

그에 반해 계몽 시대란 이런 특권 계급의 독점물이었던 예술 음악이 조금씩이지만 시민에게 개방되던 시대였다. 연주회 표를 사면 누구나 좋아하는 음악을 들을 수 있는 민주적인 제도가 조금씩 확대되었다. 또한 악보 인쇄업이

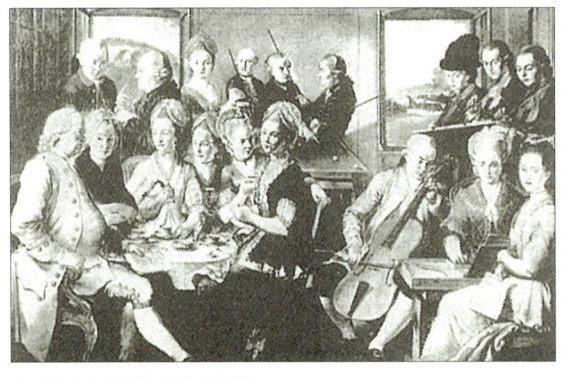

18세기 후반의 귀족관에서의 연주회
관객은 홍차를 마시며 잡담을 하거나 당구를 치거나 하고 있다. 당시 아직 기악곡은 19세기 이후처럼 '경청' 하며 듣는 것이 아닌 일종의 BGM이었다.

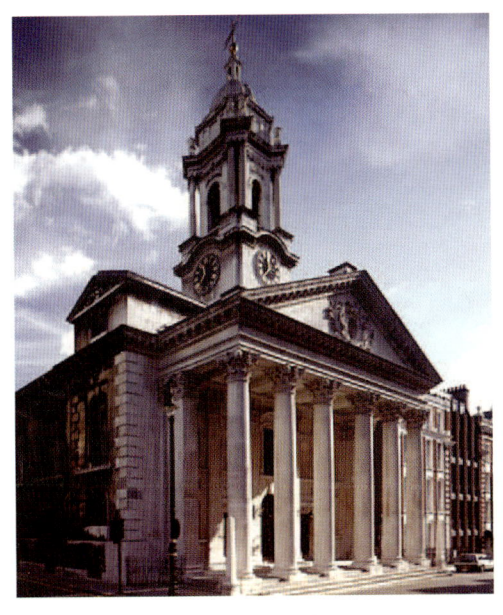

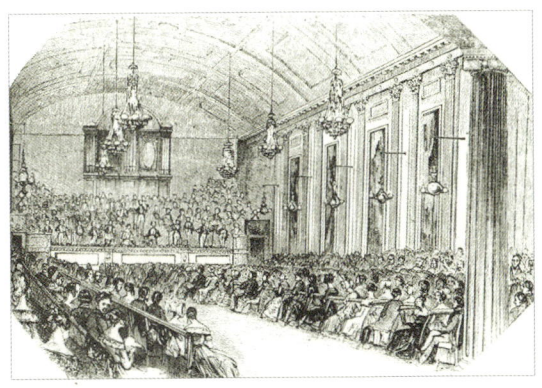

런던의 하노버 스퀘어
하이든의 교향곡이 처음 상연된 것으로 유명하고, 객석이 무대 정면이 아닌 측면에 있는데, 초기 콘서트홀에는 이런 형태가 많았다.

왕성해지면서 돈을 내면 누구나 좋아하는 악보를 사서 자신의 집에서 즐길 수 있게 되었다.

　공개 연주회의 보급이 타국보다 앞서 있던 것은 영국이었다. 이것은 시민혁명과 그에 따르는 귀족 계급의 몰락이 다른 나라보다 빨랐던 것과 관련되어 있다. 영국에서는 이미 1672년에 배니스터라는 바이올린 주자가 자택에서 일반 청중을 대상으로 한 연주회를 열었다. 잘 알려져 있는 것처럼 하이든은 살로몬이란 흥행사의 초대로 1790년대에 영국에 건너가 두 번에 걸쳐 공개 연주회를 열어 대성공을 거두었다. 이것은 이미 이 시대 영국에서는 '매니저가 준비하여 대중에게 표를 팔고 그 이익으로 연주회를 운영한다'는 제도가 성숙해 있었던 것을 의미한다.

　또한 프랑스에서도 1725년부터 콩세르 스피리튀엘이라는 연주회

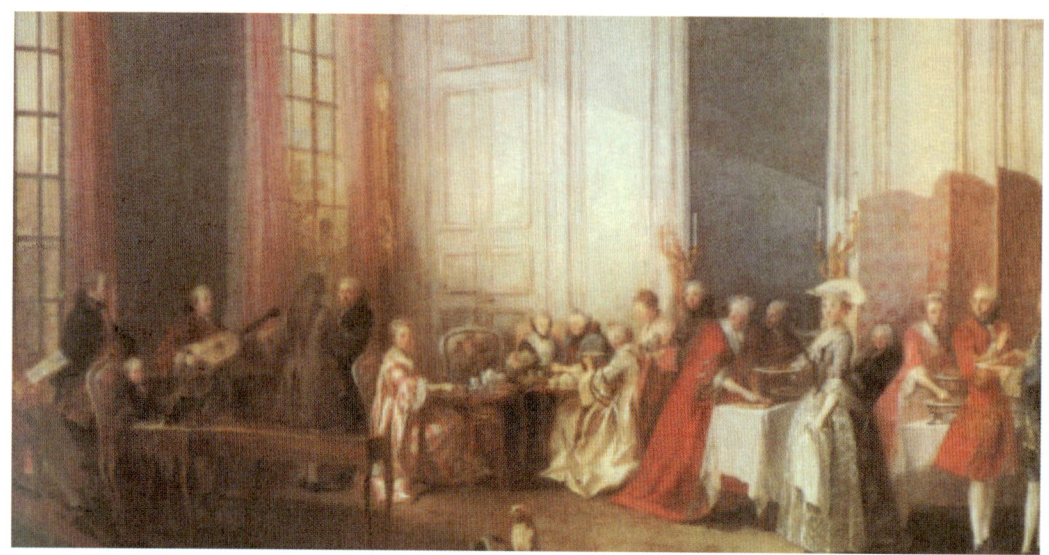

프랑스 파리 콩티공의 살롱에서 반주를 위해 조율하고 있는 모차르트 [1766년 여름]

가 정기적으로 열리게 되었다(모차르트도 거기에서 자작의 교향곡을 연주했다). 라이프치히에서는 1781년부터 게반트하우스 관현악단의 정기 연주회가 시작되었다. 빈에서도 18세기 후반이 되면 오페라가 상영되지 않는 기간에 궁정 극장을 작곡가에게 빌려주기 시작한다. 이것이 이른바 예약 연주회이다. 이로 인해 작곡가가 자주적으로 연주회를 주최하여 이익을 얻을 수 있게 되었다(모차르트는 처음 빈에 왔을 때 이 예약 연주회 제도에 크게 감격했다).

'작곡가가 자신의 음악을 넓은 세상에 묻는다'라는 의미에서 연주회의 성립만큼 중요한 의미를 갖는 것이 '악보의 출판'이다. 녹음의 발달로 '연주가=프로' vs '듣는 사람=아마추어'라는 이분법이 완전히 정착해버린 오늘날에는 상상하기 어렵겠지만, 당시 음악을 사랑하는 일반 시민들은 스스로 음악을 즐겨 연주하고 싶어했다.

아도르노에 의하면 빈에서는 19세기 후반에도 휴일에 베토벤의 현악4중주곡을 친구들과 합주하며 즐기는 아마추어들이 많았다고 한다. 프로의 무대 위에서 합주를 듣는 것이 아닌, 아마추어가 집에서 직접 연주하는 음악이 '가정 음악'이라고 불리는 장르이다. 가정 음악은 악보 출판을 일대 산업으로 끌어 올린다. 이것은 작곡가들에게 경제적 자립을 위한 더할 나위 없는 기회였다.

이전 궁정 귀족들은 자신의 권위를 장식하기 위해 음악을 필요로 했다. 국왕 중에는 몸소 발레를 춘 루이 14세나 플루트의 명수였던 프리드리히 대왕과 같은 사람도 있었다. 그들은 '음악을 향한 사심 없는 애정'보다는 '음악에 의한 통치'라는 정치적 목적으로 음악을 이용하였다.

하지만 새롭게 태어난 청중은 음악 그 자체에 귀를 기울이고 음악을 사랑하는 청중=

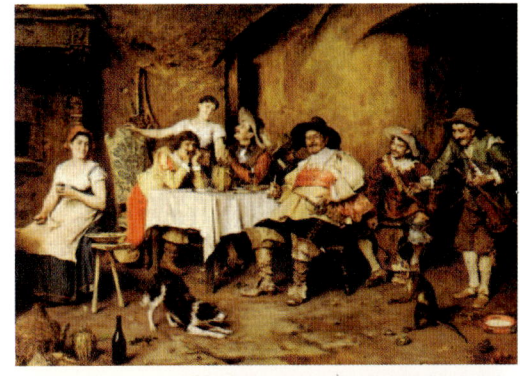

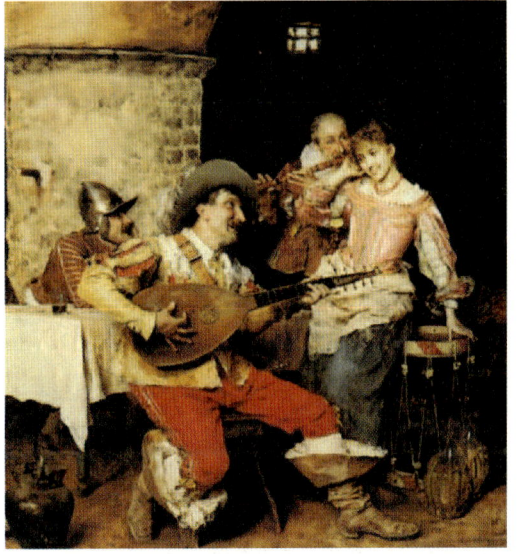

18세기 후반이 되면 '음악 애호가'가 생기기 시작했다. 이미 그들이 귀족인지 시민인지는 관계없다. 음악 앞에서는 모든 사람들이 평등하다.

음악 애호가였다. 작곡가들은 호화로운 생활의 연출로 음악을 흘려듣는 후원자가 아닌, 자신의 음악에 빠져서 악보를 사수는 사람들을 향해 메시지를 보낼 수 있게 되었다. 그렇게 생겨난 '음악에 대한 사랑'에 의해 묶인 작곡가와 대중과의 공동체를 지지한 것이 악보 출판업이다.

⌇ 교향곡적인 음악과 새로운 공동체의 탄생

'연주회'와 '악보 출판'과 같이 작곡가가 자립할 수 있는 기회(공공 공간에 자신을 어필하는 2대 기회)를 재빠르게 잡은 사람은 하이든이었다. 하이든은 공개 연주회에서 결정적인 대성공을 얻은 최초의 작곡가였다.

앞서 말한 런던 여행에서 그는 막대한 경제적 이익을 올렸을 뿐만 아니라 옥스퍼드 대학의 명예박사라는 칭호까지 수여받게 된다. 그때까지 작곡가의 사회적 지위가 고작 '궁정 사관 기술자' 정도였던 것을 생각하면 이것은 엄청난 영광이었다. 그리고 공공 연주회에서 하이든의 성공과 밀접한 관계가 있었던 것이 교향곡이었다.

즉 교향곡은 '연주회'라는 '음악의 근대적 공공 공간'의 성립과 함께 생겨나 그 정신을 가장 전형적인 형태로 구현한 장르이다. 하이든

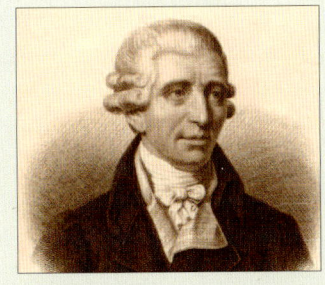
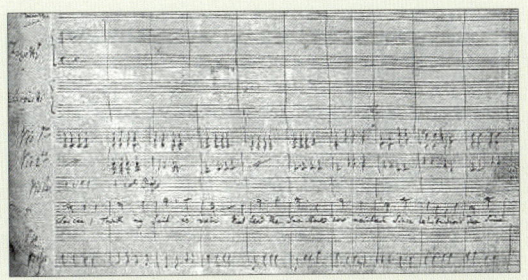

하이든[Franz Joseph Haydn, 1732~1809](왼쪽)과 하이든의 악보(오른쪽)
교향곡의 아버지라 불리는 18세기 후반 빈 고전파의 대표 작곡가로 100곡 이상의 교향곡, 70여 곡의 현악4중주곡 등 고전파 기악곡의 전형을 만들었으며, 특히 제1악장에서 소나타 형식을 완성했다. 오라토리오의 대작 '천지창조'와 '사계'가 대표적 작품이다. 모차르트와 교류가 있었고, 빈에서 베토벤에게 잠시 동안 음악을 가르치기도 했다.

이 런던을 위해 쓴 12곡(제93번에서 제104번)은 근대 연주회 음악의 상징인 교향곡의 탄생을 고하는 사건이었던 것이다. 단 초기의 연주회는 아리아나 서곡, 협주곡, 실내악을 함께 연주하는, 현재에서 보면 여러 가지가 뒤섞인 것이다. 교향곡을 연주회의 후반에 하이라이트로 두는 습관이 완전히 확립된 것은 19세기 후반부터이다.

연주회뿐만이 아니라 악보 출판계에서도 하이든은 그 시대 가장 성공한 작곡가였다.

그가 아직 헝가리 벽촌의 에스테헤가(家)의 궁정 사관이었을 때부터 그의 교향곡은(해적판을 포함하여) 대량으로 악보로 인쇄되고 있었다. 악보 출판 방면에서 그의 성공을 상징하는 장르는 무엇보다 관현악4중주이다. 많은 사람들이 알고 있듯이 하이든은 '교향곡의 아버지'이면서 '현악3중주의 아버지'였다.

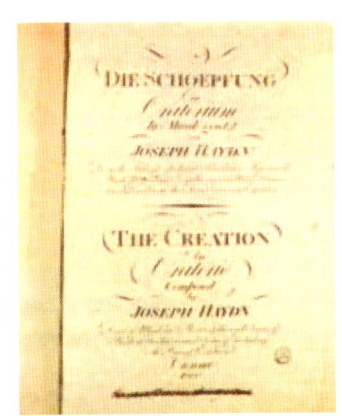

천지창조 악보
1800년 하이든이 출판한 것으로 2개국 공용 악보이나. 헨델의 메시아 에 감동받아 작곡한 31부 32곡으로 구성된 것으로 '메시아'와 함께 최고의 오라트리오 작품으로 평가된다. 이 곡은 친숙하고 아름다운 멜로디가 특징이다.

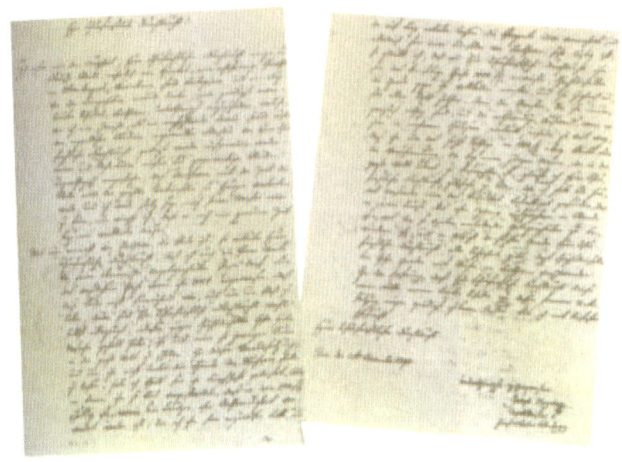

영국으로 떠나며 퀼른 선거후에게 제자 베토벤의 경제적 지원을 부탁하며 보낸 하이든의 편지

그리고 근대 현악4중주곡의 초석이 되는 것이 1781년에 출판된 그의 작품 33 '러시아 4중주곡'이다. 그 작품에 대해서는 하이든 스스로 '완전히 새로운 방법으로 작곡했다'고 말할 정도로 혁신적이었다. 흥미 깊은 점은, 하이든이 이 작품의 출판 당시 아직 에스테헤가의 궁정에서 일하는 몸이었음에도 불구하고 궁정의 주문없이 처음부터 출판을 목적으로 쓴 것이라는 점이다.

즉, 분명하게 '악보 출판을 통해 스스로 널리 대중에게 묻는다'는 목적을 갖고 작곡되었다는 것이다. 그리고 그 대상은 앞서 말한 '음악을 사랑하고 스스로 연주하는 시민'이었다.

하이든에 의해 확립된 교향곡과 현악4중주곡의 장르는 근대 시민생활의 '공(公)'과 '사(私)'의 영역에 각각 대응하고 있었다. 노동에 의해 특징지어지는 '공'과 여가와 가정의 영위가 속하는 '사'의 분리는 근

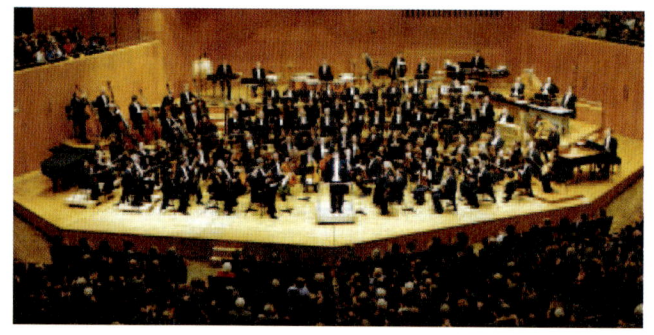

세르지우 첼리비다케[1912~1996]의 공연 모습

음악 마니아가 아니라면 첼리비다케를 아는 사람이 많지 않을 것이다. 그는 폰 카라얀 이전 지휘자 푸르트벵글러에 의해 베를린 필하모닉의 후계자로 지명되어 세계 최정상 오케스트라를 장악했던 진정한 거장으로 평가받고 있다.

대 시민 특유의 생활 양식이었다. 그리고 뒤에서 말하겠지만 낭만파 음악에서는 이 두 영역 간에 심각한 균열이 생기게 된다.

당시 낭만파 음악은 자기 분열을 앓고 있었지만 고전파 음악의 정신세계는 결코 '공과 사' 속에서 분열한 세계가 아니었던 것이다.

고전파 음악의 '공적인 것과 사적인 것' 사이의 절묘한 균형에 대해 생각할 때 나는 언제나 대지휘자 **첼리비다케**가 공개 리허설에서 하던 말을 떠올린다. 그는 오케스트라를 향해 누차 "교향곡은 확대된 현악4중주이며, 현악4중주는 교향곡의 축소판이다"라고 말한다.

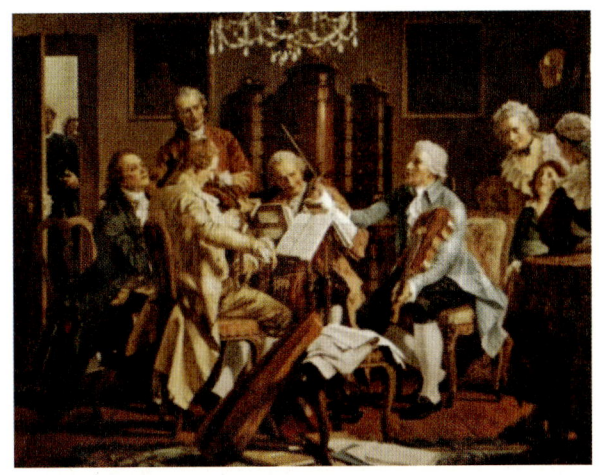

가정에서 현악4중주를 즐기는 아마추어들 [19세기 중반경]
꾸밈없는 거실, 친구들끼리의 허물 없는 분위기, 그리고 음악에 귀를 기울이는 진지함. 이것은 고전파 이후 독일의, 특히 실내악 문화의 특징이다.

교향곡을 연주할 때 오케스트라는 결코 지휘자라는 독재자의 명령에 그저 복종하는 집단이어서는 안 된다. 오케스트라는 현악4중주와 같이 자발적으로 편한 친구 사이의 대화처럼 친밀하게 연주해야 한다. 하지만 친구 사이의 대화 같은 현악4중주 속에도 교향곡이 갖는 사회성의 싹이 숨어 있다. 그것은 결코 서로 친해질 수 없도록 끊임없이 격렬하게 논쟁해야 한다는 것이다.

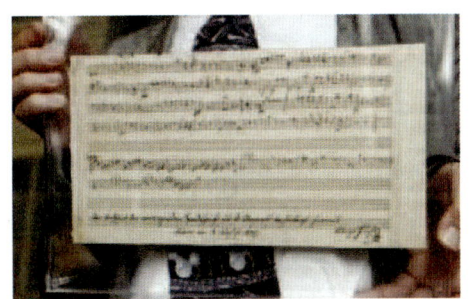

2008년 공개된 모차르트의 미공개 친필 악보
프랑스 낭트의 한 도서관에서 발굴됐는데 1787년 이후 것으로 추정되고 있다. 국제 모차르트재단의 율리히 라이징거 위원장은 "완전히 새로운 음악이다. 여기에 모차르트의 새 음악이 있다"고 확신했다. 친필 서명 수집가의 기증으로 도서관 장서 목록에 올라 있다가 새로 정리하는 과정에서 뒤늦게 발견된 것이다.

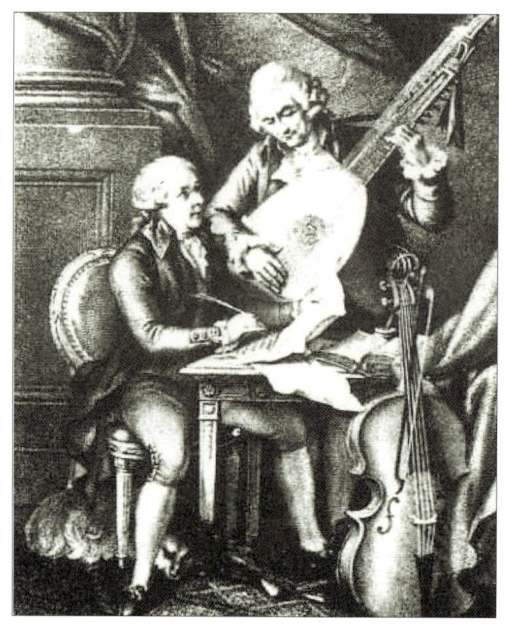

찰즈부르크의 모차르트 박물관에 있는 모차르트와 하이든의 모습

생각건대 고전파 교향곡(특히 하이든과 모차르트)의 최대 매력은 이 '공적인 화려함'과 '사적인 친밀함'의 균형이라고 생각한다. 교향곡뿐만이 아니다. 하이든의 현악4중주곡과 미사곡, 오라트리오, 모차르트의 협주곡과 관악 합주곡, 오페라 등 고전파 음악의 모든 장르가 이런 '교향악적인 울림'을 관철하고 있다.

그 예로 모차르트의 피아노 협주곡의 최고 걸작 중 하나이지만 별로 알려져 있지 않은 '피아노 협주곡 제25번'의 제1악장을 들어보았으면 한다. 첫 부분의 팡파르가 울려 퍼질 때 끓어오르는 것과 같은 웅성거림과 드높은 트럼펫의 울림 속에는 바로크 축전의 웅장하고 아름다운 잔향이 아직 남아 있다.

하지만 동시에 그 통통 튀는 듯한 움직임에서는 깊은 친밀감을 느낄 수 있을 것이다. 모차르트 시대에 공개 연주회가 시작되었다고 해도 실제로 거기를 찾아올 수 있었던 사람은 사회의 극히 일부인 부유층이었을 것이다. 하지만 적어도 이념 면에서는 '모든 사람에게 열린 음악'이란 유토피아가 실현되어 있었다.

가장 빛나는 음악 형식, 소나타의 탄생

　고전파 시대에 생겨난 가장 중요한 음악 형식은 **소나타**이다. 고전파 이전에는 소나타 형식이 존재하지 않았다(바로크시대에는 곡의 제목으로 '소나타'가 사용된 적이 있었다. 하지만 그것은 '기악곡' 정도의 의미로, 당시 형식으로서의 소나타는 아직 존재하지 않았다).

　고전파 이후의 교향곡, 독주 협주곡, 현악4중주곡, 기악 소나타는 모두 세 개 내지는 네 개의 악장으로 구성되어 있다. 급속한 템포(알레그로)의 제1악장, 느긋한 목가적인 제2악장, 무곡(미뉴에트)에 이르는 제3악장, 그리고 다시 급속한 템포의 제4악장이 그것이다(세 개의 악장밖에 없는 경우는 미뉴에트 악장이 생략된다).

　이 다악장 형식의 곡을 오케스트라로 연주하면 교향곡, 네 개

베토벤 월광 소나타

피아노 소나타 제14번인 이 곡은 환상곡 풍의 소나타로 많은 로맨틱한 이야기(눈 먼 처녀를 위해 달빛에 취해 즉흥적으로 만들었다, 빈 교외에 있는 어떤 귀족의 저택에서 달빛에 감동되어 만들었다, 연인에 대한 이별의 편지로 작곡한 곡이라는 등)가 담겨 있다. 본인은 '환상곡 풍의 소나타'라고 불렀는데, '월광'이란 이름은 비평가 렐슈타프가 이 작품의 제1악장이 스위스의 루체른 호반에 달빛이 물결에 흔들리는 조각배 같다고 비유한 데서 생긴 말이라고 한다. 자유로운 환상곡 풍, 3악장의 소나타 형식이라는 특이한 방식이 특징으로 아름다운 가락이 낭만성과 정열의 빛을 더하고 있다.

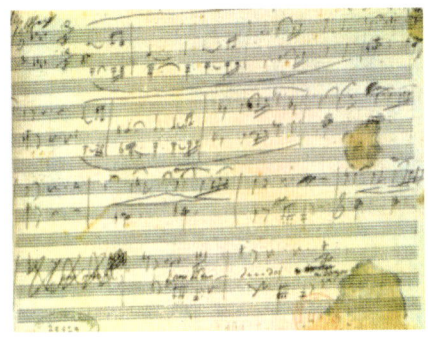

베토벤 '열정 소나타'의 자필 악보
베토벤의 피아노 소나타 가운데 가장 완성도가 높은 작품
으로 평가되는데 리히노프스키 후작을 위해 작곡한 작품
이다.

의 현악기로 연주하면 현악4중주곡, 피아노 독주로
연주하면 피아노 소나타, 바이올린과 피아노로 연
주하면 바이올린 소나타가 되는 것이다. 그리고 고
전파의 시대에 처음으로 확립된 다악장 형식의 첫
악장에 사용되는 것이 소나타 형식이다.

소나타 형식은 기본적으로 제시부 · 전개부 · 재
현부의 세 부분으로 이루어진다. 제시부는 두 가지
주제를 말 그대로 제시하는 부분이다. 이 두 가지
주제는 각각 다른 조성(악곡 체계의 일종)으로 나타난
다. 다음으로 전개부에서는 음악이 불안정해지고 때때로(특히 베토벤에
서는) 주제가 뿔뿔이 흩어져 변형되기도 한다.

제시부에 표시된 소재를 요리하는 장이 전개부이며, 이곳은 작곡가
가 최고의 솜씨를 보여줄 수 있는 장이기도 하다. 그리고 재현부에서
는 다시 두 가지 주제로 돌아오는데, 이번에는 이 두 가지 주제가 같
은 조성으로 되어 있다. 즉 주제 사이의 대립이 해소되는 것이 재현부
이다.

사실 소나타 형식에는 여러 가지 구성 방법이 있다. 하지만 이와 같
은 도식이 확립된 것은 19세기가 되고부터이다. 결국 중요한 것은 소
나타 형식이 '대립을 거쳐 화해에 이르는 형식'이라는 것이다. 제시
부에서는(흡사 토론의 두 가지 '주제'가 제시되는 것처럼) 제1의 주제와 제2의
주제의 조성이 대치된다. 전개부는 소리의 토론이 전개되는 장소이
다. 여기에서는 모든 주제와 조성이 대립적으로 분해 검증된다. 그리
고 재현부는 화해의 장이다. 여기에서는 두 가지의 주제가 같은 조성

으로 돌아오면서 대립하던 주제의 견해가 일치되게 된다.

고전파 시대 이전에는 이와 같은 '음악에 의한 토론'과 같은 형식은 존재하지 않았었다. 예를 들어 푸가에서는 이미 말한 것처럼 원칙적으로 한 가지 주제밖에 나오지 않으며, 그 주제는 언제나 같은 모습으로 머물러 있다. 단순히 그 음영이 조금씩 변화되어갈 뿐이다. 푸가에서는 한 가지 주제가 다른 주제에 '논쟁'을 걸거나, 뿔뿔이 분해되거나 변형되어 전개되는 현상은 일어나지 않는다. 한 곡은 전체가 똑같은 한 가지 주제로 만들어져 있다. 그것은 이른바 신에 의해 처음부터 일원적으로 통일되어 있는 조화의 세계이다.

물론 바로크 협주곡 등에서는 한 곡에 복수의 주제가 나온다. 즉 '대조'가 존재한다. 예로 비발디의 '사계' 중 '봄'의 첫 악장을 들어보자. 최초의 유명한 주제(A라고 해두자) 다음으로 작은 새가 우는 것과 같은 다른 악상(B)이 놓이고, 이어 다시 첫 장의 주제가 돌아오고(A), 이번에는 서정적인 다른 주제(C)가, 그 다음에는 폭풍과 같은 악상(D)이 오는 방식으로 여러 주제가 대조된다.

하지만 '대조'와 '대화'는 다르다. 여기에서는 단순히 성격이 다른 각 주제가 펼쳐져 있을 뿐이다. 그에 반해 소나타 형식은 소리에 의한 '대화' 혹은 '토론'(및 그 전개)이며, 이것이야 말로 계몽 시대가 낳은 가장 빛나는 음악 형식이다.

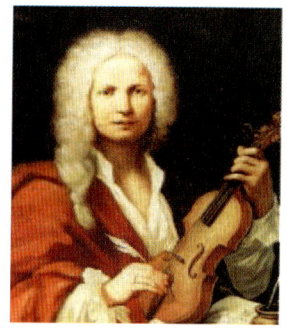

비발디[Antonio Vivaldi, 1678~1741]

음악사에서 중요한 구실을 하는 기악곡과 코렐리 등이 만든 형식을 발전시켜 알레그로-아나시오-알레그로의 세 악장 형식의 독주 협주곡과 합주 협주곡 등 협주곡 분야에서 새로운 경지를 개척했다. 바흐는 그의 작품을 여러 곡 편곡하여 그 기법을 익혔으며 '사계'가 대표곡이다.

🎻 사계[Concerto for Violin 'La quattro stagione']

가장 사랑받는 바로크 음악 중 하나로 비발디의 바이올린 협주곡 중 가장 유명한 곡이다. 열두 곡의 '화성과 창의의 시도'의 일부분이었으나, 자주 연주되는 사계절을 묘사한 첫 네 곡이 분리되어 사계로 불리게 되었으며, 각 계절을 잘 묘사하고 있다. 예를 들어 봄을 나타내는 첫 악장은 "봄이 왔다. 새들은 즐겁게 아침을 노래하고 시냇물은 부드럽게 속삭이며 흐른다. 갑자기 하늘에 검은 구름이 몰려와 번개가 소란을 피운다. 어느덧 구름은 걷히고 다시 아늑한 봄의 분위기 속에 노래가 시작된다"로 번역된다.

✒ 천재 모차르트와 오페라 부파의 등장

앞서 말한 바로크 협주곡 주제의 '(단순한) 교차 대조'와 고전파 소나타 형식의 복수의 주제 사이의 '대화적 성격'을 두 가지 유형의 연극에 빗대어 보자. 전자는 몇 명의 등장인물이 번갈아 가며 무대에 나와 독백하는 것과 비슷하다. 먼저 왕이 등장하여 나라의 궁핍한 상태에 대해 한 토막 이야기하고 퇴장한다. 다음으로 여왕이 나와 왕에 대한 사랑을 노래하고 퇴장한다. 이어서 다시 왕이 등장해 쫓아오는 적의 군대에 대해 이야기를 하고 퇴장하면, 다음으로 왕자가 나와 적국의 공주에 대한 사랑을 고백하고 다시 퇴장한다. 이러한 형식이 바로크의 대조 형식이다.

그러나 소나타 형식은 다르다. 예를 들어 한 청년이 자신의 연

🎻 오페라 부파 [opera buffa]

18세기에 발생한 이탈리아어로 쓰여진 가벼운 내용의 희극적인 오페라를 뜻한다. 초기 인테르메초가 인기를 얻어 나폴리 시대 독립된 오페라가 되었다. 서민의 일상생활의 유머와 명랑한 내용으로 구성되었으며 건반악기가 반주를 맡는 것이 특징이다. '마님이 된 하녀', 로시니의 '세비야의 이발사', 모차르트의 '피가로의 결혼', '돈 조반니'가 양식상 오페라 부파에 속한다.

인에 대한 미모와 정절에 대해 칭송하고 있으면 회의적인 초로의 철학자가 나와 "여성에게 영원한 정절을 바라는 것은 어리석기 짝이 없는 짓"이라며 토론을 걸어온다. 기분이 상한 청년이 반론한다. 그리고 완고하게 자신의 의견을 굽히지 않는 철학자가 재반론을 한다. 이것이 소나타 형식의 정신이다.

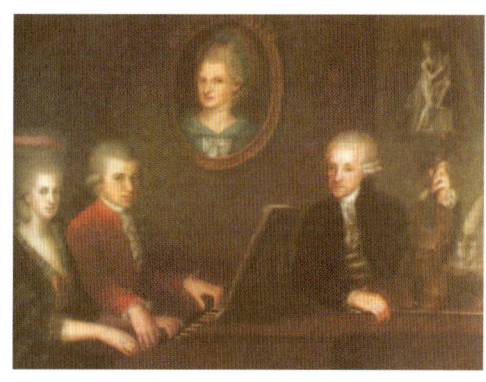

모차르트 일가

오페라를 본 적이 있는 사람이라면 이 연극의 비유가 바로 와 닿을 것이다. 먼저 전자의 '왕이 등장하고 퇴장, 다음에 여왕이 등장하고 퇴장……'과 같은 형식은 헨델에 의해 대표되는 바로크 시대의 오페라(오페라 세리아)의 전형적인 구조이다. 그리고 후자의 '여성의 정조에 대한 토론'은 유명한 모차르트의 희극 오페라 '코지 판 투테(여자는 다 그런 것)'의 첫 장면이다. 즉 두 가지 유형의 극

비유로 고전파 오페라에 대해서도 바로크와의 결정적 차이를 나타낼 수 있다.

바로크 시대는 오페라가 생겨난 시대이면서 동시에 가장 대량으로 오페라가 만들어진 시대였으며, 그 대부분은 '오페라 세리아'라고 불리는 장르였다. 이것은 신화나 고대 사회를

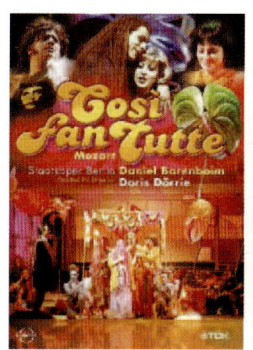
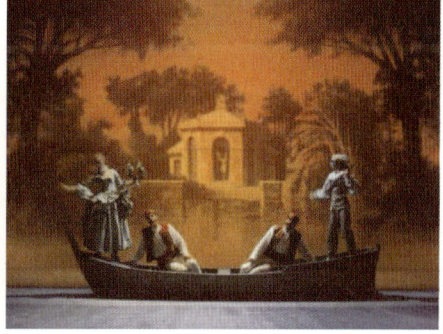

코지 판 투테[Cosi fan Tutte, 여자는 다 그런 것]
모차르트의 마지막 오페라 부파로 희극 오페라를 위한 모차르트의 작품 중 관현악 구성이 가장 뛰어나다는 평가를 받는 2막으로 구성된 작품인데, 오스트리아 황제 요제프 2세의 의뢰를 받아 만든 것이다. '연인들의 학교'란 부제로 남녀 간의 신뢰와 사랑을 주제로 애정을 재치 있고 가볍게 묘사한 풍자적 작품이다. 여자의 마음을 믿을 수 없다는 주제가 부도덕하다 하여 비판을 받았으나 이후에 뛰어난 작품으로 인정받고 있다.

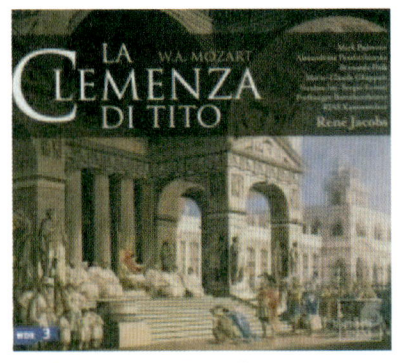

티토 황제의 자비 연주 앨범 표지

모차르트의 오페라 세리아 마지막 작품. 오페라 세리아(opera seria)란 그리스 신화나 고대의 영웅담을 소재로 한 엄숙하고 비극적인 이탈리아 오페라로, 레치타티보와 아리아를 중시하고 반주는 현악 합주에 의한 간단한 오케스트라가 맡으며, 독창자의 기교를 극도로 중시하였다. 40곡 이상의 오페라를 남긴 헨델은 이탈리아 오페라 세리아의 최고봉으로 불린다. 여주인공 역의 남성 가수 카스트라토가 16~19세기에 걸쳐 성행하여 인기가 있었다.

무대로 한 것이기 때문에 등장인물은 항상 궁정 귀족이었다. 비극적인 장중함을 가지며, 마지막은 신의 가호에 의해 해피엔딩으로 끝나는 것이 특징이다.

그것은 군주의 덕과 왕권의 정통성을 찬미하는 일종의 교훈극으로, 그 대부분(모차르트의 '이도메네오'와 '티토 황제의 자비'는 오페라 세리아의 마지막 작품이다)은 우리의 감각과는 상당히 떨어진 것이다. 차례로 왕이나 왕녀, 왕자가 등장하여 엄숙한 아리아를 부르고 퇴장할 뿐으로 거기에는 인간 사이의 생생한 관계가 나타나 있지 않다.

이것은 바로크의 오페라 세리아가 '왕후를 위한 오페라'였던 것과 깊은 관련이 있을 것이다. 거기에 투영된 것은 우리와 같은 서민이 아닌 왕들의 세계인 것이다. 왕족은 언제나 한 명의 독립되어 있는 존재라는 인상을 준다. 그들은 엄격함이 넘치며 석상처럼 언제나 같은 표정을 하고 있다. 그들에게는 내면의 살아있는 감정의 흔들림 같은 것은 거의 낄 수 없다.

이런 오페라 세리아에 비해 바로크 시대에서 전고전파 시대로 이행되며 서서히 대두된 것이 희극 오페라, 즉 오페라 부파이다. 그 기원은 오페라 세리아의 막간극이다. 앞서 말했듯이 페르골레시의 걸작 '마님이 된 하녀'도 이런 막간극이다. 이 오페라 부파는 18세기 후반이 되면서 점점 규모가 커지고

산 바르톨로메오 극장

1733년 8월 28일 산 바르톨로메오 극장에서 오페라 부파의 대표작인 페르골레시의 '마님이 된 하녀 La Serva Padrona'가 초연됐다.

구성적으로도 복잡해진다. 그러면서 오페라 세리아를 능가하는 인기를 얻기 시작했다. 이 오페라 부파의 황금시대를 대표하는 것이 파이시엘로(1740~1816년), 치마로사(1749~1801년), 살리에리(1750~1825년), 그리고 유명한 모차르트(1756~1791년)이다.

언제나 희극의 주역은 서민이다. 기뻐하거나 슬퍼하고, 깔보거나 화내며, 토론을 걸고 의심하고 놀리고 놀림 받는 그들은 우리와 같은 살아있는 인간이다. 왕후와 같은 독고적인 존재가 아니다.

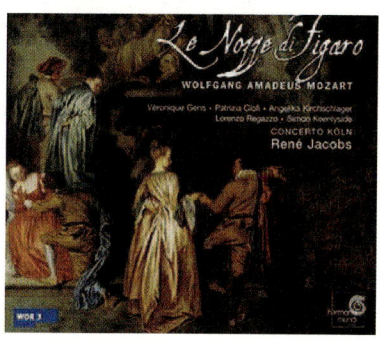

'피가로의 결혼' 앨범 표지

끊임없이 다른 사람들과 '함께' 여러 얼굴을 보이며 살아가는 인간이다. 만담 등을 봐도 알 수 있듯이 희극에 요구되는 것은 '연기'이며, 특히 '연예의 오묘함'을 표현해야 한다. 오페라 부파는 이것을 음악으로 표현할 필요가 생기게 된다. 그리고 모차르트야말로 음악으로 이 '연예'를 표현한 음악 사상 최대 명수였다.

물론 모차르트의 오페라 부파는 아리아와 2중창도 명작이다. 하지만 그 최고를 보여주는 것은 뭐라 해도 앙상블, 특히 중간 막의 피날레이다. '피가로의 결혼식'에서의 제2막, '돈 조반니'에서의 제1장, '코지 판 투테'에서의 제1장이다. 이들 막의 피날레에서는 계속하여 예상 외의 사건이 일어나 점점 이야기가 복잡하게 얽혀간다.

'피가로의 결혼'의 제2막은 자신이 없을 때 부인이 소녀 케루비노를 방으로 들인 것을 안 알마비바 백작이

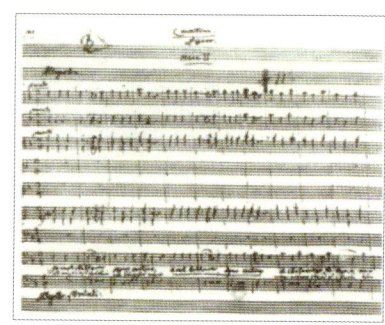

'피가로의 결혼' 자필 악보
'마술피리', '돈조반니'와 더불어 모차르트의 3대 오페라 중 가장 유명한 것으로 귀족 사회에 대한 풍자를 다양한 멜로디와 풍부한 음으로 잘 표현해 낸 음악사에서 가장 완성도 높은 곡으로 평가되고 있다. 프랑스 극작가 보마르셰의 희곡을 모차르트가 6주간의 짧은 기간 동안에 단숨에 완성했다고 한다.

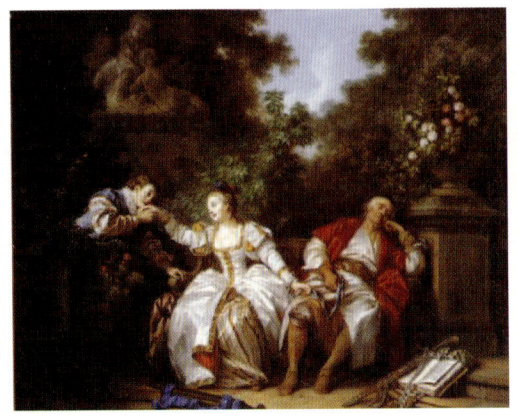
'피가로의 결혼', 장 밥티스테 作

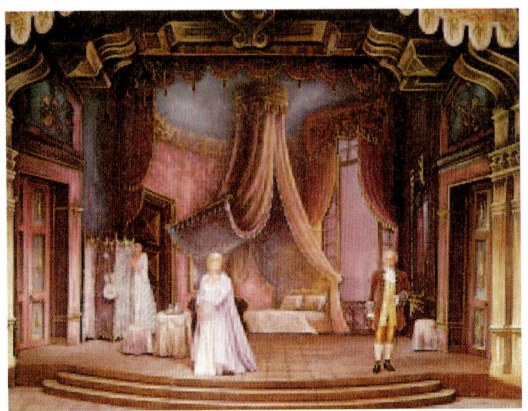
'피가로의 결혼' 2막 중 한 장면

화를 내는 장면에서 시작한다. 그것을 시녀 수잔나가 임기응변으로 잘 넘겼다고 생각할 틈도 없이 다음에 하인 피가로가 좋지 않은 타이밍에 무대로 등장하고 술 취한 가정교사 안토니오까지 나타나 점점 상황이 복잡해진다. 그래도 어떻게든 피가로의 핑계로 그 상황을 모면했다고 생각할 때, 이번에는 세간 담당 마르첼리나가 의사 바르톨로와 음악교사 바실리오를 데리고 나타나 피가로에게 결혼 계약의 이행을 강요하며 대 소동을 일으킨다.

이와 같은 대본을 음악으로 나타낼 경우 어떤 어려움이 작곡가를 기다리고 있을지 생각해 보자. 아리아와 사랑의 2중주와 달리, 여기에서는 한 가지 장면에 차분히 시간을 들일 여유가 없다. 연기의 흐름을 망가뜨리지 않기 위해서는 장면의 상황과 인물의 캐릭터와 감정, 몸짓이 순간적으로 듣는 사람들에게 이해되도록 인상적인 악상을 계속하여 풀어나가야 한다.

게다가 이들 주제는 서로 닮아서는 안 된다. 전혀 다른 악상이 계속하여 흘러나와야 한다. 이것은 작곡가에게 굉장히 어려운 문제일 것이다. 하지만 그것을 가볍게 해치우는 것이 모차르트다. 예를 들어 '피가로의 결혼' 제2막의 피날레에서 사용되는 주제는 적어도 20개에 이를 것이다. 검을 뽑고 격노하는 백작, 자비를 구하는 부인, 작은 방에서 나타나는 수잔나, 의표를 찔린 백작의 당혹함, 가슴을 쓸어내리는 부인, 백작을 따지는 수잔나의 연기 포즈 등등. 이것들을 모차르트는 마치 한 획으로 그린 초상화와 같이 유려하게 그려나간다.

게다가 이렇게까지 서로 다른 주제가 펼쳐지면서도 결코 그 형식이 와해되지 않는다. 이것이 모차르트 음악의 대단한 점이다. 완전히 다른 성격의 수많은 주제가 이만큼 자연스럽게 함께 한다는 것은 기적 같은 일이다. 모차르트는 듣는 사람들이 거의 눈치 채지 못할 정도로 자연스럽게 전체를 통일시킨다. 아마 보통 작곡가라면 이런 악상이 떠올랐다 해도 그것을 쉽게 통일시킬 수 없었을 것이다.

하지만 모차르트는 그것을 거의 교향곡과 같은 장대한 통일체로 간단히 정리한다. 실제로 모차르트의 오페라 부파의 피날레는 그의 최고 교향곡이라고 말해도 좋을 정도다. 그리고 그것을 지탱하는 것이 소나타 형식처럼 여러 주제와 조성을 종횡무진 변형시키고 대화시키며 얽히게 하는 작곡 기술이다.

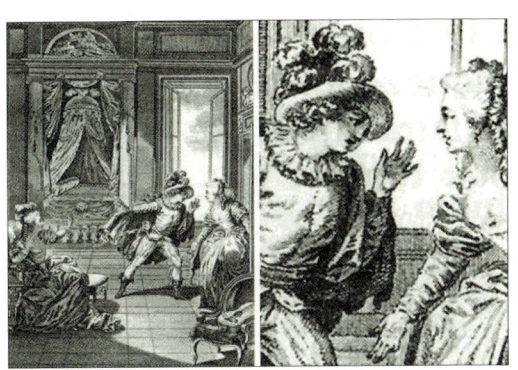

'파가로의 결혼' 공연을 스케치한 모습, 필립 조셉 作

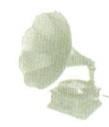

베토벤과 계몽 음악의 행방

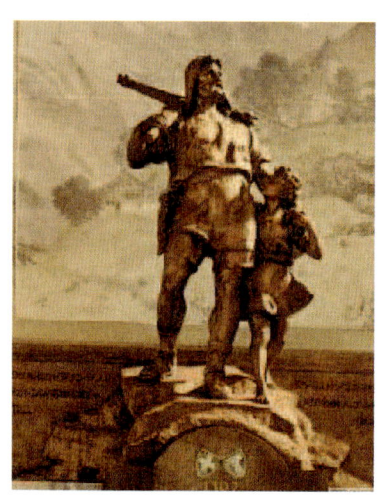

'빌헬름 텔 서곡'의 로시니 동상
도입부인 1부는 저음의 현악기인 첼로와 콘트라베
이스로만 시작되는데, 로시니는 이 부분을 '스위스
의 해돋이 광경'이라고 했다.

'빈 고전파 3대 거장'이라 불리는 하이든과 모차르트와 베토벤(1779~1827년)은 음악적 성격이 상당히 다르다. 무엇보다도 활동한 시기가 상당히 어긋나 있다. 모차르트가 죽은 것은 1781년으로 프랑스 혁명 발발 2년 후이다. 그에 비해 베토벤이 작품 1(피아노 3중주곡)을 발표한 것은 1795년이다. 그리고 하이든의 실질적 마지막 작품이 된 오라트리오 '사계'가 1801년 작품인 것에 비해 베토벤이 처음으로 교향곡을 쓴 것이 1800년이다. 약간 도식화해서 말하자면 모차르트는 '혁명 이전의 사람', 그리고 하이든은 '혁명 후에 한동안 활동하던 사람'이다. 그리고 베토벤은 '혁명 후의 사람'이며 '19세기의 사람'

인 것이다.

베토벤의 작품 활동은 시기적으로 의외의 사람들과 겹쳐진다. 로시니 (1792~1868년)가 처음 대성공을 거둔 오페라 '탕크레디'는 1813년 처음 상연되었으니 베토벤이 제7교향곡을 썼던 무렵이 된다. 그리고 로시니의 마지막 오페라가 된 '빌헬름 텔'은 1829년이 첫 상연, 즉 베토벤이 죽고 난 2년 후이다. 또 슈베르트(1797~1828년)의 '마

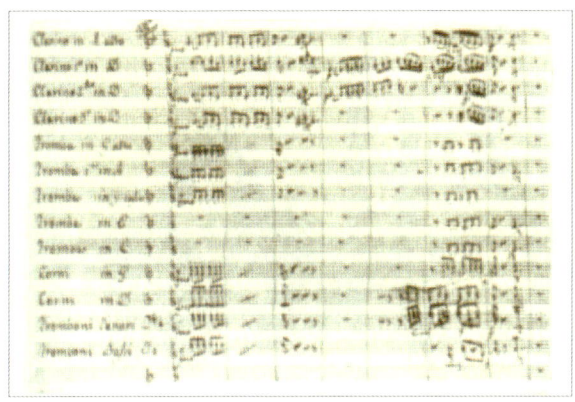

로시니의 『나는 마을의 만능박사』의 자필 악보
로시니의 걸작 『세빌리아의 이발사』 중 제1막에서 주인공 피가로가 자기 소개를 하는 유명한 아리아 부분이다.

왕'은 1816년 작품으로 베토벤의 후기로의 이행이 서서히 시작되던 무렵이다. 베버(1786~1826년)의 '마탄의 사수'의 첫 상연은 1821년으로 베토벤의 '제9교향곡'(1822~1824년 작품)보다도 전 작품이다. 그리고 베를리오즈(1803~1869년)의 '환상 교향곡' 첫 상연은 베토벤 사후 겨우 3년 후인 1830년이다.

물론 베토벤을 '낭만파의 작곡가'라고 부르는 것은 불가능하다. 하지만 그가 창작했던 많은 부분은 초기 낭만파의 작곡가들과 시대적으로 겹쳐 있다.

하이든과 모차르트와 비교했을 때 베토벤의 결정적인 차이는 그의 음악이 18세기까지의 귀족 세계와 연을 끊고 있다는 점이다. 예를 들어 베토벤의 음악에 빈번하게 등장하는 것은 (자주 야유당하는 부분임) '주먹을 치켜드는 것'과 같은 움직임, 즉 연설대를 쾅쾅치는 것과 같은 몸동작이라고 말할 수 있을 것이다. 이런 '무작법'은 결코 하이든과

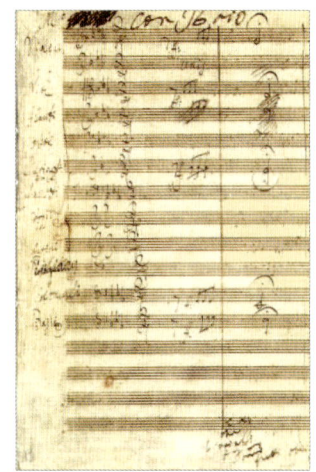

베토벤 5번 운명 교향곡

모차르트의 음악에는 나타나지 않는다.

예를 들어 하이든의 음악은 계몽 시대의 살롱에서 일어나는 귀족과 시민 철학자와의 대화를 연상시킨다. 신랄하고 도발적이며, 때로는 긴장을 감돌게 하지만 그것은 결코 궁정 예절을 일탈한 것은 아니다. 체스에서 상대의 의표를 찌르는 듯한 수를 둘 때에도(그의 교향곡은 이런 기습의 요소가 넘쳐난다), 언제나 입가에는 미소를 지으며 상대의 수를 기다리는 것과 같은 방법이다. 하지만 베토벤은 다르다. 그것은 종종 재치라기보다도 도전장을 내던지는 것 같은, 혹은 덤벼드는 것과 같은 음조이다.

그의 교향곡 제3악장의 성격에도 주목하고 싶다. 많은 사람들이 알고 있듯이 하이든과 모차르트 교향곡의 제3악장은 반드시 미

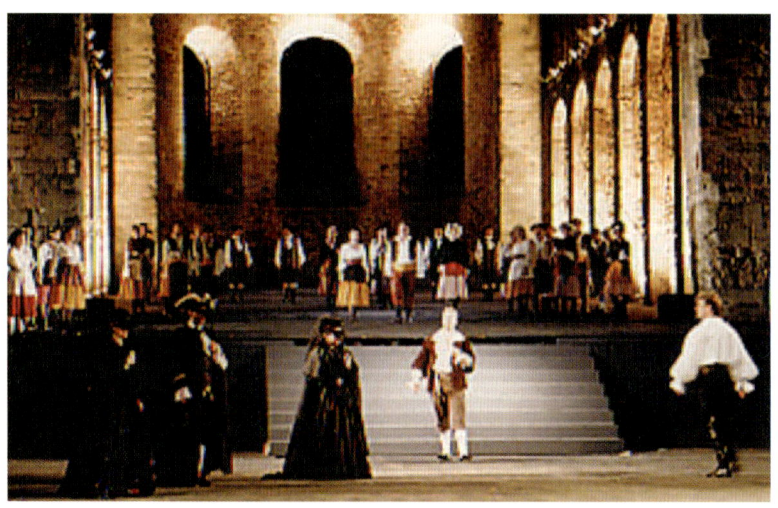

'돈 조반니' 제1막 중 '연인이여 그대손을 나에게'의 한 장면
다 폰테의 대본에 의해 작곡된 모차르트의 오페라로, 스페인의 호색한 돈 후안을 주인공으로 하여 사랑 편력을 자랑하는 탕아의 파란만장한 생활을 그린 것이다. 모차르트가 프라하에서 초연하여 대성공을 거둔 작품이다.

뉴에트(흥박자의 무용곡)로 쓰인다. 이 미뉴에트는 18세기의 대표적인 궁정 무도였다.

그리고 흥미롭게도 이 제3악장의 중간부에는 반드시 미뉴에트와는 대조적으로 민중적인 성격을 갖는 트리오가 놓여 있다. 배짱 두둑한 귀족이 농민들도 축하연에 초대하여 궁정의 큰 방에서는 미뉴에트가, 실외에서는 민중 무도가 흘러나오며 밤새 춤을 추는 것이다. '피가로의 결혼'의 제3막과 '돈 조반니'의 제1막 피날레로 익숙한 18세기 세계의 축도가 교향곡의 제3악장인 것이다.

그러나 베토벤의 교향곡 제3악장에는 귀족 세계가 존재하지 않는다. 그것은 우아한 미뉴에트가 아닌 돌격하는 스케르초(해학적인 곡)이다. 그의 제1교향곡의 제3악장은 '미뉴에트'라고 제목이 붙어있음에도 불구하고 실제적으로는 스케르초이다.

앞에서 예를 든 모차르트의 '돈 조반니' 제1막의 무도회 장면에서는 귀족 돈 오타비오와 돈 안나가 춤추는 미뉴에트와 서민인 레포렐로와 체를리나가 춤추는 서민적인 독일 무곡이 동시에 울려 퍼지고 있다(그 동안 돈 조반니와 체를리나는 콩트르당스를 추고 있다). 이것은 귀족 세계와 서민 세계를 융합시키는 상징적인 장면이다. 비록 그것이 다음 순간 체를리나의 비명에 의해 찢어지는 일시적인 화해라고 해도 말이다.

하지만 베토벤의 교향곡 제3악장에서는 이런 돈 조반니의 만찬회는 더 이상 성립하지 않는다. 미뉴에트는 질주하는 스케르초에 의해 분쇄된다. 방탕 귀족 돈 조반니에게 원망과 한탄의 눈빛을 보내는 농민 마제트의 분노에서 태어난 음악, 그것이 베토벤의 음악이라고 할 수 있을 것이다.

베토벤의 마지막 악장 또한 그 성격에 큰 차이가 있다.

하이든이나 모차르트의 교향곡(피아노 협주곡 등도 마찬가지지만)의 제1악
장은 가장 다부진 구성을 가지며, 내용적으로도 가장 무거운 악장이
다. 그에 반해 마지막 악장은 화려하고 경쾌하며 흥겨워지는 축제적
인 성격을 갖고 있다. 그것은 모차르트의 오페라 부파의 피날레에서
볼 수 있는 '이런 저런 일이 있었지만 결국 해피엔딩'과 같은 것이다
(단조의 교향곡은 별도이지만).

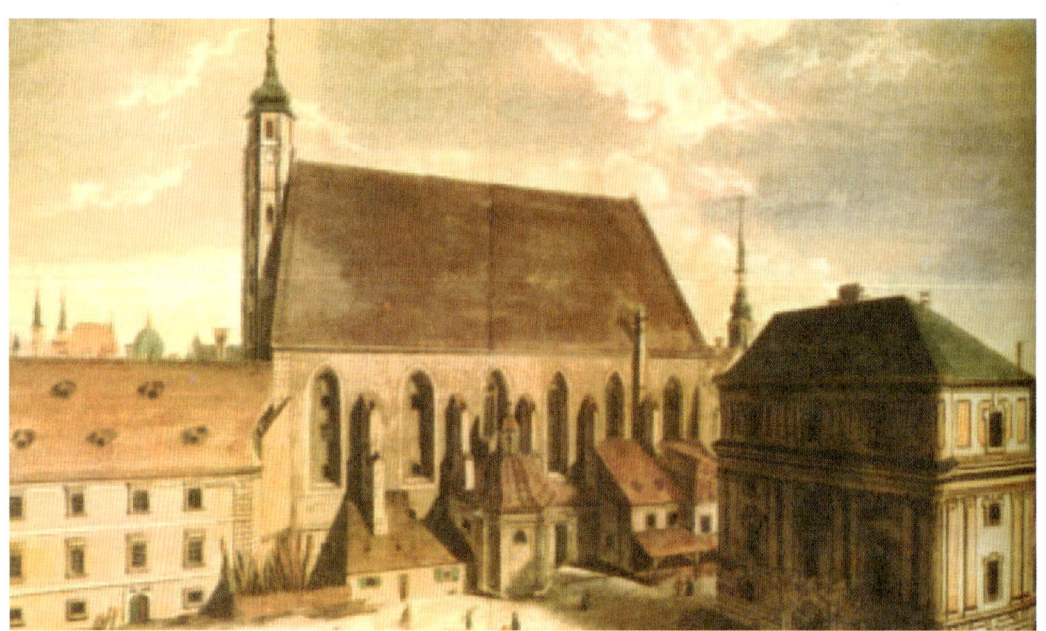

'운명 교향곡'이 초연된 빈 케른트너토르 극장

베토벤의 제5번 교향곡은 관현악을 위한 소나타로 제1악장 첫머리에 "운명은 이처럼 문을 두드린다"고 설명한 데서 '운명' 교향곡이란 표제가
붙었다. 청각에 이상이 생기고, 영원한 애인 테레제 브룬스비크와의 파국, 나폴레옹의 침공 등 시련이 겹쳤던 시대의 작품이다. 힘 있는 악상과
완벽에 가까운 작곡 기술로 음악 이외의 정신적인 것을 표현했으며, 반복적인 전개 형태의 소나타 형식인 제1악장, 자유로운 변주의 제2악장,
스케르초 형식의 제3악장, 소나타 형식의 제4악장으로 구성되는데, 특히 마지막 악장에서는 트롬본 3, 피콜로 1을 곁들여 빛나는 피날레를 장식
하고 있다.

하지만 베토벤 교향곡의 마지막 악장은 제1교향곡부터 정력적인 질풍노도와 같은 돌진으로 시작한다. 제2, 제4 및 제7교향곡의 마지막 악장도 이런 형식이다.

그리고 제3교향곡 '영웅 교향곡'이나 제5교향곡 '운명'과 제9교향곡 '합창'의 마지막 악장은 '승리의 찬가'로 고조에 이른다. 베토벤의 교향곡에서 '경쾌한 마지막 악장'을 갖는 것은 제6교향곡 '전원'과 제8교향곡(이것은 하이든적인 교향곡으로 돌아가려고 한 성격을 가진 작품이다)뿐이다.

베토벤에게는 하이든과 모차르트에게는 발견되지 않는 '상승하는 시간의 이념'이 나타난다. 코다(coda 악보 끝에 덧붙이는 부분)를 향해, 마지막 악장을 노리며 점점 더 절정을 더해가는 음악적 사상을 엿 볼 수 있는 것이다.

베토벤 이후부터, 제1악장이 아닌 마지막 악장을 전곡 중에서 가장 장중하게 하려는 경향은 점차 가속화된다. 물론 예외도 있다. 슈베르트의 제6교향곡까지, 혹은 브람스의 피아노 협주곡 제2번, 더 나중의 것이지만 말러의 제4교향곡(제5 및 제7에도 이런 경향이 있다) 등이 그것이다. 이 곡들은 확실히 '경쾌한 피날레'가 있다. 그것은 이 곡들이 베토벤 이전 악장 구성으로 되돌아가려는(즉 베토벤과 같은 힘의 기술을 회피하려고 하는) 성격을 갖고 있다고 생각할 수도 있을 것이다.

'끝없는 절정'을 추구하려는 경향과 함께 그의 음악 속에서 지울

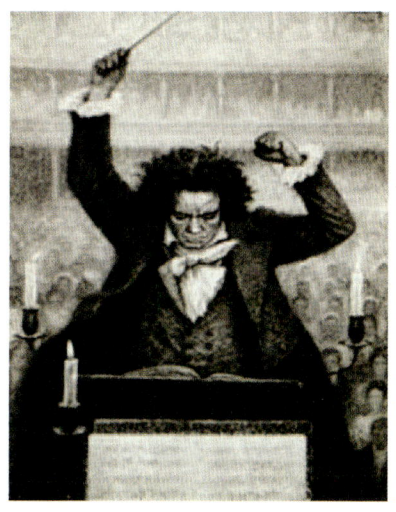

교향곡 제9번 '합창'

베토벤 예술의 최고 절정을 이루는 고금의 교향곡 중에서 가장 뛰어난 걸작품으로 완전히 귀가 먹어 음향의 세계와 단절된 상태에서의 정신적 고통, 육체적 건강 악화와 생활고 등 최악의 환경에서 '고뇌를 통한 환희'를 표현한 작품이다. 비극과 싸워 이긴 생애를 회고하는 극적인 제1악장, 정화된 거인적인 해악의 제2악장, 아다지오의 동경이나 희망을 노래한 제3악장, 실러의 송가 '환희에 부침'을 합창으로 엮어 덧붙인 마지막 제4악장의 전곡 4악장으로 되어 있다. 프리드리히 빌헬름 3세에게 헌정했다.

수 없는 어딘가 집단적인 곡조에도 주의를 기울이고 싶다. 그것은 (약간 비꼬아 말한다면) 슈프레히코르(집단적으로 제창하는 낭독 형식)를 외치며 행진하는 군중과 같은 모습이다. 프랑스 혁명 즈음 '라마르세예즈'를 시작으로 많은 혁명곡이 만들어졌으며, 베토벤이 그것들의 영향을 받은 것은 널리 알려져 있는 사실이다.

이 혁명곡들은 모두 승전 행진곡 풍의 것들로 베토벤의 음악에도 곳곳에 그런 곡조가 보인다. 그리고 그 전형이라고 하면 역시 '제9교향곡'의 피날레를 들 수 있을 것이다. 특히 제3악장의 비교할 수 없는 깊음에 비해 (그것을 부정하는 사람은 아무도 없을 것이다) 마지막 악장의 승전 행진곡과 같은 곡조에 대해서는 많은 사람들이 거절 반응을 표해 왔다.

예를 들어 토마스 만의 음악 소설 『파우스트 박사』 속에서 레버퀸은 이런 말을 한다.

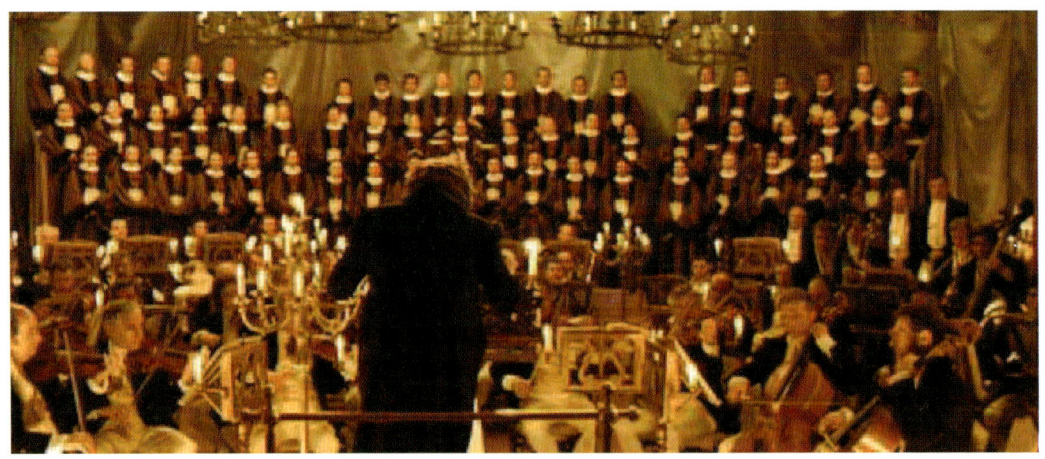

아그네츠카 홀랜드 감독의 영화 「카핑 베토벤(Copying Beethoven, 2006년)」의 한 장면
베토벤은 교향곡 9번의 초연을 성공리에 마치지만 관중들의 우레 같은 박수 소리를 듣지 못해 우두커니 서 있었다. 이때 합창단원으로 추정되는 여인이 나와 그를 객석으로 돌려세웠다고 전해진다. 여기에 영감을 받아 나온 작품이다.

"선한 것, 고귀한 것, 즉 선하고 고귀하면서도 인간적이라는 말을 듣는 것, 그런 것은 있어서는 안 된다. 그것을 구하기 위해 사람들이 싸우고 요새를 만드는 것, 이상 실현에 가득한 사람들이 열광적으로 고하고 알리는 것, 그런 것은 있어서는 안 된다. 그런 것은 철회해야 한다."

그 말을 들은 친구가 "무엇을 철회하라고 하는 것인가?"라고 묻는다. 그 물음에 레버퀸은 "제9교향곡 말이야"라고 대답한다.

'세9교향곡'이 계몽 시대의 '모든 사람들에게 열린 음악'이었다는 사실은 틀림없다. '1000인의 제9교향곡'이라는 행사가 증명하듯이, 여기에는 정말로 만인이 참여할 수 있는 음악의 축전이 실현되어 있다.

그러나 모차르트 음악의 우아하고 아름다운 세계는 사실 '누구나가 참가한다'는 것은 불가능하다. '주피터'(교향곡 제41번)의 마지막 악장에 합창을 더하여 누구나가 노래할 수 있는 찬가로 만들거나 '요술피리'의 피날레를 1000명으로 노래한다는 것은 절대로 할 수 없는 것이다('운명'의 마지막 악장에서는 가능하겠지만).

이런 집단화를 견디기에는(이것은 얄궂은 일이지만) 그것이 너무나도 귀족적이고 정교하며 선이 가늘다. 실제로 베토벤의 '운명'이나 '제9교향곡'의 피날레는 아마추어 오케스트

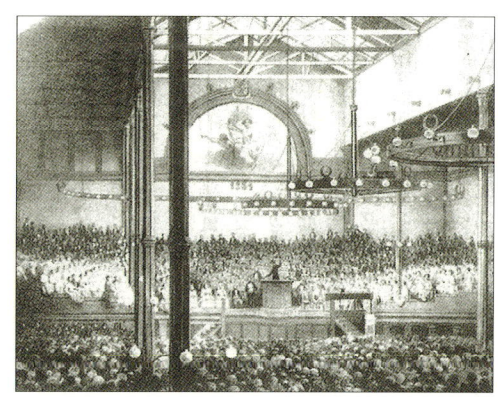

19세기 중반 네덜란드에서 베토벤의 '제9교향곡'이 연주되는 모습
'1000인의 제9교향곡'과 같은 느낌의 공연은 이미 이 무렵부터 있었던 것이다. 멀리서 보면 무슨 정치 집회처럼도 보인다. 그렇다면 지휘자는 요컨대 연설하는 지휘자가 되는 것일까.

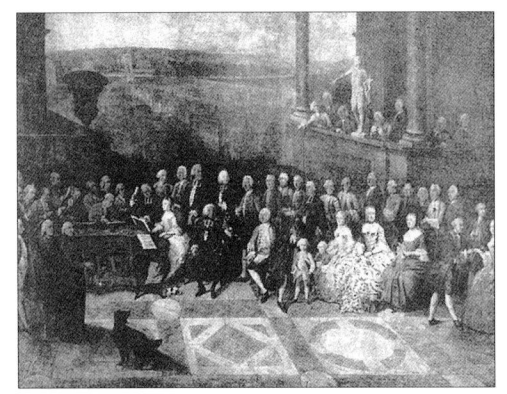
18세기 중반의 귀족관에서 열린 연주회의 모습
모차르트 피아노 협주곡 등이 이런 장소에서 연주되었을 것이다.
19세기 제9교향곡 연주회와는 매우 대조적이다.

라도 어느 정도 연주할 수 있다. 그렇지만 모차르트의 교향곡에 아마추어가 도전하는 것은 상당한 모험이다. 그 곡은 많은 사람이 굵은 목소리를 맞춰서 노래할 수 있는 곡이 아니다. 그에 반해 '제9교향곡'은 '모든 사람들이 참가할 수 있는 축전'이다.

그러나 만년의 현악4중주곡과 피아노 소나타에서 베토벤이 마치 마지막 악장의 반동과 같은 작품을 쓴 것을 잊어서는 안 될 것이다. 그것은 집단적 열광을 거절하고 군중적인 것에서 개인을 철저하게 분리한다. 이것은 마치 모든 사람이 나누어 가질 수 없는 고독 속으로 가라앉는 것을 구하는 밀교(불교의 신비주의 종파)적인 음악과 같다.

그럼에도 불구하고 베토벤이야말로 고전파 음악의 최고 아름다운 계승자이며, 그 완성자인 것은 두말할 필요가 없는 사실이다. 주관과 객관, 의지와 형식, 흘러넘치는 생(生)과 자기규율 간의 균형과 같은 고전파 음악의 이념을 완성한 것이 베토벤이다.

예를 들어, 교향곡 제3번 '영웅 교향곡'(1804년)의 제1악장을 들어보자. 엄청난 음향적 박력 면에서는 베토벤보다 뛰어난 낭만파 작품은 많다. 베를리오즈나 바그너, 리하르트 슈트라우스, 말러 등이 그 전형이다. 하지만 그들은 거대 오케스트라라는 물량 작전으로 힘을 만들어 낸다. 그에 반해 베토벤은 음량으로 청중을 위압할 필요가 없다. 그는 하이든과 모차르트 때와 다름없는 오케스트라의 규모로 충분했다. 그 힘은 안쪽에서 흘러 솟아나는 것이었다. 원래 낭만파 작곡가(슈베르트든 슈만이든)는, 스스로의 상상력이 이끄는 대로 곡을 쓰려고 할 때 형식에서 일탈하여 공상을 탐닉해 버리는 경향이 있다. 반대로 형식을 완결하려고 하면 경직된 도식에 빠지기 쉽다.

하지만 베토벤은 자유롭게 상상력의 날개를 펼치면서 여유롭게 모든 말을 다하고 있다. '영웅 교향곡'의 제1악장에서는 몇 번이나 전조로 일탈을 반복하고, 한없이 팽창한다. 하지만 결코 와해되지 않으며

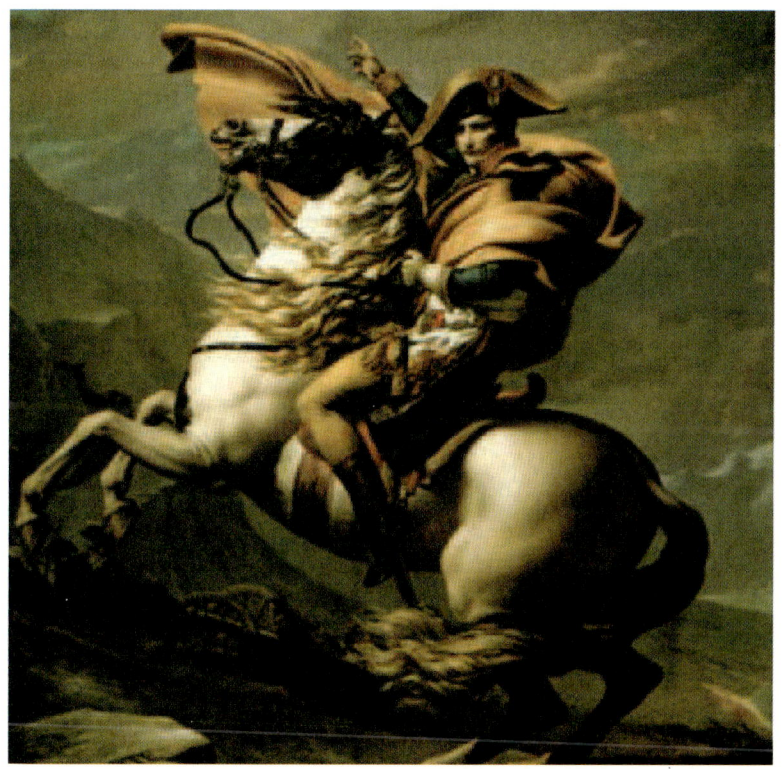

베토벤 교향곡 '영웅'의 주인공이었던 나폴레옹 [다비드 作, 1801년]
베토벤의 교향곡 제3번 '영웅'은 1804년에 완성된 곡으로 원래 나폴레옹을 위해 작곡된 곡이었으나. 황제에 즉위했다는 소식에 분개하며 표지를 찢어버렸다가 2년 후 다시 출판하면서 그냥 '신포니아 에로이카'로 불리며 '한 사람의 영웅을 기리기 위해서'라는 부제가 붙게 됐다고 한다.

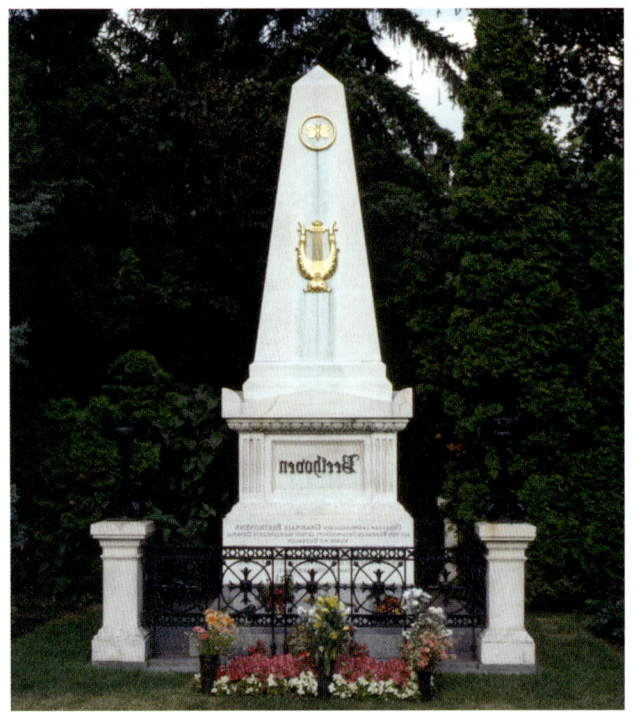

베토벤의 묘지
오스트리아 빈에 있다.

한없는 다양성을 낳고 마지막은 확고한 의지를 갖고 통일시킨다.

슈베르트의 교향곡 제7번 '그레이트'(1825~1828년 작곡, 명백하게 베토벤을 의식하고 만든 작품이다)를 들어보면, 베토벤 작품의 대단함이 어느 부분에 있는지 분명하게 알 수 있을 것이다. '그레이트'의 마지막 악장은 마치 열정에 들뜬 듯 끝없이 돌진한다. 이것은 추진력의 면에서 보면 중기 베토벤에 필적하는 극소수의 교향곡 중 하나일 것이다.

하지만 슈베르트의 열광에는 베토벤에게는 없는 찰나적인 면이 있다. 슈베르트는 오로지 앞으로 나가다가 결국 '끝내는 곳'을 잃어버린다. 마치 힘을 소진하고 열차가 움직이지 않게 되는 것처럼, 이 악장은 갑자기 정지해 버린다. 베토벤에게 있으나 슈베르트에게는 없는 것, 그것은 바로 말해야 할 것을 모두 말하고도 어느 부분에서 끝내야 할지를 알고 있다는 것이다.

베토벤의 음악을 하이든이나 모차르트와 비교한다면 그의 음악은 결코 듣고 바로 아름답다고 느낄 수 있는 음악이 아니다. 그러나 베토벤의 그것은 분명 싫증내지 않고 들을 수 있도록 완성시킨 음악임에 분명할 것이다.

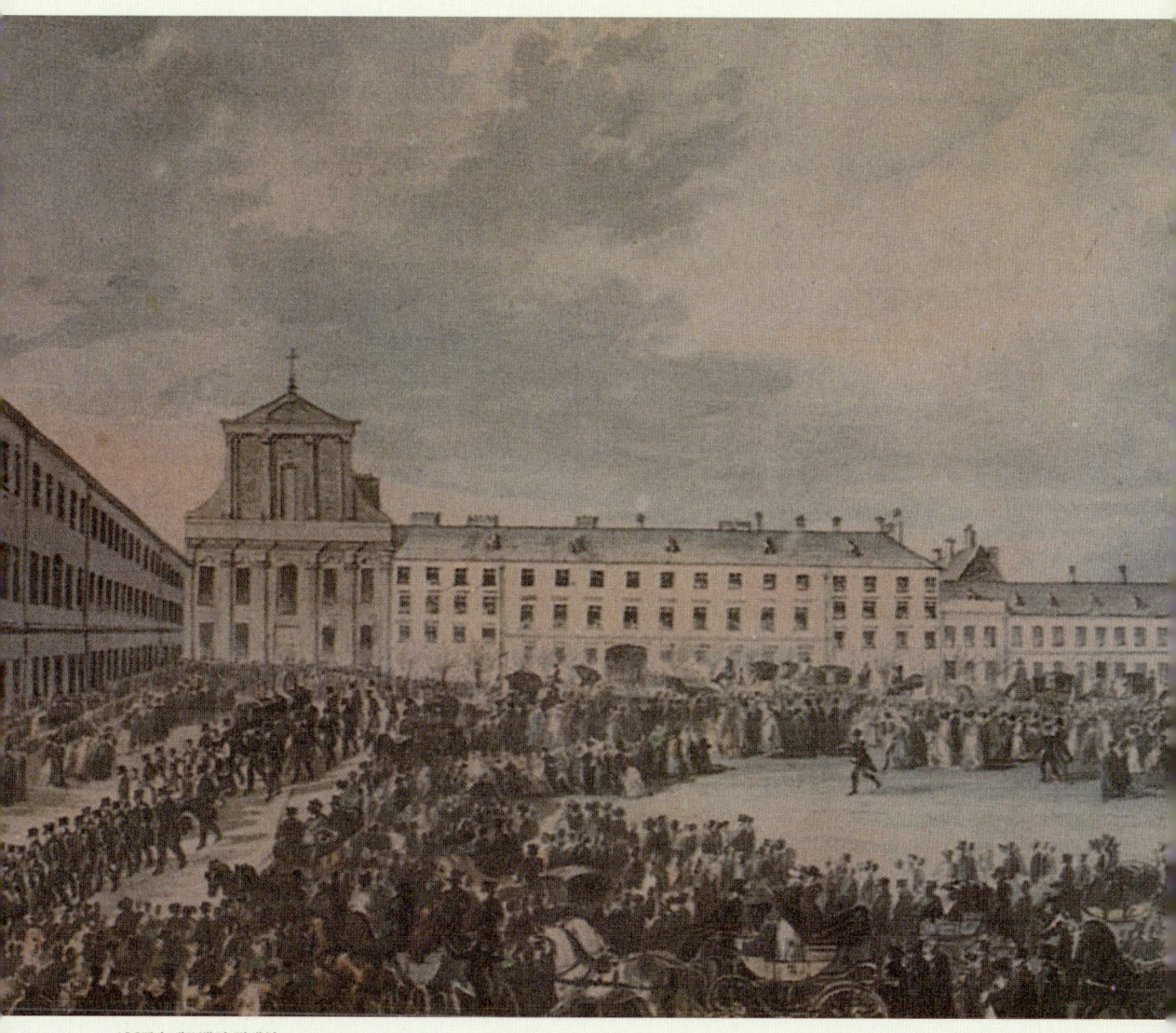

1827년 베토벤의 장례식
2만 여 명의 사람들과 체르니, 슈베르트 등이 그의 죽음을 애도하고 있다.

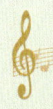 ## 베토벤의 '제9번교향곡 – 합창' 의 가사

오 친구여, 이런 것 외에, 다른 소리 더 좋은 노래를 부르세, 더 기쁜 노래를!

기쁨! 기쁨!

기쁨이여, 신의 불꽃, 낙원에서 오신 딸과 불에 취해 들어가리, 하늘의 기쁨의 성역에

엄한 법이 가른 것을 그대 마력 합하니, 모든 사람 형제 되네, 그대 날개 아래서

엄한 법이 가른 것을 그대 마력 합하니, 모든 사람 형제 되네, 그대 날개 아래서

친구 얻고 친구 되는 위대한 일 이룬 자, 고운 여인 얻은 자여 함께 환호하시오!

지상에서 누구든지 내 것이라 부르오! 그것마저 못한 자는 울며 떠나가시오!

오직 영혼 하나라도 내 것이라 부르오! 그것마저 못한 자는 울며 떠나가시오!

대자연의 품에 안겨 모두 기쁨 마시네.

착한 사람, 악한 사람, 기쁨 따라 다니네.

입맞춤과 술을 주고, 죽음 이긴 벗 주네. 벌레들도 기쁨 얻고, 천사 섰네, 주 앞에

입맞춤과 술을 주고, 죽음 이긴 벗 주네. 벌레들도 기쁨 얻고, 천사 섰네, 주 앞에

천사 섰네, 주 앞에, 주 앞에, 주님 앞에

기뻐, 기뻐, 주님의 태양, 하늘 평원 지나듯, 달려가라, 너희 길, 승리 찾는 영웅처럼.

얼싸 안세, 만민들아! 입 맞추세, 온 세상!

별의 장막 위에서 사랑의 주 사십니다.

(이후 반복)

Chapter **05**

낭만파 음악의 위대함과 모순

개성의 시대로 접어든 19세기 음악 | 음악 학교와 음악 비평이 생기다 | 허세와 물량 작전 | 파리 중심의 그랜드 오페라와 살롱 음악 | 가이 버전 살롱 음악의 전성기 | 사교 음악에 반기를 든 독일의 경건 음악 | 19세기 독일 음악의 세 가지 방향 | 음악에 있어 감동의 탄생

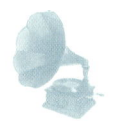

🌊 개성의 시대로 접어든 19세기 음악

19세기는 서양 음악사 중에서도 가장 매력적인 시대이다. 그렇지만 동시에 음악의 역사에 대해 이야기하는 것이 가장 어려운 시대이기도 하다. 슈베르트, 슈만, 리스트, 바그너, 브람스, 베를리오즈, 로시니, 비발디, 스메타나, 드보르자크(드보르작), 차이코프스키 등 이 시대에는 우리에게 친숙한 '대작곡가'의 이름이 잇달아 늘어서 있다.

예전 초등학교 음악 교실에 붙어 있던 대작곡가들의 초상화 대부분이 19세기의 사람이다. 그럼에도 불구하고 이 시대의 음악사를 이야기하는 것이 왜 그렇게 어려운 것일까? 그 이유는 바로 이들 각각의 위대한 개성이 눈부실 정도로 다양

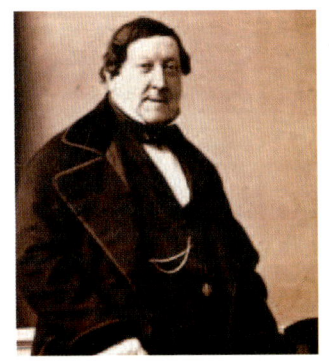

로시니[Gioacchino Antonio Rossini, 1792~1868]

했기 때문이다. '음악사를 말한다'는 것은 단순히 대작곡가와 명곡의 제목을 열거해 가는 일이 아니다. 음악사는 명곡 안내와는 다르다. 역사를 말한다는 것은 다양함을 수렴하는 '궤적'을 찾아내는 것이다.

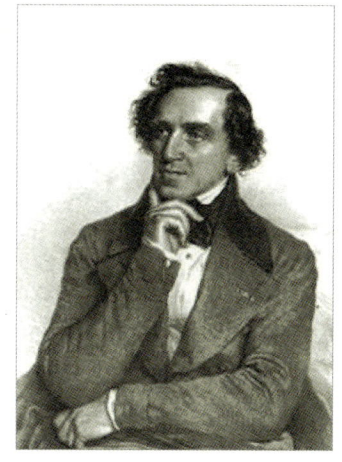

마이어베어(Glacomo Meyerbeer, 1791~1864)
독일의 작곡가로 치밀한 작곡기법과 이탈리아식 선율, 프랑스식 취미를 절충해 호화로운 의상과 장치를 더욱 극대화했다.

그러나 19세기의 경우 한 명 한 명 작곡가의 개성이 너무나 강렬하다. 그렇기 때문에 그것들을 역사라는 길로 안내하는 것이 극도로 어렵다. 어째서 19세기에는 이렇게나 다양한 개성이 한번에 피어난 것일까? 이것과 밀접한 관계가 있는 것이 이 시대에 생겨난 새로운 청취층이다.

이 시대는 18세기 이래 음악 시민화의 흐름이 더욱 가속화되어 완성에 이른 시대이다. 그전까지 실질적으로 귀족과 교회의 독점물이었던 음악을 이제는 시민들도 즐길 수 있게 된 것이다. 그들도 오페라 극장에 좌석을 잡고, 오케스트라의 정기 연주회에 다니며, 피아노를 구입하여 딸에게 배우게 할 수 있게 되었다. 시민에게 '음악이 있는 삶'은 '노력 여하에 따라 얻을 수 있는 한 단계 위의 생활'을 상징하는 것이 되었다.

오페라 극장, 콘서트 홀, 살롱, 자택의 거실, 어디서든 음악에 귀기울이면 그들에게 새로운 좋은 시대가 온다는 것, 그리고 자신들 또한 상류 사회의 일원으로 참여하게 된다는 것을 절실히 느꼈을 것이다. 사람들이 다투어 '음악'이라는 브랜드를 구하기 시작한 시대, 그전까지는 생각할 수 없을 정도로 폭넓은 청중이 출현한 시대, 그것이 바로 19세기였던 것이다.

물론 이러한 변화는 먼저 음악가에게도 가장 반가운 소식이었다.

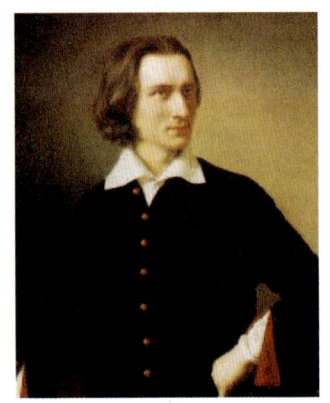

프란츠 리스트[Franz Liszt, 1811~1886]

제4장에서도 말했던 것처럼 이제는 후원자의 취향에 속박당하지 않고 자유롭게 '자신을 세상에 묻는 것'이 가능해진 것이다. 게다가 인기를 얻게 되면 전 유럽에 자신의 이름이 널리 알려지고 고액의 보수도 받을 수 있다. 로시니나 마이어베어, 리스트, 베르디가 누린 사회로부터의 존경과 엄청난 보수는 이전 세기에서는 생각할 수도 없었던 것이었다.

그렇다면 새로운 사회에 자신을 알리기 위해 가장 필요했던 것은 무엇일까? 종래의 작곡가는 후원자의 요구에 따라 축전 음악이든 오페라 세리오든 오페라 부파든 미사든 트리오 소나타든 무엇이든지 써야 했다. 그들은 여러 가지 '형식'을 완벽하게 익히고 있어 요구받은 것이 어떤 것이든 솜씨 좋게 만들어내는 기술자일 뿐 독창적인 예술가는 아니었다.

하지만 자유 시장에서 위력을 발휘하는 것은 무엇보다 강렬한 개성이었다. 남들보다 튀지 않으면 묻혀버린다. 그런 면에서 기술자는 불리하다. 19세기가 되면 멘델스존과 브람스와 같이 교향곡에서 협주곡, 현악4중주, 피아노곡, 가곡, 무반주 합창곡까지 뭐든 골고루 쉽게 쓰던 사람들은 '아카데믹'이란 부정적인 딱지가 붙는 경우가 많아졌다.

대조적으로 그다지 취미가 좋다고는 할 수 없지만 강렬한 개성을 갖는 베를리오즈, 리스트, 혹은 자신의 특기 장르에 창작을 집중하던 쇼팽과 바그너(시기마다 특정 장르만을 집중적으로 쓴 슈만도 이 타입이라고 할 수 있을 것이다) 등은 19세기 음악사의 영웅이 되었다. '기술자의 솜씨'에서 '예술가의 독창성'으로 변화한 것은 19세기 음악사의 큰 흐름의 하나이며, 그 배경이 되는 것이 음악의 자유 시장 형성이었다.

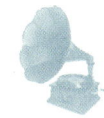

❧ 음악 학교와 음악 비평이 생기다

19세기에 들어서면서 귀족과 교회는 음악의 후원자라는 그때까지의 특권적 지위를 시민에게 양보하고 음악사의 무대에서 거의 완전히 퇴장해버린다. 대신 공개 연주회가 정착되고, 돈을 내면 누구나가 음악을 들을 수 있게 되었으며, 악보 출판이 크게 융성하였다. 적어도 이념적으로는 작곡가들이 연주회나 악보를 통해 스스로의

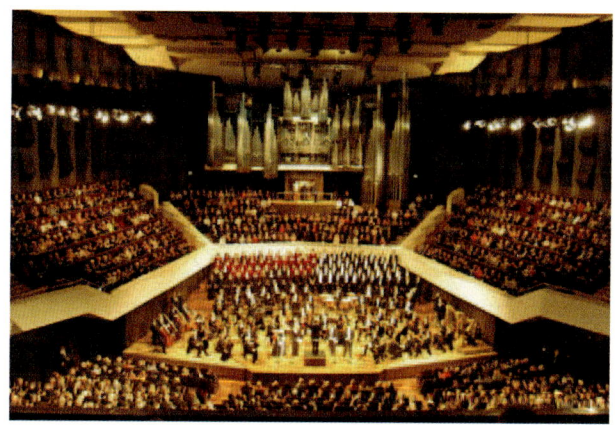

라이프치히의 게반트하우스 연주회 모습
라이프치히의 게반트하우스에서는 이미 18세기 끝 무렵부터 공개 연주회가 정기적으로 열리고 있었다. 원칙으로는 모든 시민에게 열린 연주회였으나 실질적으로는 그렇지 못했다.

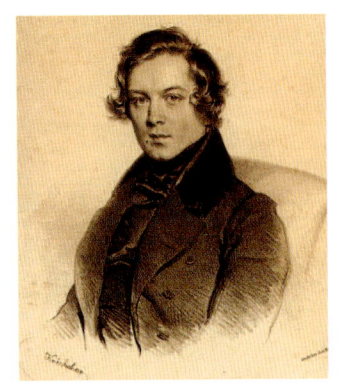

슈만 [1810~1856]
독일의 작곡가로 낭만주의와 슈베르트의
영향을 받았으며, 피아노 독주곡과 가곡 작
곡에 뛰어났다. '피아노 협주곡', '사육
제' 등 수많은 작품들이 있는데 대부분이
시적 서정성이 담긴 낭만주의 향기가 풍기
는 표제적인 음악이다. 『음악신보』라는 잡
지를 발행하여 평론 활동도 하였으며 여기
서 쇼팽과 브람스를 소개하였다.

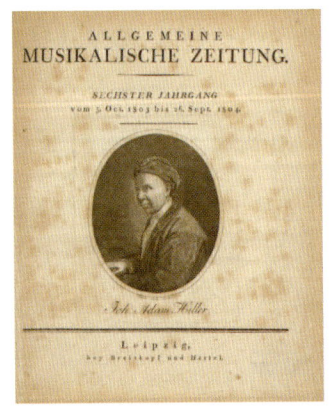

『음악신보』 표지

힘으로 '공론'에 호소하는 것이 가능해졌다. 이리하여(그런 것
이 정말로 가능한지 어떨지는 별도로) 예전에 귀족의 사적인 '취미'였
던 음악을 보다 '공정하게' 판단하기 위해 음악 평론이 등장
하게 되었다.

무수한 음악 잡지가 창간되고, 새롭게 출판된 악보의 거의
전부가, 그리고 평판이 난 연주회나 오페라 공연의 대다수가
비평의 대상이 되었다(슈만이나 베를리오즈도 또한 음악 비평가로서 활
발한 활동을 하고 있었다). 이것은 현대의 새 음반 CD의 대부분이
음악 잡지에서 평가되는 것과 같은 상황이다.

19세기의 음악 비평의 궁극의 사명은 '연주회라는 공공 공
간에서 연주되기에 걸맞는 작품' = '오래도록 들을 가치가 있
는 기념비적인 작품'을 선정하는 것이라고 생각하면 될 것이
다. 아직 알려지지 않은 우수한 재능을 세상으로 배출하는 것
이다. 잡지 『음악신보 Allgemeine Musikalische Zeitung』에서 슈
만이 쇼팽(1810~1849년)을 소개할 때 "제군, 모자를 벗어라, 천
재가 나타났다!"라는 말을 한 것으로 유명하다. 이것은 아직
탄생한지 얼마 되지 않았던 당시 음악 비평의 앳되고 높은 자
긍심을 보여주는 대목이다.

수많은 '명곡 레퍼토리'가 19세기부터 20세기 전반에 확
립되고 20세기 후반에는 '명곡을 연주한 음악 중 오래도록
들을 만한 가치가 있는 연주'를 고르는 것이 음악 비평의 주요한 역할
이 되었다.

이런 '후세에 남을 명작을 선정한다'는 비평은 동시대뿐만이 아니

라, 과거의 음악에도 미치기 시작했다. 슈베르트의 교향곡 제 7(9)번 '그레이트'와 유작인 3대의 피아노 소나타를 발굴해 낸 음악 비평가로서 슈만, 비평가는 아니었지만 바흐의 '마태 수난곡'을 100년 만에 부활시켜 연주한 <u>멘델스존</u> 등이 전형적인 예이다.

또 베를리오즈도 베토벤의 위대함을 칭찬해마지 않았다(당시는 아직 비평가와 작곡가가 오늘날처럼 완전히 분리되지 않았다). 특히 독일어권의 경우, 프랑스와 이탈리아에 대항하려는 '문화 내셔널리즘'이 더해져 비평가와 학자들은 과거 자국의 대작곡가를 차례로 발굴하며 그 '위대함'을 칭송하는 경향이 있었다.

19세기는 바흐와 헨델, 모차르트와 베토벤과 같은 '대작곡가'의 전기가 잇달아 나오고, 그 자료와 작품 목록이 정리되어진 시대이기도 했다.

비평과 전기로 명작을 발견한다고 한다면 그것을 소중하게 보존해 가는 데 빼놓을 수 없는 것이 바로 음악 학교이다. 근대적 음악 학교의 모델이 된 것은 1792년에 만들어진 파리 음악원이다(베네치아와 나폴리 등 이탈리아에서는 그 이전에도 음악 학교가 있었지만, 그것들은 고아원과 같은 성격을 갖고 있었다). 그리고 음악 학교라는 제도가 정착한 것은 실질적으로 19세기의 일이다.

프라하(1811년), 빈(1817년), 밀라노(1824년), 라이프치히(1843년), 베를린(1850년), 모스크바(1866년) 등에서 유명한 음악 학교가 잇달아 설립된다. 음악 학교에서 시행하는 교육 제도는 봉건적인 제자 제도가 아닌 어느 정도 재능이 있는 학생들이면 누구나가 음악의 체계적인 고등교

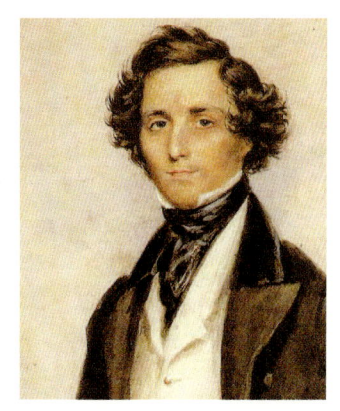

멘델스존[Jacob Ludwig Felix Mendelssohn-Bartholdy, 1809~1847]
독일의 작곡가·지휘자·피아니스트로 슈만과 라이프치히 음악 학교를 설립하였고 고금의 명곡과 신작 소개에 주력하였다. 짧은 생애 동안 고전주의 낭만파 음악의 대작곡가라는 명성과 함께 '이탈리아 교향곡', '바이올린 협주곡', '무언가 無言歌', 소나타, 푸카, 오라토리오, '한 여름밤의 꿈', '안티고네' 등 수많은 작품을 남겼다.

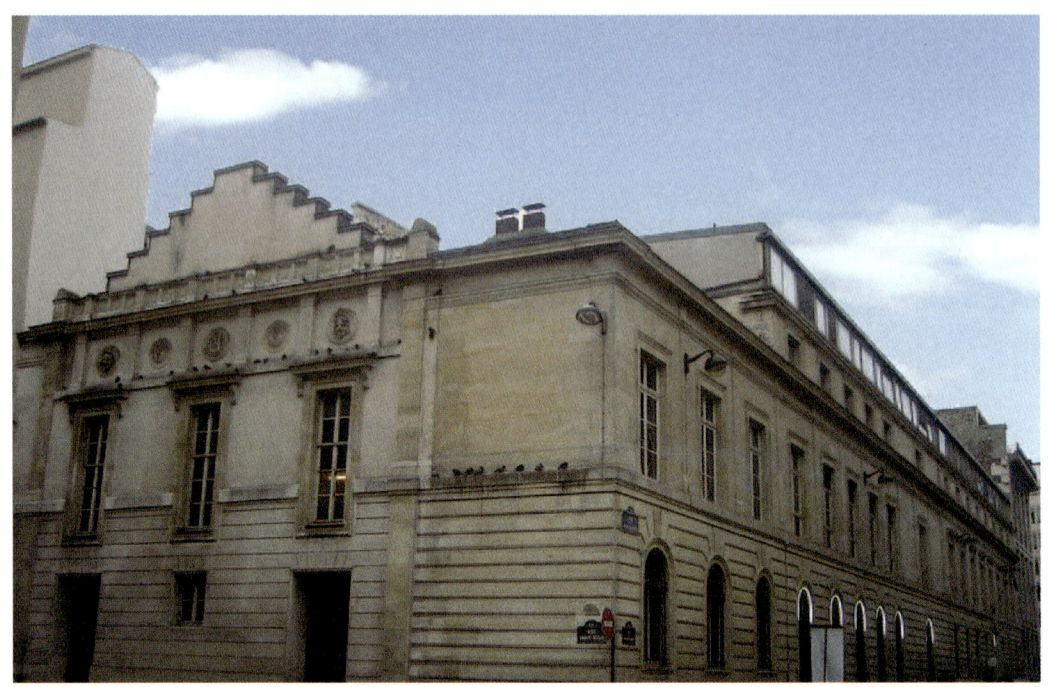

파리 음악원
프랑스 최고(最古)의 음악 학교로, 1784년에 설립된 왕립 가창 학교와 1792년에 설립된 국립 음악 학교를 통합해 설립하였는데 당시엔 주로 극장에서 연주하던 교향곡을 공영 연주회장으로서 처음으로 공연한 곳이다.

육을 받을 수 있는 민주적 제도였다. 이 또한 19세기 '음악 공공화'의 산물이었다.

오늘날의 '음악 공부'는 거의 '악기 연주의 공부(바이올린 공부, 플루트 공부 등등)'와 같은 의미이다. 하지만 18세기까지는 제자 제도로 음악가를 양성했다. 따라서 이 시대의 음악 학습은 무엇보다 '작곡 공부'를 의미했다. 음악가는 어디까지나 자신의 작품을 자신의 연주로 사람들 앞에 내보이기 위해 악기를 배웠다. 독주자의 경우 연주란 기본적으로 자신의 작품을 스스로 연주하기 위한 것이었다.

그에 비해 음악 학교의 경우 입학 초기부터 '전공'이 정해져 있다. 바이올린과나 피아노과에 입학한 학생은 오로지 자신이 전공하는 악기만을 배운다. 게다가 '거장의 명작'을 그대로 배우게 된다. 자신이 만든 곡을 레슨에 가져가는 바이올린과 학생은 상상도 할 수 없을 것이다. 이런 '음악 학교에서 과거의 우수한 레퍼토리를 배운다'라는 제도 또한 '명작의 성립'을 재촉한 요인 중 하나였다고 생각된다.

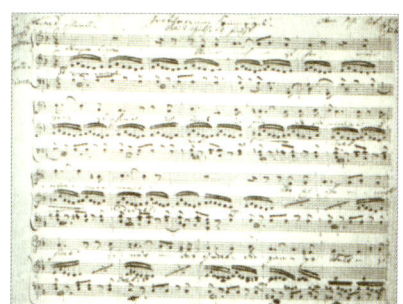

슈베르트 '실을 잣는 크레트헨'의 자필 악보
괴테의 시에 많은 곡을 붙였는데 이 작품은 괴테의 '파우스트'에서 영감을 얻어 작곡한 곡이다.

특히 독일의 음악 학교에서는 바흐나 모차르트, 베토벤의 작품을 마치 성가처럼 외경심을 갖고 가르치며 배우고 있었다. 극단적으로 말해 18세기까지의 음악은 기본적으로 한 번(혹은 수회) 연주하면 그걸로 끝나는 소모품이었다. 오페라의 경우 히트한 작품이 다른 도시에서도 상연되는 경우는 있었지만 그래도 몇 년 지나면 레퍼토리에서 사라지는 것이 보통이었다. 중요한 것은 '그 때 그 장소에서 수요를 충족시키는 것'(구체적으로는 후원자의 요구에 응하는 것)이었다.

작곡가들에게 '영속적으로 레퍼토리에 남는 것을 쓴다'는 의식은 별로 없었다. 그런 의미에서 18세기까지 서양 음악의 작곡 의식은 오늘의 대중 음악과 그다지 다름없었다고 생각해도 될 것이다. 그에 비해 19세기는 '명작'을 축으로 음악사가 전개되기 시작한 시대였다.

과거의 위대한 음악이 연주회 레퍼토리에 도입된 것은 19세기(특히 후반)가 되고나서부터이다. 바흐는 팔레스트리나를 알고 있었지만, 그것을 연주회에서 연주하지는 않았다(단 그는 헨델의 '메시아'를 편곡했다. 헨델은 음악 사상 처음으로 사후에도 지속적으로 그 작품이 '명작'으로서 상연된 작곡가이다).

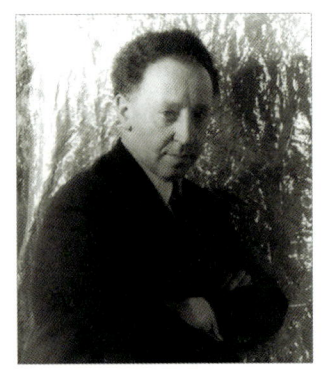
아르투르 루빈스타인[Artur Rubinstein,
1887~1982]

하지만 멘델스존과 리스트, 클라라 슈만, 아르투르 루빈스타인, 한스 귀도 폰 뷜로는 바흐와 베토벤의 곡을 연주회에서 연주했다. 19세기의 연주회는 과거에 있었던 불멸의 걸작을 진열하는 소리의 미술관이 되기 시작한 것이다.

이리하여 19세기의 작곡가들 사이에서는 '바흐와 베토벤의 옆에 서도 부끄럽지 않은 불멸의 명작을 써야 한다' 라는 사명감이 싹트기 시작한다.

18세기까지 연주되던 작품은 원칙적으로 동시대의 작품뿐이었다. 그에 반해, 19세기의 공개 연주회에서는 과거의 명작과 신작이 함께 연주되었다. 따라서 작곡가가 '위대한 과거' 를 의식하게 된 것은 당연할 것이다. 자신이 쓴 연주회용 서곡이 빈번히 베토벤의 교향곡에 앞서 연주되기 시작했다. 이것은 작곡가에게 있어 큰 압박이었을 것이다.

슈베르트는 많은 교향곡과 피아노 소나타를 구상하고도 이를 파기하였으며, 슈만과 브람스는 첫 교향곡을 쓸 때까지 엄청난 시간이 걸려야 했다. 그것은 모두 과거의 위대한 명작(구체적으로는 베토벤)에 대한 일종의 오이디푸스 콤플렉스 때문이라고 생각된다. 이는 '교향곡을 쓰거나 혹은 피아노 소나타를 쓰는 이상 베토벤에 필적하는 것을 써야

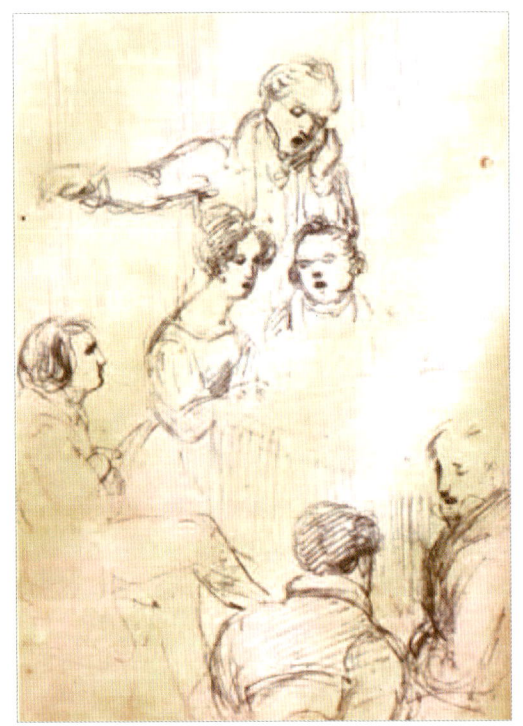
피아노 치는 슈베르트와 노래하는 미하엘 포글발트, 뮐러 作

한다' 라는 과도한 부담과 같은 것이다.

리스트나 바그너가 '미래 음악'이라고 말한 것이나, 말러가 '드디어 나의 시대가 온다'고 말한 배경에도 이런 역사 의식이 있었다.

"작곡가에게 중요한 것은 '과거'의 커다란 유산에 필적하는 기념비를 '미래'에 남기는 것이다. '현재'는 하찮은 것이다", "너무나 위대한 것은 천박한 동시대인은 받아들일 수 없는 것이다"와 같은 사고는 특히 독일에서 강하게 나타났다. 이것은 '눈앞의 수요의 충족'을 우선시 하던 프랑스나 이탈리아의 작곡가와는 대조적이었다. 특히 절대적인 인기를 자랑하던 로시니나 마이어베어(그는 베를린에서 태어난 유대인으로 그의 오페라는 파리에서 대성공했다)는 슈만과 바그너의 원망과 한탄의 표적이 되어 집요하게 '동시대인의 경박한 취향의 영합'이란 비난을 받아야 했다.

이리하여 19세기에는 '시대를 뛰어넘는 독일의 위대한 작곡가 vs 이탈리아와 프랑스의 경박한 유행 음악'이란 도식이 만들어지게 된다. 이에 대해서는 뒤에서 상세히 말하도록 하겠다.

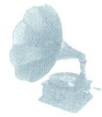

～ 허세와 물량 작전

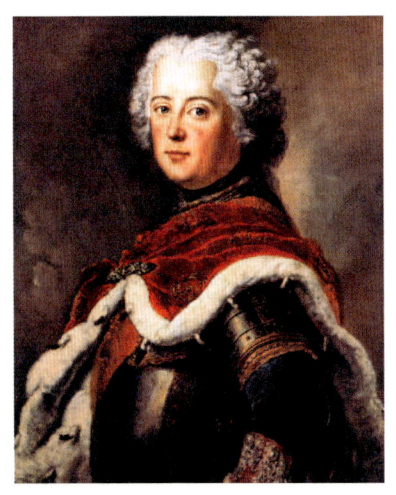

프리드리히 대왕
프로이센의 왕으로 플루트에 아주 뛰어난 명수였다.

　19세기는 그때까지는 생각할 수 없었을 정도로 넓은 청중층이 출현한 시대였다. 그렇지만 이러한 음악의 민주화가(집단화 현상의 관례로) 청중의 질 저하를 초래한 것 또한 부정할 수 없는 사실이다. 18세기까지의 후원자들 중에서는 곡을 고르는 데 심미안을 가진 사람들이 많이 있었다.

　프로이센의 프리드리히 대왕은 크반츠를 플루트 교사로서 고용하고 있었으며, 도메니코 스칼라티는 포르투갈 왕녀의 쳄발로 가정교사였다. 또한 헝가리의 에스테르하지가(家)의 전속 음악가는 하이든이었으며, 베토

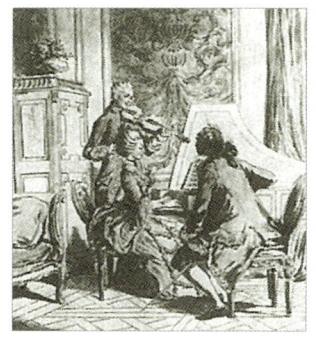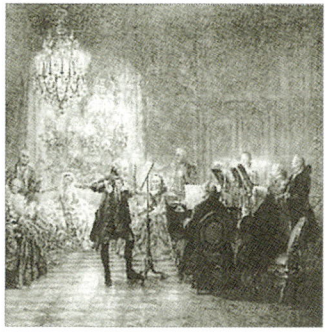

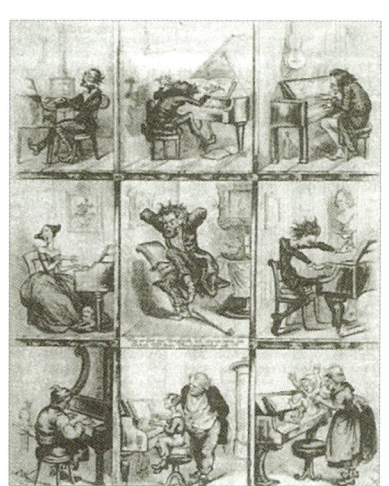

젊은 귀족의 바이올린 연주에 쳄발로를 치는 18세기 귀부인(왼쪽), 플루트의 명수로 유명한 프로이센의 프리드리히 대왕(중앙), 그리고 19세기 중반 '1851년에 피아노를 치지 않는 사람은 얼마나 불행한가!' 란 제목의 캐리커처(어중이 떠중이 모두 피아니스트가 되려고 하는 모습이 재미있게 그려져 있다)이다. 이것을 비교해 보면 19세기의 음악 대중화에 대하여 확실히 알 수 있을 것이다.

벤의 귀족 후원자 중에는 직업 음악가를 능가하는 피아노 솜씨를 가진 사람도 있었다. 그에 반해 19세기가 되면서 귀족 흉내를 내며 오페라나 연주회에 모이는 벼락부자 '스노브(속물, 잘난 체하는 사람)'가 대량으로 출현하기 시작한다.

이런 사정을 대변해 주는 사람이 베토벤의 제자이며 수많은 피아노 연습곡으로 유명한 카를 체르니(1791~1857년)이다. 그의 말에 의하면 한 패시지를 느린 템포로 조용하게 레가토로 아름답게 쳐도 그다지 박자를 얻을 수 없다. 그보다도 그 패시지를 스타카토로 빠르게, 그리고 발랄하게 치는 편이 낫다고 한다.

체르니는 "결국 청중의 대부분은 감명을 전하는 것보다 앗 하고 놀라게 하는 편이 낫다"며 "이런 옥석이 뒤섞인 많은 청중에게는 무언가 굉장한 것으로 기습할 필요가 있

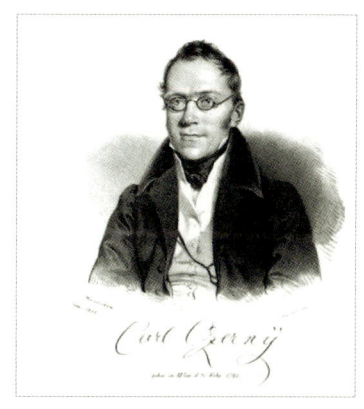

카를 체르니 [Carl Czerny, 1791~1857]

오스트리아의 피아노 연주가이자 작곡가, 음악 교육가로 10세 때 베토벤의 제자가 될 만큼 뛰어난 재능을 가졌으며 탈베르크, 리스트 등 제자 육성에도 힘썼다. 연습곡 형태의 수많은 작품들은 오늘날에도 중요한 초보적 연습곡으로 쓰이고 있으며, 피아노 교본 『피아노포르테의 이론과 실제 전집』과 함께 『왼손을 위한 연습곡』, 『서주와 푸가』 등 다양한 작품을 남겼다.

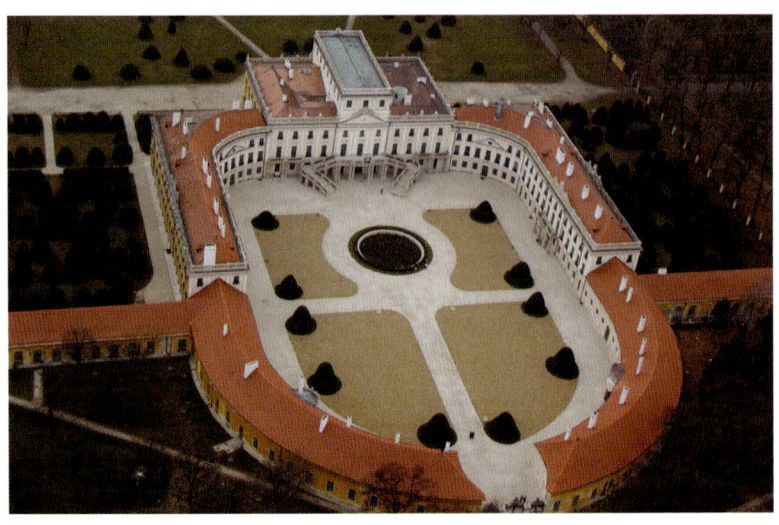

하이든이 전속 음악가로 있던 에스테르하지의 전경

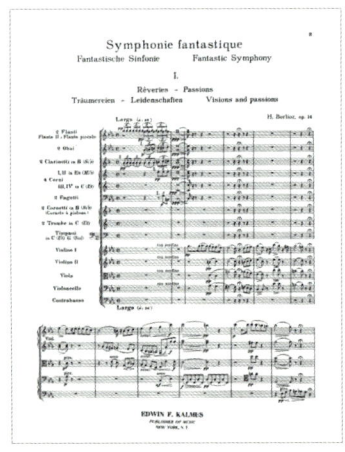

환상 교향곡

베를리오즈의 교향곡으로 '어느 예술가의 생애 이야기'라는 부제가 있다. '꿈과 정열', '무도회', '들의 풍경', '단두대로의 행진', '바르푸르기스의 밤의 꿈' 등 5악장으로 된 이 작품은 낭만파 표제 음악의 최초의 중요한 작품으로 리스트, 바그너 등에게 큰 영향을 미쳤다.

다"고 이야기한다. 이는 1830년에 출판된 교본 『연주에 대해서』에서 나오는 말이다. 이제 청중들은 섬세함과 지적인 재미보다는 깜짝 놀라는 것을 원하기 시작한다. 이런 청중의 출현은 음악의 모습에 근본적인 변화를 가져오게 된다. 그것은 이른바 '작곡 원리로서의 허세'이다.

19세기의 많은 작곡가가 무기로 사용한 것은 큰 음량과 고도의 연주 기술로, 이를 이용하여 음악가들은 '관중들을 감탄하게 하는 효과'를 내고자 했다. 때문에 오케스트라는 끝없이 팽창해 갔다. 1830년(베토벤이 죽고 3년 후)에 처음 연주된 베를리오즈의 '환상 교향곡'에서는 이미 2개의 코넷과 튜바, 3개의 트롬본, 2대의 팀파니(제3악장에는 4명의 주자가 이것을 두드린다), 큰북과 심벌즈와 종 등을 포함한 맘모스 오케스트라를 필요로 하고 있다.

바그너와 말러, 슈트라우스에 대해서는 말할 것도 없을 것이다. 19세기에는 피아노도 그때까지의 약해 보이는 목제 상자에서 철골의 뼈대를 탑재한 거대한 '검정색 머신'으로 변한다.

바이올린 또한 대음량을 위해 현의 탄력을 높이는 수많은 고안을 짜내었다(안쪽을 높이고 목을 길게 하고 힘대를 크게 하는 등). 그다지 알려져 있지 않은 스트라디바리와 아마티라는 바로크 시대의 명기도 이 시대에, 특히 파리에서 음량 증대를 위해 개조될 정도였다.

아마추어는 흉내낼 수 없는 연주 기술이 잇달아 개발된 것도 19세기 음악사의 특징이다. 그 효시가 된 것은 '악마에게 영혼을 팔아 기술을 얻었다'고까지 이야기가 돌던 전설의 바이올리니스트 니콜로 파가니니이다. 중음과 배음 효과, 보통과는 다른 조현(스코르다투라)에 의한 특수 효과 등, 그가 개발한 기술은 그야말로 전대미문의 것이었다.

특히 1831년(베를리오즈의 '환상 교향곡' 초연의 다음 해이며 쇼팽이 파리에 도착한 해이다)에 있었던 그의 파리 데뷔는 많은 작곡가에게 충격을 전해주게 된다. 프란츠 리스트(1811~1886년)는 그의 음악을 듣고 난 후, 그때까지 익혔던 자신의 주법을 완전히 바꾸기를 결심했다고 전해진다(잘 알려져 있듯이 리스트는 체르니의 제자이며 그의 초기 작품은 체르니의 연습곡과 똑같다).

그 결과로 그가 생각해 낸 것이 천둥소리와 같은 옥타브

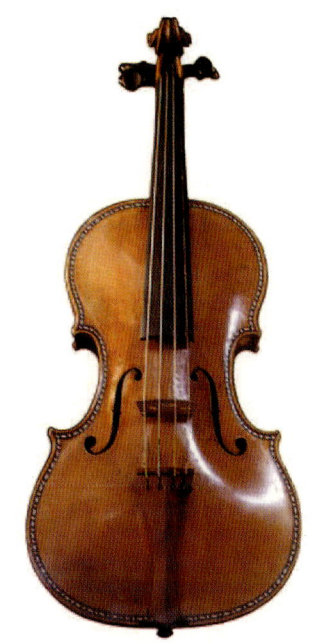

명기 스트라디바리우스 팔라치오 레알 마드리드

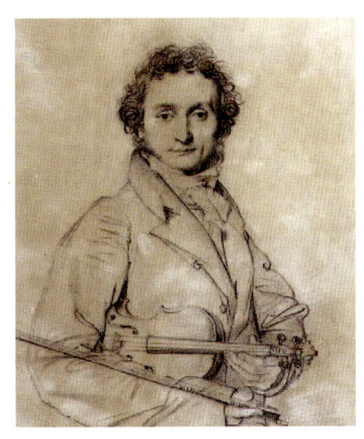

니콜로 파가니니 [1782~1840]
이탈리아의 바이올리니스트이자 작곡가로 아름다운 음색과 즉흥적인 화려함이 특징이다. 그러나 자기의 연주법을 비밀에 붙이고 유파 형성도 관심 없었기 때문에 현재 그 주법은 체계적으로 전해지고 있지 않다.

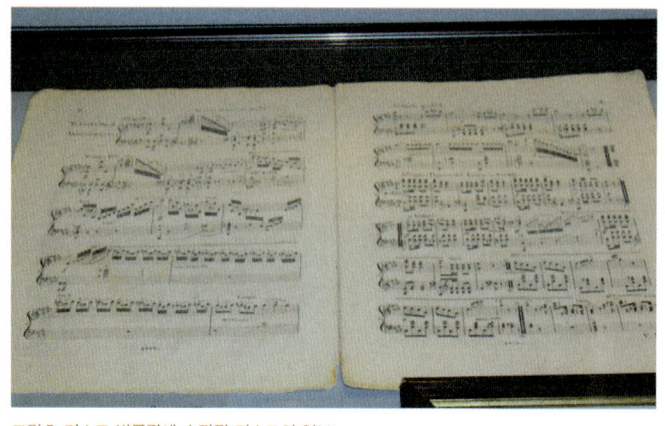

프란츠 리스트 박물관에 소장된 리스트의 악보

와 눈앞에서 아찔해지는 도약, 건반 위를 종횡무진하게 뛰노는 분산화음, 거센 파도와 같은 트레몰로 등의 수많은 기교이다.

물론 연주하기 힘든 기교를 요구하는 작품은 파가니니와 리스트 이전에도, 또한 오늘날에도 있다. 바흐의 '무반주 바이올린 파르티타'와 '골드베르크 변주곡', 혹은 베토벤의 '피아노 소나타 제29번 함머클라비어' 등이 그것이다. 하지만 새로운 연주 기술의 개발 그 자체에 작곡가와 연주가가 사로잡히기 시작한 것은 19세기가 되고부터이다.

피아노에서는 리스트 이외에도 쇼팽이 얼마간의 중요한 기술상의 혁신을 고안했다. 손바닥을 자유자재로 쥐고 피면서 엄청나게 넓은 음역을 쥐는 방법, 중지를 약지에 교차시키도록 하여 반음계를 치는 방법 등이 그것이다.

리스트의 라이벌이었던 지기스문트 탈베르크라는 피아니스트도 잊어서는 안 된다. 그는 오른손과 왼손을 바꿔가며 사용하여 중화음을 연주하는 마술과 같은 기술을 고안했다. 마치 3개의 손으로 치는 것 같은 그 효과는 '탈베르크의 하프'라고 불리며 동시대 사람들을 경악시켰다. 리스트도 '노르마의 회상'(1836년 작품, 리스트의 오페라 중 최고 걸작의 하나이다)의 클

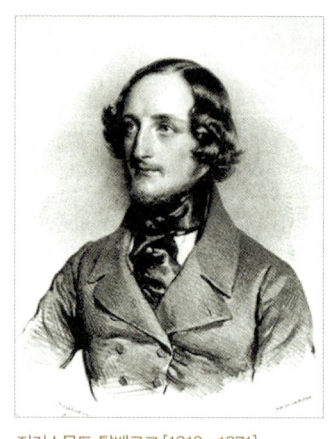

지기스문트 탈베르크 [1812~1871]

당대 최고의 피아노 연주가인 리스트의 가장 큰 라이벌로, 내공류 기법의 피아노 연주의 전형이다. 탈베르크는 팔을 휘두르지 않고, 과장된 몸짓을 하지도 않았으며, 손목과 손가락만으로 힘찬 소리를 연주할 수 있었다.

라이맥스에서 이 기교를 빌려 쓰고 있다. 이처럼 19세기가 됨과 동시에 음악사는 마치 기술 개발 경쟁사와 같은 성격을 띠기 시작하였다.

연습곡에 대해서도 이야기하지 않으면 안 된다. 피아노에서 클레멘티, 크라머, 체르니, 모쉘, 하농, 피쉬나의 연습곡이 없는 레슨은 상상할 수 없을 것이다. 하지만 '연습곡'이 되는 장르가 대량으로 만들어지게 된 것은 사실은 19세기가 되고 나서부터이다. 베토벤과 클레멘티 무렵부터 피아노 연습자에게 요구되는 기술 난이도가 비약적으로 높아졌다.

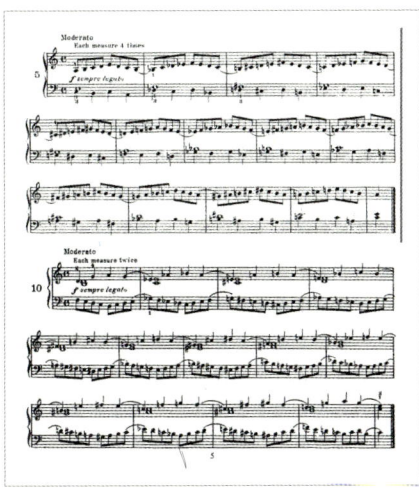

피쉬나 연습곡

그래서 학습자가 효과적으로 기술을 터득할 수 있도록 많은 곡에서 나타나는 어려운 패턴을 골라 체계화시킨 연습곡집이 만들어지게 되었다. 그 최초의 예가 클레멘티의 『파르나소스 산에 이르는 계단』(1817~1826년 출판)이며, 거기에 크라머와 체르니의 연습곡이 이어진다.

18세기에 쓰인 건반 음악의 교본(엠마누엘 바흐의 『클라비아 주법』 등)은 연주 기술을 위한 교재라기보다 '건반 악기를 치는 자의 마음가짐'의 성격이 강했다. 거기에는 주로 음악 이론과 장식음표의 취급 그리고 그 밖의 미학적인 문제에 대해 적혀 있을 뿐 기술에 대한 언급은 거의 없다. 하지만 19세기가 되면서 그때까지와는 대조적으로 이론과 미학은 제쳐놓고 기술만을 목적으로 한 교본이 출판된다.

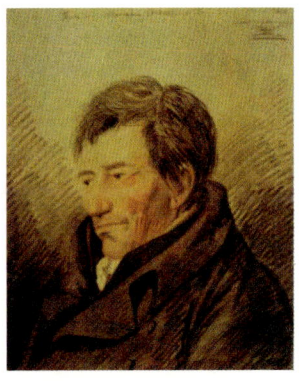

클레멘티 [Muzio Clementi, 1752~1832]
이탈리아 피아니스트로, 1781년 빈에서 모차르트와 경연한 에피소드는 유명하다. 그는 베토벤의 긴걸하고 스케일이 큰 소나타에 큰 영향을 받았다. 모차르트는 클레멘티 연주를 "기계적이며 음악성이 없다"라고 평했으며, 베토벤은 그의 소나타를 간결한 형식과 정신의 새로움 등 배울 점이 많다고 평했다.

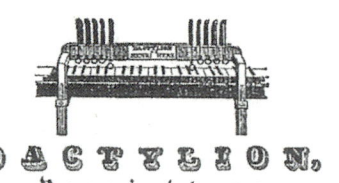

클레멘티와 체르니와 같은 19세기 전반의 연습곡은 무미건조하긴 하지만 아직 '곡'으로서의 체제는 갖추고 있었다. 그에 비해 19세기 후반이 되면, 손가락 연습을 위한 숙련 '드릴'이 많이 출판된다. 피아노 학습자라면 누구나가 알고 있는 하농과 피쉬나 등이 여기에 해당한다. 즉 '도레도레미레미레, 레미레미파미파미, 파솔파솔라솔라솔'과 같은 손가락 연습을 위한 짧은 패턴을 계속 반복하는 종류의 연습곡이다.

이 시대에는 손가락 강화를 목적으로 하는 교정 기구가 많이 만들어졌다. 이런 기구를 사용하여 연습하다가 약지가 움직이지 않게 된 슈만의 에피소드는 유명하다. 그럼에도 불구하고 20세기 초까지 계속하여 이런 손가락 강화 도구가 만들어진다. 덧붙여 왼쪽의 그림은 잡지 『음악신보』에 실린 광고로 (1836년), 당시 스타 피아니스트였던 앙리 헤르츠가 고안한 것이다.

19세기에 한쪽에서는 음악의 '정신성'이 강조되면서 다른 한쪽에서는 연주 기법의 개발에 혈안이 되어 있었다는 것은 아이러니하지 않을 수 없다. 산업혁명과 과학 발명의 시대에 음악 역시 세상의 공업 기술화의 파도에서 도망가지 못했던 것이다.

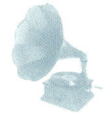

🎶 파리 중심의 그랜드 오페라와 살롱 음악

19세기의 음악은 점점 더 '엄청난 기술을 가진 프로가 무대 위에서 하는 것'이 되어 갔다. 전문 기술로 특화된 음악 교육원이 이런 경향에 박차를 가했다는 것은 말할 필요도 없을 것이다. 연주회 제도와 음악 학교의 성립, 청중의 단체화, 기술 개발에 의한 음량 작전, 무대 위의 '프로'와 객석의 '아마추어'와의 분리, 무대에서 큰 갈채를 받는 스타(연주가의 탄생) 등 이러한 것들은 모든 것이 서로 깊이 연결된 극히 19세기적인 현상이다.

이처럼 '엄청난 기술로 객석을 압도하는 음악'이 특히 발달한 곳은 파리였다. 벤야민의 말에 빗대면, 파리야말로 '19세기의 음악사의 수도'였다. 파가니니도 리스트도 쇼팽도 파리를 목표로 했고, 로시니

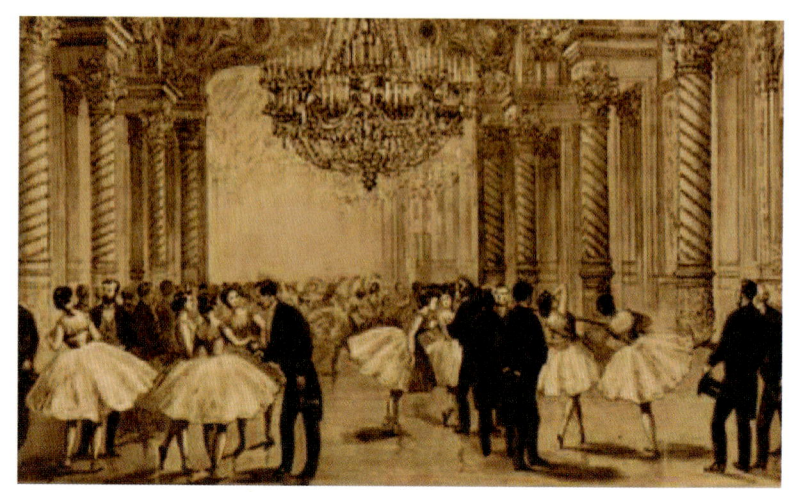

19세기 파리 오페라의 한 장면

와 베르니니는 여기에서 경력을 마쳤다. 또한 젊은 바그너는 파리에서의 성공을 꿈꾸었지만 실패하고 좌절하면서 평생 이 도시를 저주하게 된다.

작곡가에게도 가수에게도 피아니스트에게도 바이올리니스트에게도 '성공'이란 무엇보다 '파리에서의 성공'을 의미했다. 그리고 파리 음악생활의 정점에 위치한 것이 바로 '그랜드 오페라'라는 장르였다.

그랜드 오페라의 선구가 된 것은 켈비니의 '미디어'(1797년)와 스폰티니의 '베스타의 무녀'(둘 다 마리아카라스가 자신 있어 하던 작품이다), 오베르의 '포르티치의 벙어리 소녀'(1828년), 로시니의 마지막 오페라 '윌리엄 텔'(1829년, 로시니를 싫어하는 바그너조차 이 작품에 대

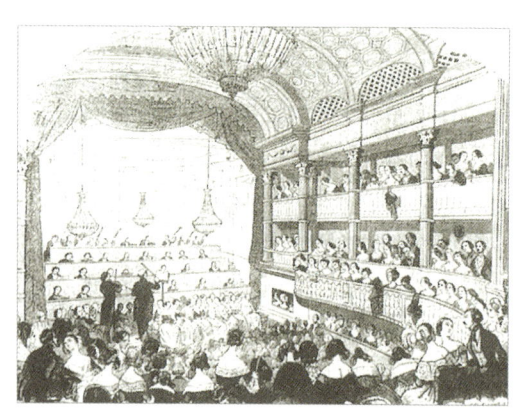

1843년 파리 음악원 홀에서 열린 연주회 모습

콘서트 홀인데도 객석이 아직 오페라 극장과 같은 말굽형으로 만들어져 있는 것을 제외하면 지금 우리에게도 익숙한 풍경이다. 연주회는 이 무렵부터 우리들이 생각하는 '연주회'가 되기 시작한다.

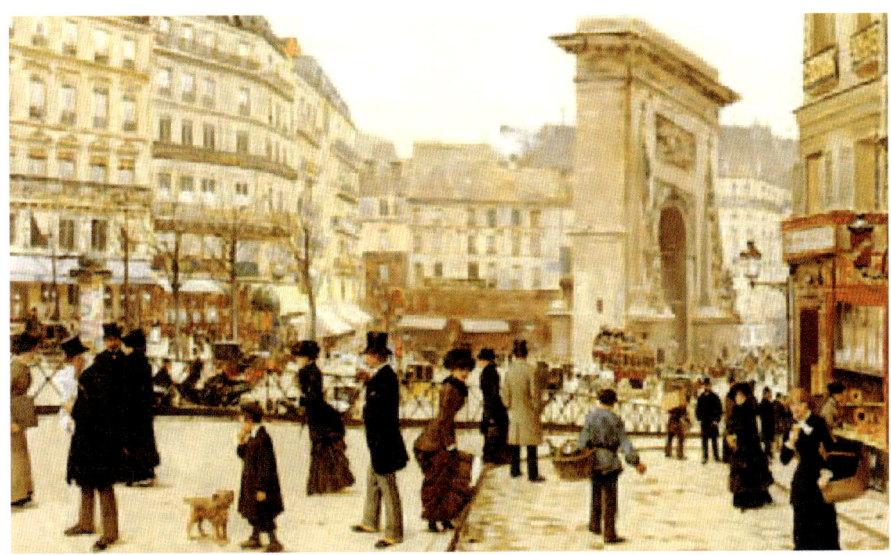

19세기 파리 시민들의 모습

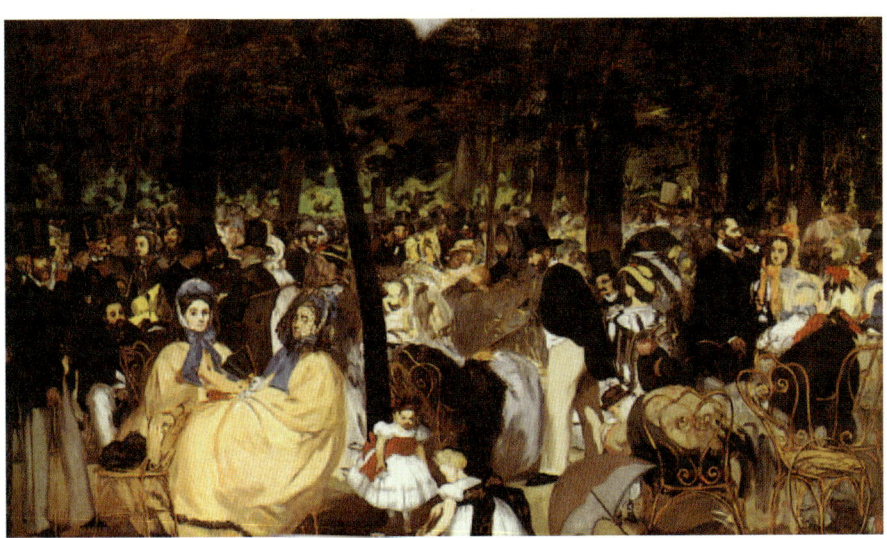

튈르리의 음악 [마네 作. 1862]
19세기 파리의 모습을 그림으로 표현한 마네의 작품으로, 튈르리 공원에 부르주아 예술인들과 문인들이 한자리에 모두
모여 있다. 맨 왼쪽에 마네, 그 옆 외눈안경을 쓰고 지팡이를 짚고 서 있는 이는 발루아 백작, 그 옆에 앉아 있는 턱수염
을 기른 남자는 평론가인 지샤리 아스트뤼크, 정면을 바라보고 앉아 있는 두 여인 중 왼쪽 젊은 여인은 오페라 호프만의
이야기를 작곡한 오펜바하의 아내, 오펜바하는 오른쪽으로 약간 떨어진 곳의 나무 앞에 앉아 있다. 오른쪽으로 나무에 등
을 돌리고 있는 이는 보들레르이다.

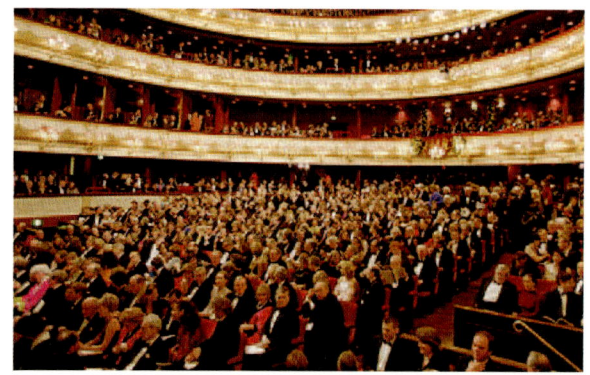

'위그노 교도' 초연 극장
'위그노 교도'가 초연된 런던 로열 오페라 하우스의 모습. 오페라 극장이 자리
잡은 시장의 이름을 딴 코벤트 가든이라는 별칭으로 더 유명하다.

해서는 경외를 감추려 하지 않았다), 마이어베어의 '악마 로베르'(1831년. 이때는 파가니니의 파리 데뷔 해이며, 파리에 와서 얼마 되지 않은 쇼팽은 이 작품을 보고 감탄했다) 등이다.

하지만 그랜드 오페라의 대명사라고 하면 뭐라 해도 지아코모 마이어베어(1791~1864년)의 '위그노 교도'(1836년)를 들 수 있을 것이다. 20세기가 되면서 완전히 레퍼토리에서 사라졌지만 '위그노 교도'야말로 19세기 최대의 히트 오페라이다. 1903년까지 파리에서만 1000회나 상연된 것만 봐도 그 전무후무한 인기를 알 수 있을 것이다.

그랜드 오페라란 5막으로 된 파란만장한 비극적 멜로극이다. 줄거리는 알기 쉬우며 오케스트라는 중후하다. 또한 가수의 볼만한 장면도 가득 준비되어 있으며, 특히 장대한 합창 장면과 발레가 자랑거리이다. 여기에 파리 오페라 극장의 장대한 무대 장치가 더해지면서 틀림없이 효과 만점의 장관이 되었을 것이다. 이런 그랜드 오페라는 지금의 헐리웃 인기 영화의 19세기 버전이라고 할 수 있을 것이다.

베르디(1813~1910년)의 '아이다'와 바그너의 '뉘른베르그의 명가수'도 그랜드 오페라의 영향이 분명한 작품이므로, 이를 떠올리면 이 장르에 대한 대략의 이미지를 떠올릴 수 있을 것이다.

파리에서 그랜드 오페라가 가장 번영했던 시기는 쇼팽과 리스트가 활약하던 1830~1840년대이다. 이 시대에 오페라 극장에 다니는 것

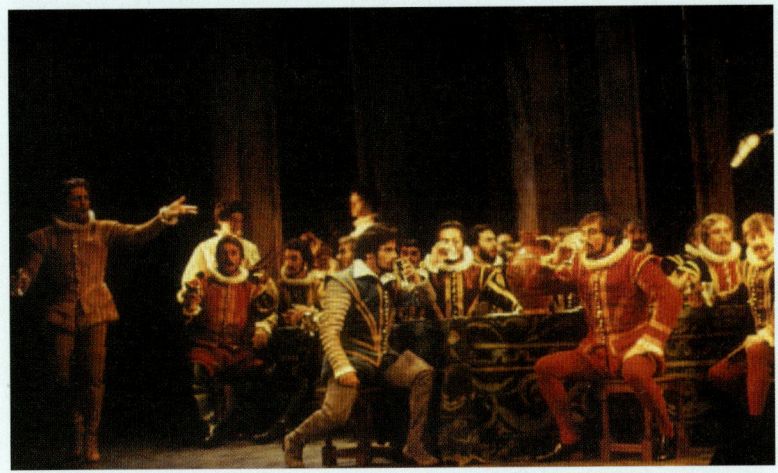

위그노 교도

5막의 그랜드 오페라로 자코모 마이어베어가 작곡한 작품이다. 1572년 프랑스의 로마 가톨릭 교도들이 수천 명의 프랑스 위그노들을 학살한 성 바르톨로메오 축일의 대학살이라는 역사적 사실을 기초하여 대본이 만들어졌고, 1836년 파리의 파리 오페라에서 초연되었다. 이 오페라는 창조된 인물인 로마 가톨릭 교도 발렌틴과 개신교도인 라울과의 사랑을 노래한 작품이다.

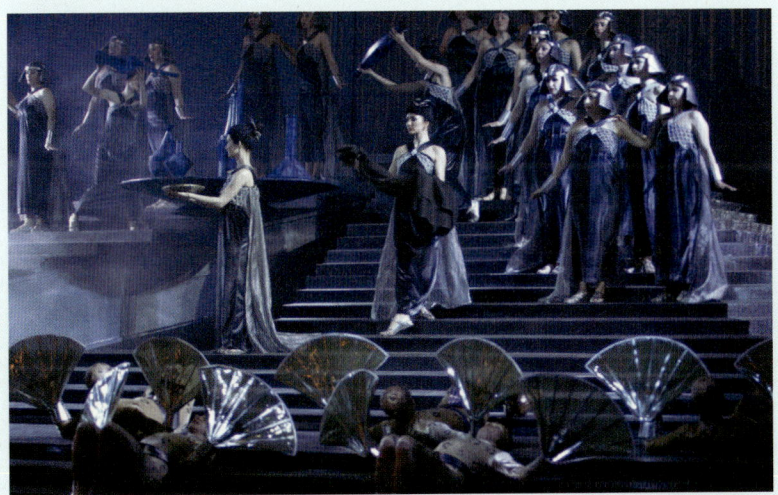

아이다

베르디의 오페라로 1869년 수에즈 운하 개통을 기념하여 카이로에 건립한 오페라 극장 개장식을 위하여 10만 프랑의 사례금을 받고 작곡한 작품이다. 이집트의 무장 라다메스와 포로인 에티오피아의 공주 아이다와의 비련을 그린 작품으로 화려한 음악과 호화로운 무대 장치 등 오페라의 유명한 대작으로 꼽히는데, 라다메스의 '청순한 아이다', 아이다의 '이기고 돌아오라', 제2막 제2장의 '개선 행진곡'이 특히 유명하다.

은 파리의 상류 계급 사람들에게 있어 최고의 '관록'이었다. 이때의 상류 계급은 꼭 귀족뿐만이 아니었다. 혁명의 북새통 속에서 부를 축척한 벼락부자들이 그랜드 오페라의 주된 관객이었다.

그리고 그들은 음악을 각별히 '사랑하여' 오페라 극장에 간 것이 아니다. 그들은 예전 귀족처럼 연미복과 이브닝드레스로 치장하고 호화로운 마차를 타고 샹들리에가 반짝이는 극장에 들어가는 것이 지위의 상징이었기 때문에 오페라에 다닌 것이다. 지금으로 말하면 그것은 졸부가 평판 좋은 뮤지컬을 보러가는 것과 같은 감각일지도 모른다.

19세기의 파리 오페라 극장은 현대에 이르는 '고급 오락 산업인 음악'의 발상지였다.

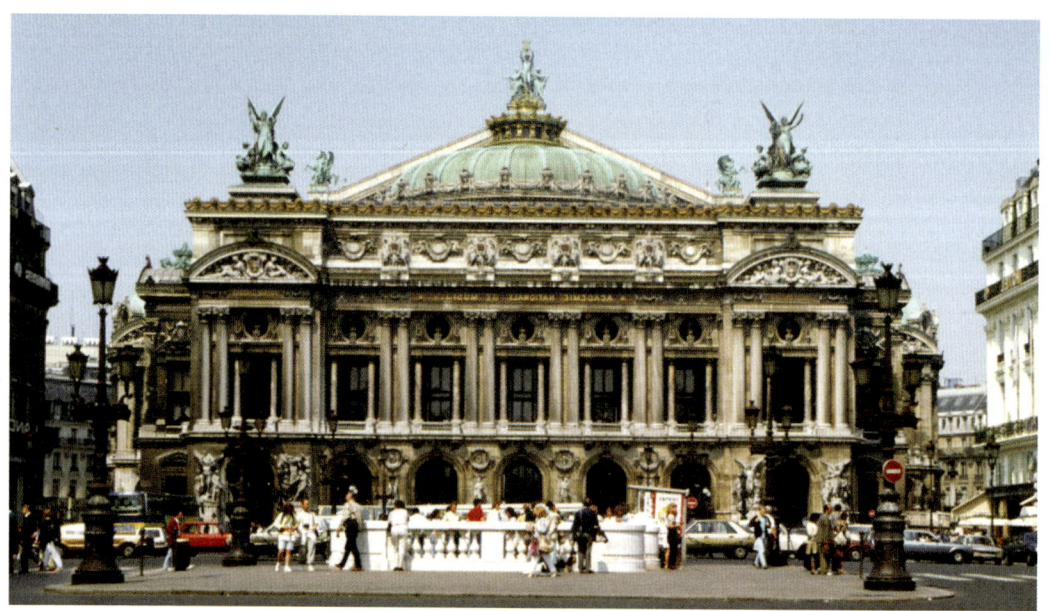

가르니에의 파리 오페라 극장
가르니에가 1861년 설계한 파리 오페라 극장은 19세기 부르주아 벼락부자들의 취미의 상징으로 예를 드는 경우가 많다.

그랜드 오페라와 비견하는 19세기 파리 음악 생활의 상징은 앞에서도 말한 기악 명인들에 의한 살롱 음악이다. 특히 1830년대, 제2의 리스트와 쇼팽과 같은 스타 피아니스트를 목표로 하는 이들이 대량으로 파리에 몰려들었다. 그들이 주로 활동한 곳은 상류 계급의 살롱이었다. 살롱에서 평가를 받아 유력한 후원자를 찾아내기만 하면 작품의 출판과 대회장에서의 연주회와 같은 보다 큰 성공의 길이 열렸다.

그들의 기본 레퍼토리는 즉흥곡과 왈츠, 에튀드, 녹턴과 같은 화려하면서도 우울한 피아노 소품과 오페라 패러프레이즈(오페라의 유명 아리아 등의 선율을 빌려 화려한 기교로 장식한 편곡)였다. 리스트는 '리콜레토 패러프레이즈'(1859년 작곡)를 시작으로 수많은 작품을 남겼으며, 슈만이 '제군, 모자를 벗어라, 천재가 나타났다!'라고 말했던 쇼팽의 작품인 두 변주곡도 모차르트의 '돈 조반니'(돈 조반니와 체르니의 유명한 2중창)의 패러프레이즈이다.

예술의 거장들이 오페라 편곡을 남기고 또 쇼팽을 시작으로 하는 그들의 작품에 벨 칸토 오페라가 강한 영향을 끼친 것은 결코 우연이 아니다. 왜냐하면 그랜드 오페라도 벨 칸토 오페라도 실은 같은 청중층에게 지지받고 있었기 때문이다.

명사(名士)의 저택에서 열리는 파티에 밤마다 나가 유력자에게 아첨하며, 화려한 장식으로 꾸미고, 풍문 이야기에 꽃을 피우는 벼락부자 '스노브'들은 오페라의 주된 관객층임과 동시에 쇼팽과 리스트와 같은 살롱 음악의 청중이었다.

오페라가 없는 날에 그들은 살롱 파티에 나가 한 손에 샴페인을 들고 세상 이야기를 나누며 쇼팽이나 리스트, 탈베르크의 묘기에 박수

벨 칸토 오페라

로시니, 도니제티, 벨리니의 3대 작곡가 시대에 확립된 전형적 이탈리아 오페라 양식으로, 아름다운 선율미, 폭넓은 음역대, 고난도의 초절 기교를 그 특징으로 인간 목소리의 무한한 가능성을 최대한 발휘하도록 만들어졌다. 벨 칸토 오페라들을 부활시킨 마리아 칼라스와 뒤를 이은 루치아 알리베르티가 벨칸토 오페라의 명맥을 이었다.

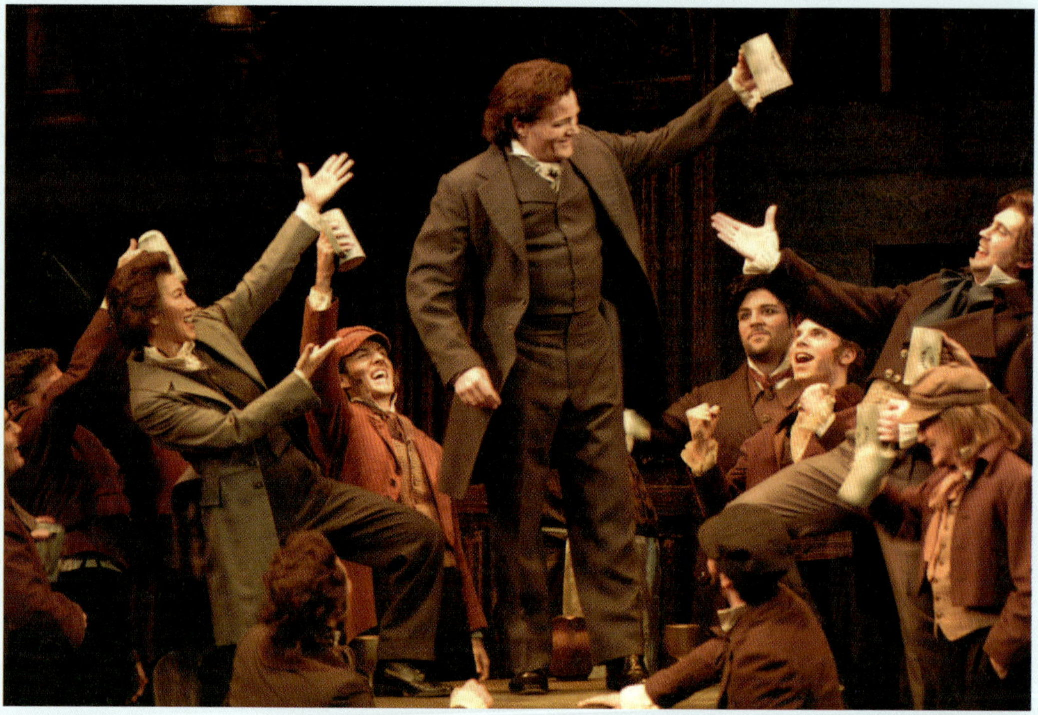

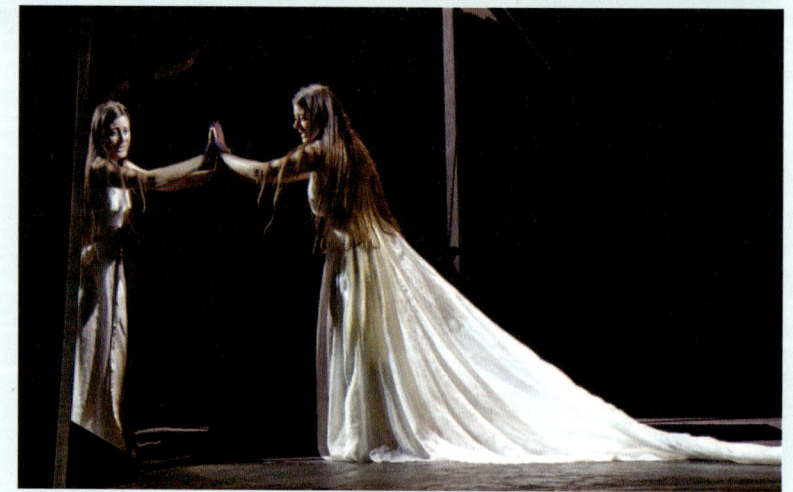

베르디의 오페라 '춘희'의 한
장면

를 보내고 있었을 것이다. 그때 오페라 극장에서 평판이 난 신작 오페라의 화려한 피아노 편곡 등이 연주되면 그들은 크게 기뻐하였을 것이다. 발자크의 '고리오 영감'이나 뒤마 피스의 '춘희'(베르디의 오페라 원작), 프루스트의 '잃어버린 시간을 찾아서'에서 그려진 것 같은 19세기 상류 계급이 거장 음악의 후원자였다.

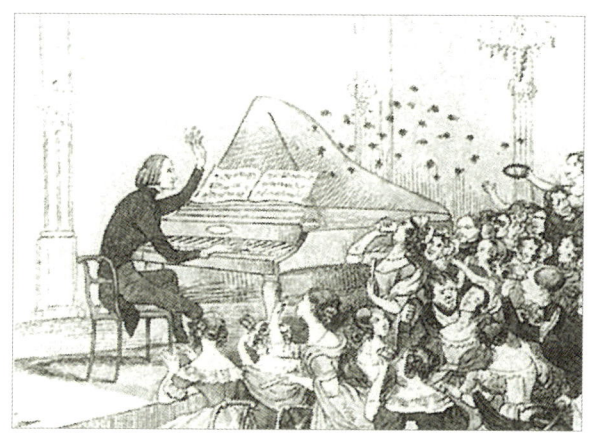

베를린(1841~1842년의 한창 때)에서 리스트의 연주회 모습
리스트의 연주회 모습은 거의 현대의 록 콘서트와 다름없다. 참고로 보면대에 악보가 놓여 있는데, 처음으로 악보를 모두 외워 공개 연주를 한 것은 클라라 슈만이라고 알려져 있다.

　루치노 비스콘티 감독의 영화 『이노센트』의 첫 부분인 사교계 파티 장면에서 리스트의 '에스트장의 분수'와 쇼팽의 '자장가'와 같은 살롱 음악이 연주되고 있다. 이것은 19세기의 살롱 문화를 간접적으로 느끼게 해준다. 또한 19세기의 살롱에 있었던 사람들은 결코 현대 콘서트 홀의 청중처럼 숙연하게 음악에 귀를 기울이고 있었던 것이 아니라는 것을 느낄 수 있을 것이다.

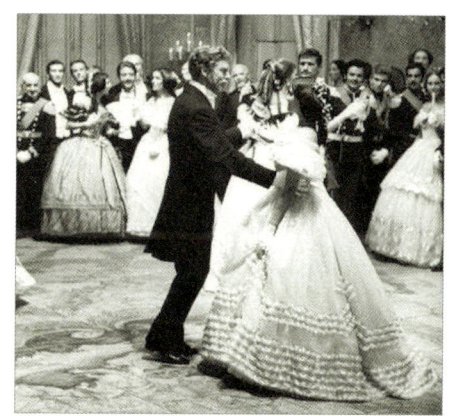

영화 『이노센트』의 파티 장면에서 19세기의 살롱 음악이 연주된다.

〜 간이 버전 살롱 음악의 전성기

　쇼팽과 리스트를 정점으로 하는 살롱 음악의 전통은 주로 두 가지 방향으로 나뉘어갔다고 볼 수 있다. '끊임없는 초절 기교의 추구'라는 면은 주로 러시아 악파(라흐마니노프)에 의해, 그리고 살롱 음악의 '댄디즘의 미학'이라는 면은 포레와 드뷔시, 라벨과 같은 근대 프랑스 악파에 의해 각각 전승되어 갔다. 단, 이런 '예술적 살롱 음악'의 매혹에 눈을 빼앗겨 잊어서는 안 되는 것이 지금은 거의 아무도 기억하지 않는 '간이 버전 살롱 음악'이라고 부를 수 있는 장르이다.

　19세기는 음악이 '브랜드로서 대중화한 시대'였다. 특히 사회적 지위를 나타내는 지표로 오페라를 보러 다니는 것과 비견하는 것이 바로 피아노였다. 19세기의 피아노는 단순한 악기를 넘어 상류 계급의 필수품으로, '잘 사는 가정'의 상징이었다. 19세기의 거의 모든 상류 가정은 거실에 최상품의 고가 그랜드 피아노를 놓고 딸에게 피아노를 가르쳤다. 딱히 귀를 단련하려 하는 것도 아니고 최고급 피아노를 사랑하는 것도 아니지만, 저녁식사 후에는 거실의 안락의자에 앉아 엽궐련(잎을 말아 피우는 담배)을 태우며 딸이 치는 피아노에 귀를 기울이면서 즐거워했다.

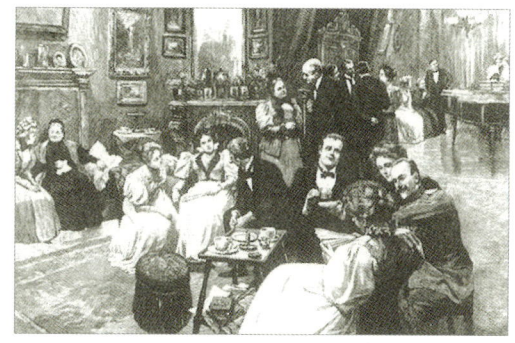

19세기 후반 상류 부르주아의 거실(1880년) 모습

오른쪽 중앙 쪽에서 홍차를 마시고 있는 것이 주인, 그 왼쪽에 있는 것이 딸일까. 전형적인 부르주아 세계의 모습이다. 안쪽에는 고가의 그랜드 피아노가 놓여 있다. 초대된 손님의 딸로 보이는 두 명의 젊은 여성이 부러운 듯 만져보고 있다.

　이런 음악 애호가의 등장은 19세기 음악사를 상징하는 현상 중 하나이다. 이리하여 19세기에 들어가면 대량의 '피아노를 배우는 부잣집 자녀'가 출현하게 된다. 앞서 얘기한 여러 가지 연습곡의 주된 구매층이 그녀들이었다는 것은 말할 것도 없다. '간이 버전 살롱 음악'은 이런 그녀들의 요구에 맞춰 만들어진 것이다.

　간이 버전 살롱 음악(독일에서는 '트리비얼 음악'이나 '키치'라고 불린다)이란 쇼팽의 '녹턴'과 리스트의 '사랑의 꿈'의 감성을 좀 더 통속화하여 기술적으로 아마추어라도 연주할 수 있도록 한 음악이다. 즉, 오늘날 호텔 라운지의 하얀 피아노에서 연주되는 무드 뮤직의 19세기 버전이라고 생각해도 좋다. 그 대부분은 피아노 독주곡이지만 바이올린곡과 성악곡도 있다. 마스네의 '타이스의 명상곡'과 구노의 '아베 마리아' 등이 이런 장르의 전형이다. 쇼팽과 리스트의 초기 작품에도 이런 무드 뮤직과 다름없는 곡들이 있다. 바로 '즉흥 환상곡'과 '이별의 왈츠', '사랑의 꿈' 등인데, 이에 대하여 독일의 음악 전문가들은 '천

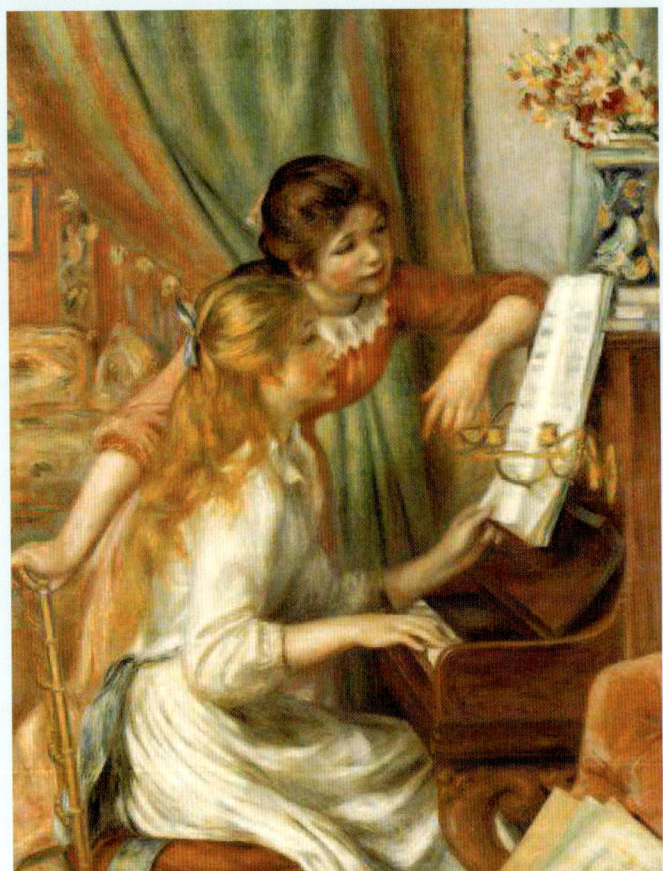

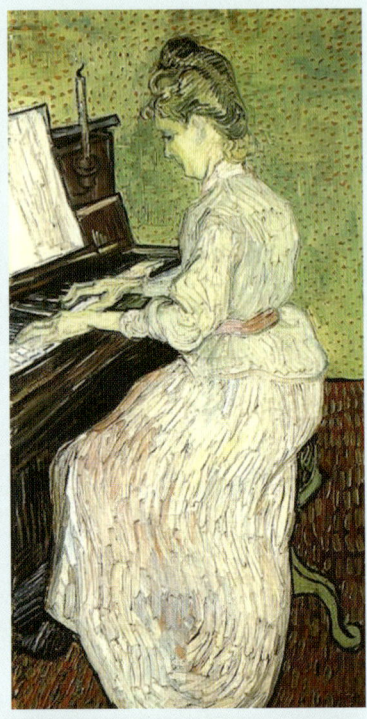

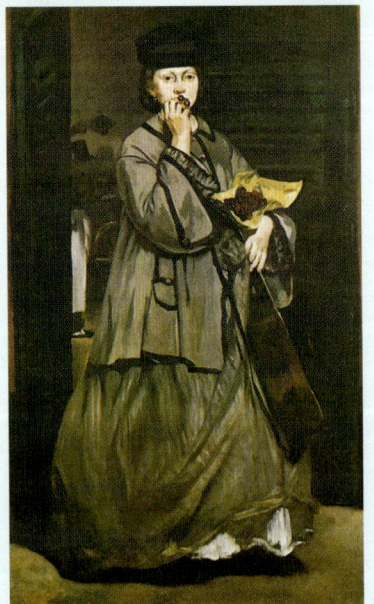

르누아르 '피아노 치는 소녀'(왼쪽), 고흐 '피아노 치는 소녀'(오른쪽 위),
마네 '거리 위의 가수'(오른쪽 아래)

박하다'고 노골적으로 싫은 얼굴을 하였다. 통속적인 음악에
대해 과도할 정도로 거부 반응을 보이는 것은 지금도 남아 있
는 독일 음악 문화의 특징이다.

하지만 이런 종류의 가장 유명한 작품은 폴란드의 여류 작곡
가인 바다르체프스카(1834~1861년)의 '소녀의 기도'(1865년 출판)이
다. 쇼팽 풍이지만 단조로우면서도 과도하게 감상적인 선율, 페
달에 의해 솜사탕처럼 증폭되는 정서, 값싼 드레스 같은 아르페
지오나 장식음으로 꾸며진 패시지, 그리고 싫어도 '꿈을 꾸는
기분'을 불러 일으키는 시적인 제목 등이 이 음악의 특징이다.
르느와르와 고흐는 자주 '피아노 치는 소녀'를 그렸는데 그들
의 모델이 된 '양가의 아가씨'도 '소녀의 기도'와 같은 종류의
노래를 연주하고 있지 않았을까.

지금은 완전히 잊혀졌지만, 19세기에는 이런 종류의 간이 버전 음
악이 믿을 수 없을 정도로 대량 생산되었다. 이것은 19세기의 음악 집
단화를 상징하는 현상이다.

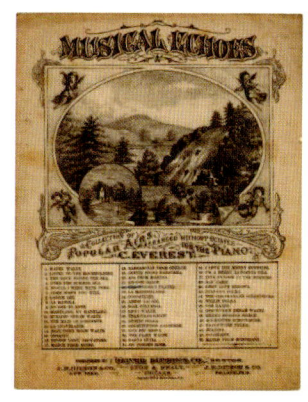

소녀의 기도
19세기 중엽의 폴란드 여류 작곡가이자
피아니스트인 바다르체프스카의 대표곡
으로 살롱 음악풍의 피아노곡이다. 딸에
게 선물하기 위해 작곡한 곡으로, 1859
년 프랑스 파리의 음악잡지 편집자가 우
연히 발견해 잡지에 소개하면서 널리 알
려졌다.

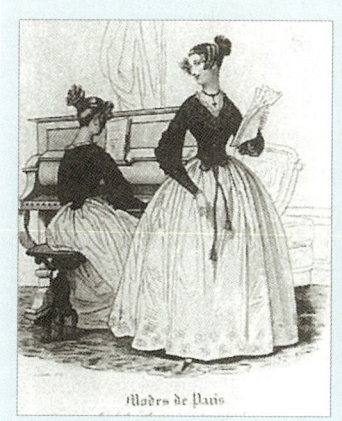
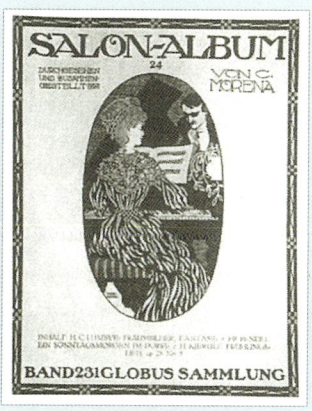

『유로파』라는 슈트가르트에서 출판되던 여
성 잡지에 실린 '파리의 유행'이란 삽화이
다(1836년). '피아노를 치는 아가씨'는 이 무
렵부터 나타났을 것이다.(왼쪽)
아마도 19세기 후반에 출판되었을 것으로
보이는 악보이다. '꿈의 영상', '환상곡',
'마을의 일요일 아침', '봄의 노래'와 같은
제목이 보인다. 19세기에는 이런 곡들이 수
없이 많이 만들어졌다.(오른쪽)

🌀 사교 음악에 반기를 든 독일의 경건 음악

슈트라우스 [Johann Strauss, 1825~1899]

'왈츠의 왕'으로 불리는 오스트리아의 작곡가이자 지휘자로 연주 여행과 작곡에도 열중하여 새로운 독자적인 왈츠 양식 '연주회 왈츠'를 탄생시켰다. 처음으로 왈츠에 합창을 곁들인 '아름답고 푸른 도나우' 등을 비롯한 160여 곡의 왈츠와 '집시남작' 등의 오페레타가 있다. 이 모든 작품에 인생을 찬미하는 빈의 독특한 분위기가 담겨 있다.

독일어권에서는 이와 같이 음악이 점점 통속화되는 19세기 시대의 조류와 완전히 대조적인 음악 문화가 전개되었다. 클래식 음악이라고 하면 많은 사람들이 '눈을 감고 엄숙하게 명곡을 귀담아 듣는 청중'을 떠올릴 것이다. 하지만 결코 이것은 19세기 음악 전반에 모두 들어맞는 공식이 아니다.

'진지한 클래식'의 이미지는 거의 대부분 독일어권에서 형성된 것이다. 슈만과 브람스, 바그너의 음악은 19세기의 '진지하며 어려운 음악'이었으며, 반대로 로시니와 비발디의 이탈리아 오페라와 요한 슈트라우스의 왈츠 등은 19세기의 대중 음악이었을 것이다. 또한 이미 살펴본 그랜드 오페라와 버투소(거장) 음악은 여러 가지 점

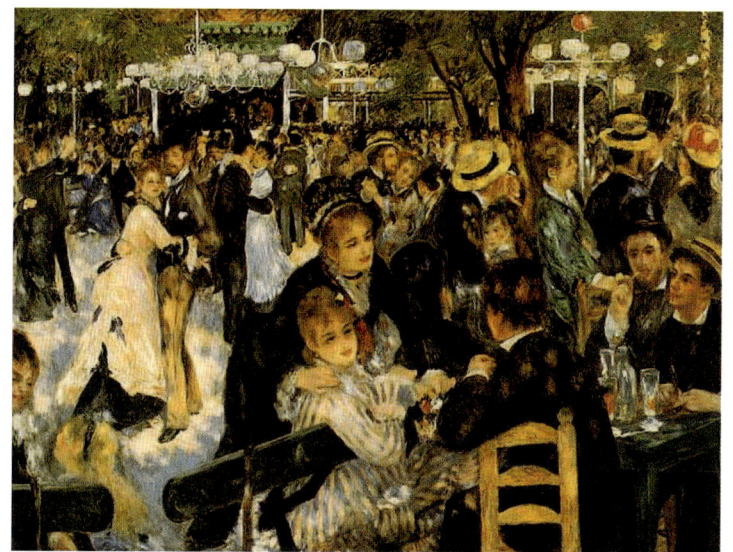
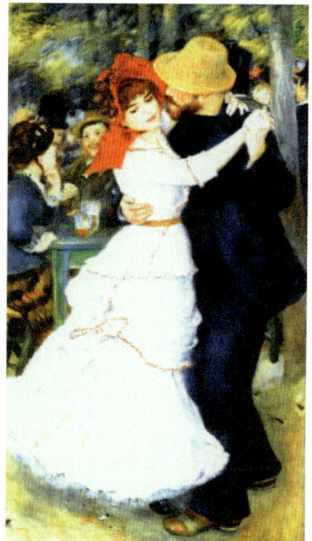

르누아르의 '갈레트의 무도회'(왼쪽)와 '왈츠'(오른쪽)

에서 20세기 오락산업의 모습을 취하고 있다.

음악사의 19세기는 한 덩어리의 큰 바위가 아닌 '두 덩어리의 바위'로 이루어져 있다. 파리의 상징이 되는 그랜드 오페라와 버투소 살롱 음악은 '사교 음악'과 '끝없는 호사의 추구'와 같은 궁정 문화의 흔적이 남아 있다. 그랜드 오페라와 버투소 살롱 음악은 그 흔적을 세속화시킨 것과 같은 성격을 지니고 있다.

그에 비해 건실한 교양 시민 계급에 의해 지지되어 온 독일어권의 음악 문화는 허식을 단호히 거부하며 종교와 철학에 비견하는 '깊음'과 '내면성'(둘 다 독일 음악의 위대함을 형용할 때 자주 쓰이는 수식어이다)을 추구하는 경향이 있다. 이는 마치 현대의 '오락 음악 vs 예술 음

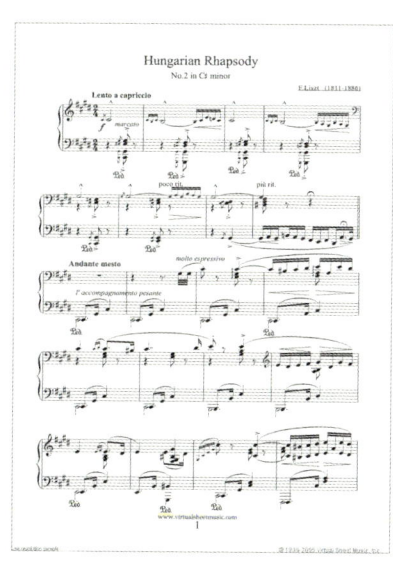

리스트의 '헝가리 광시곡'

제2장 악보. 피아노곡으로 헝가리에 전승되어온 집시의 무곡 차르다시를 소재로 하여 작곡된 것인데 모두 19곡으로 이루어졌다.

악'의 대립과 같은 맥락이라고 볼 수 있다.

물론 19세기에 양자의 단절은 아직 오늘날만큼 깊지는 않았다. 그래서 한 명의 작곡가가 양쪽 영역에 몸담는 것은 자주 있는 일이었다. 쇼팽의 '이별의 왈츠'나 리스트의 '헝가리 광시곡 제2장' 등은 오락 목적으로 쓰였다고 봐도 좋을 것이다. 하지만 쇼팽의 '환상 폴로네즈'나 리스트의 '피아노 소나타 B단조'는 당시 사람들에게는 난해한 최전위 음악이었을 것이다.

또 요한 슈트라우스의 '황제 원무곡' 등은 단순한 오락·실용 목적이 아닌 상당한 '예술 음악'이라고 봐도 좋을 것이다. 슈베르트의 '리트(독일의 가곡)' 등도 내면성을 추구한다는 점에서는 분명히 독일어권의 '진지한 음악'의 영역에 속한다. 하지만 그것은 동시에 동시대의 많은 사람들이 흥얼거리는 유행곡이기도 했다.

그렇지만 결국 모든 신경을 집중해서 엄숙하게 들어야 하는 '예술'과, 일단은 즐기는 것을 목적으로 하는 '오락'으로 음악사가 분명하게 분리되기 시작한 것은 19세기 이후의 일이다. 간단히 말하면 '문외한에게 난해하며, 문턱이 높은 연주회에서 조용하게 경청해야 하는 진지한 예술 음악'이 발전한 곳은 오직 독일어권에서이다. 우리가 갖고 있는 '클래식 = 어려운 음악'의 이미지는 실은 '독일의 클래식'에 한해 해당되는 것이다.

이탈리아에서는 '문지크 테데스카(독일의 음악)'라고 하면 지금도 '독일의 어렵고 재미없는 음악'과 같은 비꼬는 어감이 있다. 또한 프랑스에서도 독일 음악은 오랜 기간 특수한 장르로 취급을 받아왔다. 프랑스인과 이탈리아인에게 독일 클래식은 어려운 음악이었던 것이다. 그리고 이 '위대한 독일 예술 음악'을 대표하는 장르가 교향곡, 현악4중주, 피아노 소나타, 즉 베토벤이 금자탑을 세운 모든 장르이다.

이탈리아의 작곡가가 쓴 교향곡과 현악4중주곡, 피아노 소나타를 바로 들을 수 있는 사람이 과연 얼마나 될까? 프랑스에서도 이 장르가 만들어지기 시작한 것은 뒤늦은 19세기 후반(생상스와 프랑크, 포레 이후)부터이다. 게다가 그것은 프랑스가 프로이센과의 전쟁에 진 것을 계기로 "프랑스도 독일에게 지지 않는 진지한 음악의 전통을 만들어내자"라는 운동을 벌인 결과였다.

또한 차이코프스키나 드보르작의 교향곡이 생겨난 것은 19세기 말기 무렵부터였으며 시벨리우스는 20세기의 교향곡 작가이다. 독일 이외의 나라에서도 '진지한 음악'의 전통이 생겨난 것은 상당한 시간이 지나고 나서부터이다.

독일 특유의 이런 19세기 음악의 모습과 깊게 관련되어 있는 것이 바켄로더와 티크, 노발리스, E.A.T. 호프만과 같은 초기 독일 낭만파 시인들의 음악관(특히 그들의 기악 음악관)이다. 바로크 시대가 되면서 대량의 기악곡이 만들어지게 된 것은 이미 앞서 이야기하였다. 당시 기악곡은(위대한 바흐의 작품임에도 불구하고) 귀족의 축전에 사용되는

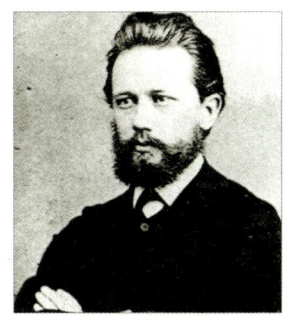

차이코프스키 [Pyotr Ilyich Chaikovsky, 1840~1893]
러시아 고전주의 음악의 완성을 이룬 러시아의 작곡가로 교향곡, 오페라, 발레곡, 실내악곡, 협주곡 등을 남겼다. 특히 발레 음악에서 유명한 '백조의 호수', '잠자는 숲 속의 미녀', '호두까기 인형'의 3곡을 남겼으며 그 중 장대한 짜임새와 다채로운 음악의 '백조의 호수'가 가장 뛰어난 작품으로 평가되고 있다. '쓸모없는 사람'의 대명사 주인공 오네긴을 통해 러시아적인 인간상의 애환을 깊이 있게 묘사한 오페라 '예브게니 오네긴'과 교향시 '만프레드 교향곡'도 유명하다.

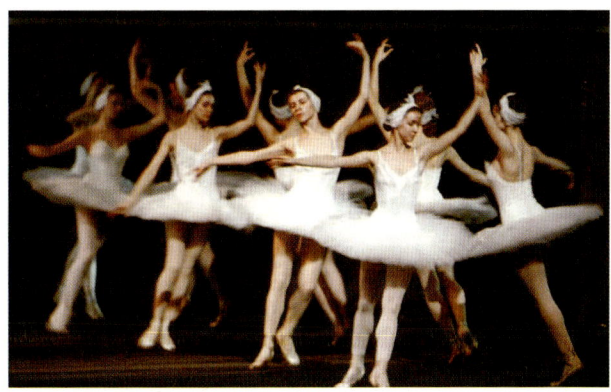

「백조의 호수」의 한 장면
1875년 모스크바 볼쇼이 극장의 관리인 베기체프가 쓴 발레 대본 '백조의 호수'에 차이코프스키가 작곡을 했다. 차이코프스키의 발레 음악 '잠자는 숲속의 미녀', '호두까기 인형'과 함께 오늘날 많은 사랑을 받고 있다.

BGM 정도로밖에 생각되지 않았다. 1774년의 즈루쳐의 『미예술의 일반 이론』에는 "연주회는 단순히 시간을 때우고 심심풀이 연습을 위해 열리는 것이다. 여기에 속한 것은 협주곡, 교향곡, 소나타, 독주회 등이다. 이것들은 대개 쾌활하며 기분 좋은 잡음, 혹은 우아하며 즐겁지만 마음을 흔들지는 않는 수다를 연상시키는 것이다"라고 쓰여 있을 정도이다.

하지만 19세기에 들어 특히 독일 낭만파 시인들 사이에 순수 기악곡 숭배의 현상이 생기기 시작한다. 그들은 '예술 속에서 모든 현실=구상을 뛰어넘는 것'을 추구했다. 이것이 소위 독일 낭만파의 '무한의 동경'이라 불리는 것이다(그것은 현실도피에 지나지 않지만). '말로 표현할 수 없는 것'을 말을 뛰어넘은 시정(詩情)으로 표현하는 것이 그들의 소망이었다.

하지만 회화에서도 문학(소설은 물론 독일 낭만파의 중심 장르였던 서정시조차)에서도 머리에 구상하는 세계를 완전하게 그릴 수는 없다. 당시에는 음성만으로 된 시나 색과 형태로 된 회화 같은 것은 존재하지 않았다. 모든 예술 중에서 단지 음악만이, 그것도 기악곡만이 구상 세계를 초월할 수 있었다. 그 막연한 추상성 때문에 무한한 상상력이 날개를 펼 수 있었던 것이다.

이런 낭만파 시인들의 기악 음악관을 극적으로 나타내는 것이 바켄로더의 유명한 "(기악곡은) 한 가지의 격절된 세계 그 자체다"라는 말이다(후에 말라르메는 순수시를 꿈꾸며, 칸딘스키는 추상 회화의 세계에 발을 딛었는데 이것은 낭만파 시인의 예술관

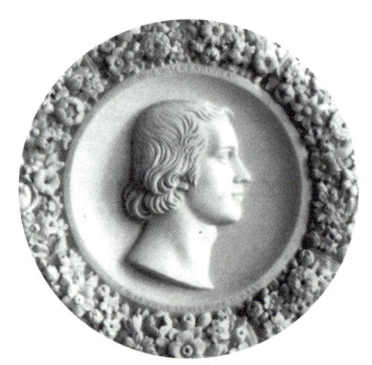

바켄로더 [Wilhelm Heinrich Wackenroder, 1773∼1798]
소박하고 깊은 독일 예술 정신의 본원으로의 복귀를 지향한 독일의 초기 낭만파 시인이자 평론가로 티크와의 공저 『예술을 사랑하는 한 수사의 심정 토론』 및 유고작 『예술에 관한 환상』은 낭만파 예술의 전형이다.

의 최고의 귀결이며, 문학과 회화를 극한적으로까지 음악에 접근시키려한 시도였다고 생각
된다).

독일 낭만파 시인들에게 기악곡은 '궁극의 시(예술)'였다. 완전히 개념을 깨뜨리는 순수한 울림이었기에 그들은 기악곡을 모든 현실을 초월한 예술이라고 생각하기 시작한 것이다. "격절된 세계 그 자체"라는 바켄로더의 말은 '신이 창조한 우주와도 다름없는 절대적인 존재'라는 의미로 이해해야 할 것이다.

실증과학 만능의 19세기는 이미 모두가 종교 따위는 믿지 않게 된 시대이기도 했다. 그런 시대에 독일 낭만파에서는 기악곡만이(니체가 말하는 '죽어버린 신'을 대신하는) 절대자가 분명히 드러나는 장이었다. 이것이 모든 '절대 음악'의 이념이었다. 그래서 '클래식 음악'이라고 하면 바로 연상되는 것이 '눈을 감고 경건하게 듣는 청중'의 존재인 것이다. 다른 어떤 음악 장르도 클래식처럼 엄숙한 태도로 음악을 듣진 않는다. 음악에 대한 이 종교적인 자세는 독일 낭만파에 의해 만들어진 것이다.

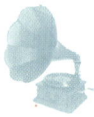

19세기 독일 음악의 세 가지 방향

낭만파 시인들로부터 시작된 이런 19세기 독일의 기악 문화는 크게 나눠 3가지 방향으로 전개된다.

그 하나는 슈만의 초기 피아노곡('빠삐용', '사육제', '어린이 정경' 등)과 멘델스존의 '무언가'로 대표되는 시적인 피아노 소품집이다. 이것은 '트로이메라이'나 '노래의 끝에', '봄의 노래'와 같은 서정적인 제목의 음악이 자아내는 정서와 하나가 되어 듣는 사람들의 판타지를 불러일으키는 음악이다. 이런 음악은 언뜻 보기에 파리풍의 살롱 음악과 닮아있지만(게다가 결코 살롱적인 화려함을 완전히 부정하지 않지만), 그 기조를 이루는 것은 어디까지나 내면적인 시정이다.

또한 기악곡에서는 기교의 과시를 기본적으로 피하고 있다는 점에서 리스트풍의 버투소 음악과 구분된다. 멘델스존의 '무언가' 라는 제목은 이런 장르의 정수를 극적으로 나타내고 있다. 그것은 '악기만으로 연주되는 노래이며, '침묵' 에 의해 보다 깊은 시정의 표현을 추구하는 음악이다.

두 번째는 '무언가' 의 막연한 정서가 아닌, 좀 더 이념적인 것을 표현하려는 음악이다. 그 전형은 베를리오즈(그는 프랑스인이지만, 독일 음악과 깊게 관련되어 있어 '반은 독일 작곡가' 라고 해도 과언이 아닐 것이다)의 '환상 교향곡' 과 '이탈리아의 하롤드', '로미오와 줄리엣' 혹은 리스트의 '파우스트 교향곡' 과 같은 표제 음악이다.

리스트의 열렬한 지지자였던 아돌프 베른하르트 마르크스라는 비평가는 베토벤의 '영웅 교향곡' 에 대해

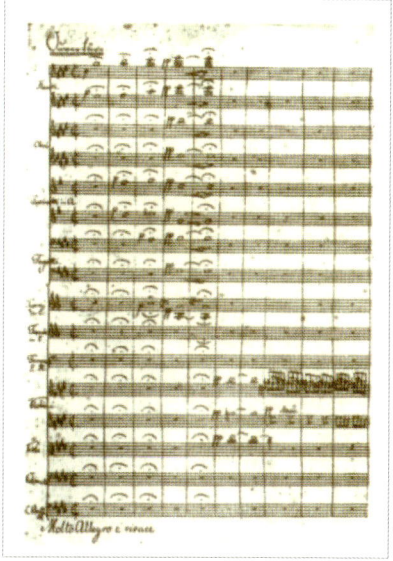

멘델스존 '한여름 밤의 꿈' 서곡의 자필 악보
세익스피어의 희곡과 괴테의 '발푸르기스의 밤'에서 영감을 얻어 작곡한 것으로 특히 '결혼 행진곡' 은 결혼식에서 자주 연주되는 인기곡이다.

"확실히 여기의 소리 예술은 형식의 장난이나 막연한 서정과 감정에서 벗어나 보다 명확하며 형식이 분명한 의식의 영역으로 들어선 것이다"라고 말하고 있다. 마르크스의 이 말은 그대로 리스트의 표제 음악에도 들어맞을 것이다. 그는 음악으로 슈만과 멘델스존의 작품이 자아내는 막연한 시정이 아닌, 좀 더 영웅적이며 이념적이고 철학적인 것을 표현하려고 했다.

'파우스트 교향곡' 과 '투소', '햄릿' 등 리스트는 문학사의 명작에 영감을 받은 교향곡을 많이 남기고 있다. 이것이 교향시라고 불리는 장르이다. '페트라르카의 소넷' 과 '단테를 읽는다' 와 같이 피아노곡에도 같은 종류의 작품이 많다.

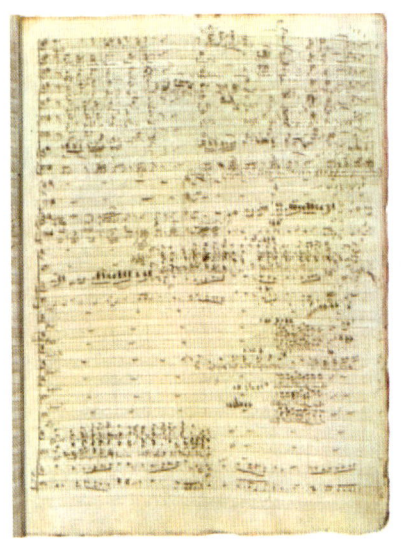

현존하는 바그너 최초 오페라 '요정'의 작곡 스케치
중 일부분
초기작으로 중세 요정의 세계를 낭만적으로 그렸다.

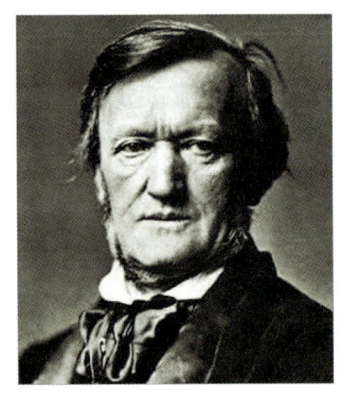

바그너[Wilhelm Richard Wagner,
1813~1883]
독일의 작곡가로 손수 쓴 대본의 오페라를
다수 남겼으며 많은 음악론과 예술론을 집
필했다. 작품으로 '혼례', '파르지팔', '트
리스탄과 이졸데' 등이 있다.

하지만 그가 꿈꾼 교향시란 일반적으로 생각하는 단
순한 문학의 소리에 의한 묘사가 아니었다. 리스트는
말이 아닌 음악에 의해 이들의 위대한 문학작품의 가장
깊은(말을 뛰어넘은) 이념으로 다가갈 수 있다고 생각했다.
그는 음악에 의한 세계 문학의 리메이크를 시도했다고
할 수 있다. 그러나 리스트의 후계자인 리차드 슈트라
우스의 교향시에서는 이런 이념성은 상당히 약해지고
음악에 의한 사실(寫實)주의로 기우는 경향이 있다.

슈트라우스가 "레스토랑의 메뉴라도 소리로 표현할
수 있다"고 말했던 것은 유명한데, 그의 작품은 '영상
없는 영화 음악'에 가깝다. 리스트의 표제 음악의 방향
을 더욱 발전시킨 사람이 바그너이다. 그의 '악극'은
'오페라'와 상당히 성격이 다르다.

바그너는 자신의 무대 작품이 베토벤의 교향곡 정신에서
발전한 것이라고 생각하고 있었다. 그는 그때까지 단순히 소
리의 장난에 지나지 않았던 교향곡이 베토벤의 제9교향곡으
로 '이념'을 갖게 되었고(마지막 악장에서 말=노래가 들어가는 것을 의
미하고 있다), 거기에서 무대를 더해 생겨난 것이 자신의 '종합
예술'이라고 믿고 있었다.

이런 리스트나 바그너의 표제 음악과는 대조적인 것이 세
번째 방향이다. 그 대표자가 빈의 음악 비평가 에드워드 한
슬릭(1825~1904년)이다. 『음악미에 대해서』(1854년)라는 기고에
서 그가 "음악의 내용이란 울려 퍼지며 운동하는 형식이다"

라고 한 말은 너무나 유명하다. '음악은 소리로만 된 절대적인 소우주여야 하며, 문학적인 것은 거기에서 철저하게 배제되어야 한다'는 뜻이다.

한슬릭은 "베토벤의 제5교향곡은 운명에 이긴 영웅을 표현하고 있다"라고 말하는 '형식 vs 내용'의 이분법을 철저하게 부정한다. 음악에는 언어 예술이나 회화와 같은 '의미하는 것(시니피앙)'과 '의미되는 것(시니피에)'라는 이층 구조는 존재하지 않는다. "이 음악은 무엇을 표현하고 있는가?"라는 질문 자체가 무의미한 것이다. 음악이란 음악 이외에 그 무엇도 아니며(즉 절대적이며) 음악 내용이란 음악(음악의 구성)이다. 언어로부터 가능한 표현 영역을 철저하게 분리함으로 인해 음악은 '절대적'이게 된다. 이것이 한슬릭의 사고였다.

한슬릭은 일반적으로 바그너와 적대 관계에 있던 고지식하고 보수적인 비평가라는 이미지가 강하다. 바그너의 '뉘른베르그의 명가수'의 악역으로 등장하는 베크메사의 모델은 한슬릭이라고 말해지기도 한다. 하지만 그의 사고는 앞서 말한 말라르메의 순수시와 칸딘스키의 추상화, 나아가 20세기의 러시아 포멀리즘의 문하 이론에까지 통하는 극히 급진적인 것이다. 제3의 포멀리즘적인 방향의 대표적인 작곡가로는 역시(그는 결코 당파적인 사람은 아니었지만) 브람스를 들 수 있을 것이다.

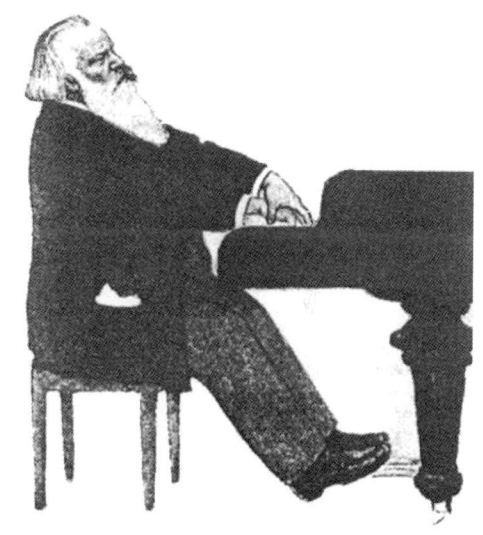

브람스[Johannes Brahms, 1833~1897]
독일의 작곡가로 오페라를 제외한 대부분의 분야에 걸쳐 활약했다. 독일 음악의 전통을 존중하며 견고한 구성감과 함께 풍부하고 다양한 감정을 나타내는 등 낭만주의 시대 고전파 음악의 전통을 지키는 독자적 작풍이 특징이다. 스승의 아내 클라라와의 우정은 그의 음악 세계에도 많은 영향을 주었다.

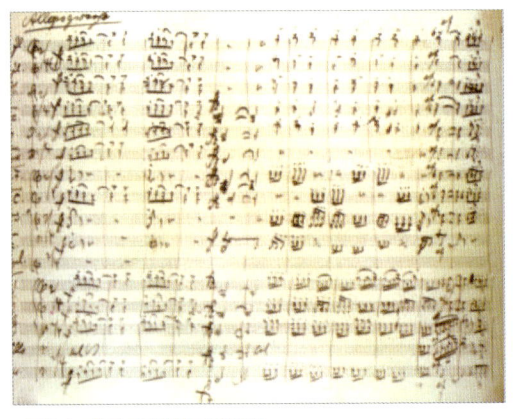

브람스 '교향곡 제4번'의 자필 악보
브람스가 제일 좋아하는 작품으로 50의 나이를 넘긴 그의 내면 세계가 잘 표현된 곡이다. 장중하고 우울한 느낌이 강한 편이다.

그는 리스트나 베를리오즈, 바그너와는 대조적으로 표제가 달린 작품은 거의 남기지 않았다. 결코 음악으로 음악 이외의 것을 표현하려고 하지 않았다. 물론 브람스의 음악에도 일부러 '감정 표현'을 노리지 않아도 저절로 묻어나오는 농후한 정서와 같은 것이 있었다. 하지만 그의 창작을 관철하는 것은 '음악은 음악이며, 그 이상도 이하도 아니다'라는 조심스러운 장인의 기질이었다.

이와 관련해 철학자와 음악과의 관계에 대해서 말해두고 싶다. 대체적으로 19세기까지의 철학자는(루소와 같이 스스로 작곡가이기도 한 사람이 있기는 했지만) 음악을 그다지 중요시하지 않았다. 칸트는 음악을 '단순한 쾌락'이라고 밖에 생각하고 있지 않았으며, 헤겔(그는 로시니의 굉장한 팬이었다) 또한 별반 다르지 않았다. 하지만 쇼펜하우어와 키에르케고르 이후의 철학자들은 모든 예술 중 음악을 가장 높은 지위에 두게 된다.

그 전형은 말할 필요도 없이 니체이다. 그는 젊은 시절 스스로 작곡을 시도하기도 하였다. 그는 바그너의 친구면서도 숭배자였다. 음악과 깊은 관련을 갖는 그의 처녀작『음악의 정신에서의 비극의 탄생』(1872년)을 빗대어 말하면 그는 '음악의 정신'에서 '철학'을 만들어낸 사람이었다.

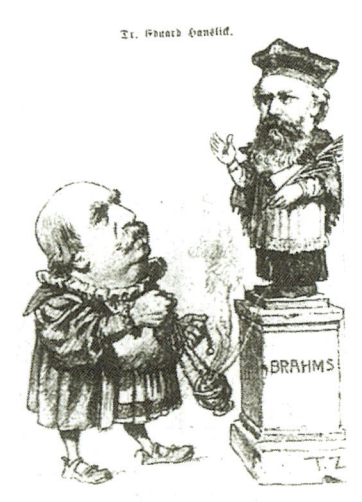

명예박사 작위를 받은 브람스를 사제의 모습을 한 한슬릭이 축복하고 있다. 19세기 후반 둘은 아카데미즘의 상징과 같은 존재였다. 하지만 그들의 형식주의적인 음악관은 실은 20세기의 미학을 먼저 취한 것이었다.

니체 후의 아도르노와 블로흐의 사상에도 음악은 상당히 큰 역할을 하고 있다. 아도르노는 원래 베르크 밑에서 작곡을 배우고 있었으며, 블로흐도 피아노 실력이 상당했다. 그리고 지휘자 오토 클렘페러와 친구 사이이기도 했다. 음악이 철학과 종교의 영역까지 넘어가 철학자의 세계관 모델이 되기 시작한 것이다. 이것 또한 독일 낭만파 이후의 현상이다.

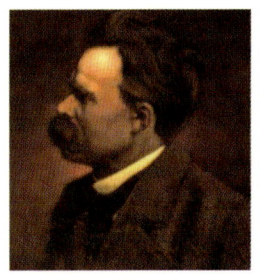

니체 [1844~1900]
19세기 독일 철학자이며 음악가이자 시인이다. 니체의 철학은 실존주의와 포스트모더니즘에도 큰 영향을 미쳤다.

 애끓는 짝사랑에 울어버린 브람스

브람스는 평소 그의 스승인 슈만의 가족과 매우 친하게 지냈는데, 그만 슈만의 셋째 딸 율리를 사랑하게 되었다. 그러나 당시 율리의 나이가 자신보다 12살이나 어렸기에 말도 꺼내지 못하고 마음속으로만 끙끙 앓고 있었다. 용기가 없던 브람스는 단지 몇 번 음악으로만 자신의 감정을 표출하곤 했으나 율리는 이를 전혀 눈치 채지 못했다. 그렇게 하염없이 시간이 흘러가고 있던 어느 날, 브람스에게 청천벽력 같은 소식이 들려왔다. 그것은 율리가 리토 백작과 결혼을 한다는 소식이었다. 브람스는 충격에 빠져 아무것도 하지 못했다. 그리고 얼마 후 율리와 리토 백작은 결혼식을 올렸다. '왜 진작 나의 사랑을 고백하지 못했을까' 후회했지만 이미 모든 것은 엎질러진 물이 되고 말았다. 브람스는 너무나 커다란 충격을 견디지 못해 자신의 분노를 음악에 담기 시작했다. 그렇게 하여 완성한 작품이 바로 '알토 랩소디(Alt Rhapsodie op.53)'이다. 그런데 그는 이 작품을 출판사에 보내면서 다음과 같은 편지를 썼다고 한다.
"나는 너무나 화가 나서 그녀를 원망하는 마음으로 이 작품을 썼다"
결국 브람스는 자신의 화를 주체하지 못하고 그것을 음악 작품 속에 고스란히 담았던 것이다. 그런데 전해지는 이야기에 의하면 브람스는 이 작품의 악보를 가장 소중히 여겨 늘 베개 밑에 두고 잤다고 하니 그가 얼마나 율리를 사랑했었는지 짐작할 수 있다.

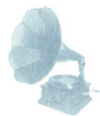

❧ 음악에 있어 감동의 탄생

'진지한' 연주회 문화가 번성한 곳은 주로 독일어권이었다. 그 중심 장르는 교향곡이며 그 주된 청중은 근엄하고 성실한 중산 시민이었다. 그리고 그랜드 오페라나 살롱 음악이 가장 번영한 곳은 파리였다. 거기에서 음악은 스테이터스 상징의 일종으로 사교계의 스노브(벼락부자)들이 주된 청중이었다. 지금까지 말한 것을 다소 도식화하여 요약하면 이와 같이 될 것이다(물론 중간적 작품은 수많이 존재한다. 한 가지 예를 들면 차이코프스키의 작품들은 교향곡적인 문화와 버투소 살롱 음악과 그랜드 오페라적인 화려함과의 절충이라고 할 수 있다).

그렇지만 표면적인 대립에도 불구하고 이 두 가지 음악 문화 사이에는 한 가지 공통점이 있다. 그것은(이것이야말로 19세기 음악사의 최대 공통

_{분모라고 생각하는데)} '시민을 감동시킨다'는 것이다. 콘서트홀
에서 눈을 감고 브루크너의 교향곡 아다지오에 진지하게 귀
를 기울이는 청중도, 샹들리에가 반짝이는 살롱에서 쇼팽을
들으며 호화로운 기분에 빠지는 사교계의 사람들도 모두 복
잡한 세상사와 노동에 찌든 일상에서의 해방을 구하고 있다.
그들은 음악 속에서 마음을 씻어주는 깨끗한 것, 꿈과 감동의
판타지, 위안, 영혼을 뒤흔드는 무언가를 찾으려했다. 19세
기에 '환상'이나 '꿈'과 같은 제목을 갖는 곡이 수없이 많았
다는 것은 이런 사정을 무엇보다도 잘 대변해 주고 있다. '노
동하는 시민을 위한 꿈과 감동을 전해주는 음악', 이것 또한
19세기에 처음으로 생겨난 음악의 새로운 모습이다.

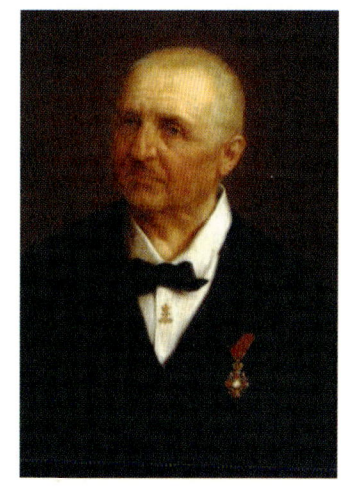

브루크너[Josef Anton Bruckner, 1824
~1896]

오르간 연주자이자 즉흥 연주자로 19세기
후반 최대 교회 음악가이다. 최근 최대의 교
향곡 작곡가로서도 평가되고 있는 그는 바
그녀의 작품에 창작 영감을 얻어 미사곡, 교
향곡, 합창곡 등을 작곡했다.

　음악사가 너무나도 '낭만적'이어서 무심코 잊기 쉬운데,
19세기는 산업 혁명, 과학 발명, 실증주의, 자본가들의 시대
였다. 신은 죽었으며, 눈에 보이지 않는 신비적인 것이나 초월적인
것은 점점 세계에서 모습을 감춘다. 세기 전반에는 월터 스콧의 괴기
소설이 대유행하고, 고딕 붐이 일어났으며, 후반이 되면 히스테리와
텔레파시가 사회 현상이 된다.

　그 배후에는 신이 죽은 탓에 갈 곳을 잃은 '눈에 보이지 않는 것에
대한 두려움'과 '진동하는 듯한 황홀 체험'에 대한 사람들의 갈망이
있었을 것이다. 그리히어 음악은 19세기의 합리주의와 실증주의에서
는 명쾌하게 결론내릴 수 없는 것에 대한 사람들의 의구심을 빨아들
이는 최대의 블랙홀이 되었다. 낭만파 음악은 '낭만적인 시대의 낭만
적인 음악'이 아닌, '점점 무미건조해져 가는 시대였기에 생겨난 낭

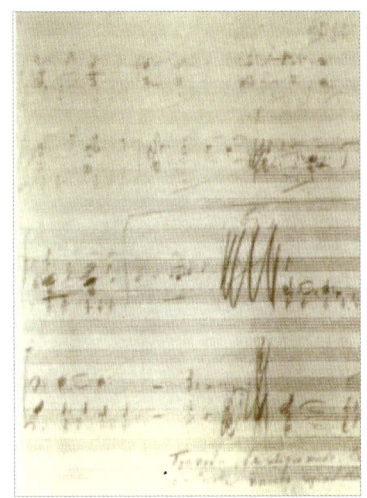

교향곡 '비창'의 제2악장에 있는 왈츠 일부분의
자필 초고
1893년 작곡한 차이코프스키 작품으로 절망적이
고 비통한 감정이 강하게 표현되었는데, 이 곡을
초연하고 며칠 뒤 갑자기 사망해 죽음을 예감한
곡이라 할 수 있겠다.

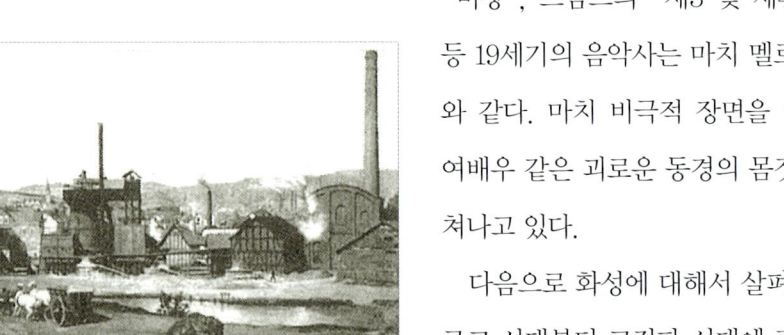

1906년 루르 지방의 공장지대의 모습
한적한 다원지대에 갑자기 연기를 뿜는 거대한 공장이 들어서게 된다. 이런
풍경은 19세기 전 유럽에서도 볼 수 있었을 것이다. 낭만파 음악은 낭만적
이지 않은 시대의 낭만적인 음악이었다.

만적인 음악'인 것이다.

'감동시키는 음악'으로서 낭만파 음악의 구조는 선율과 화성의 면에서 다음과 같이 설명할 수 있을 것이다.

먼저 선율에 대해서 말하면, '가슴 깊은 곳에서 짜내는 한숨'과 같은 몸짓이 그 특징이다. 이미 말한 것처럼 바로크 음악의 주역은 통주저음이며, 선율은 그것을 꾸미는 조심스러운 장식 정도의 역할에 지나지 않았다. 고전파에서는 저음 대신 선율이 음악을 이끌어 나가게 되지만, 이때 선율은 '튼튼히 짜인 건축'이란 객관적인 성격이 강했다. 하지만 낭만파에서는 선율의 이런 건축적인 구성을 해체한다. 선율은 한없이 '한숨의 몸짓'에 가까워지게 된다. 쇼팽의 '녹턴', 벨리니의 '아리아', 바그너의 '트리스탄', 브루크너의 교향곡 '아다지오', 차이코프스키의 '비창', 브람스의 '제3 및 제4교향곡' 등 19세기의 음악사는 마치 멜로 드라마와 같다. 마치 비극적 장면을 연기하는 여배우 같은 괴로운 동경의 몸짓으로 넘쳐나고 있다.

다음으로 화성에 대해서 살펴보자. 바로크 시대부터 고전파 시대에 걸쳐 화성은 음악에 있어 차축과 같은 것이었다. 화성은 선율을 지지하며 음악을 앞으로 이끌어 나갔다. 화성은 매우 실제적인

역할을 담당하는 기능적인 존재였다. 하지만 낭만파에서는
화성 그 자체가 음악 표현의 초점이 된다. 괴로우며 관능적
이고 동경에 가득 찬 기분이 모두 울림에 의해 표현되는 것
이다.

슈만의 '시인의 사랑' 첫머리의 애절한 두근거림, 쇼팽
의 '뱃노래' 첫머리의 스테인드글라스와 같은 신비한 색
상, '트리스탄' 앞부분의 독과 고통이 혼입된 동경, 브루크
너의 교향곡 첫머리의 트레몰로가 만들어내는 파동 등, 이
제 그 울림은 예감으로, 색채로, 신경의 진동으로, 혼의 상
태가 된다.

조금 도식적인 표현이 되겠지만, 이것은 작곡 기법적으
로 다음과 같이 설명할 수 있다.

고전파까지의 작곡가가 사용한 화성은 대부분이 '도미
솔'이나 '시레솔'과 같은 무색 투명하며 전형적인 '형태'
였다. 그에 반해 낭만파 작곡가들은 반음계 및 악기의 팔레
트를 구사하여 화음에 나름의 물결과 색조를 준다.

그들은 질리지 않는 '미지의 울림'을 모색했다. 슈베르
트의 유작인 '피아노 소나타 제21번'을 예로 들어 보자. 내림B장조
제1악장 앞부분에서 주제가 연주된 후의 왼손의 신비한 트릴과 같은
'화음'은 '색'과 '기분'이 되기 시작한다. 생의 가장 깊은 곳에서 은
밀하게 울려 퍼지고 있는 색조를 표현하려 하는 것이다. 그것은 두근
거림과 관능과 고통이 하나가 된 말로 표현하기 어려운 감각이다.

이런 낭만파 특유의 선율과 화음법을 가장 효과적으로 연출한 사

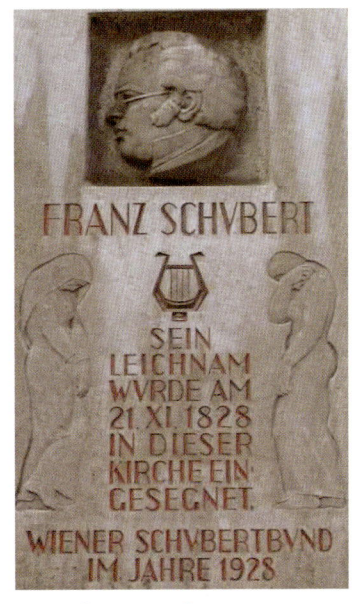

슈베르트 [1797~1828]
'가곡의 왕'으로 불리는 오스트리아 초기 독
일 낭만파의 대표적 작곡가로 다양한 부문에
많은 작품을 남겼는데, 특히 가곡을 독립된 주
요 음악의 한 부문으로 끌어올린 점은 높이 평
가받고 있다. 주요 작품에 W. 뮐러의 시에 곡
을 붙인 가곡집 '아름다운 물방앗간의 처녀',
'겨울나그네', 교향곡으로 '미완성 교향곡'
B단조 제8번, '교향곡 제9번' C장조, 피아노
5중주곡 A장조 '송어'가 있다.

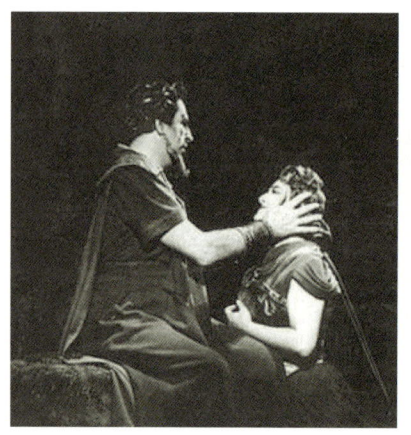
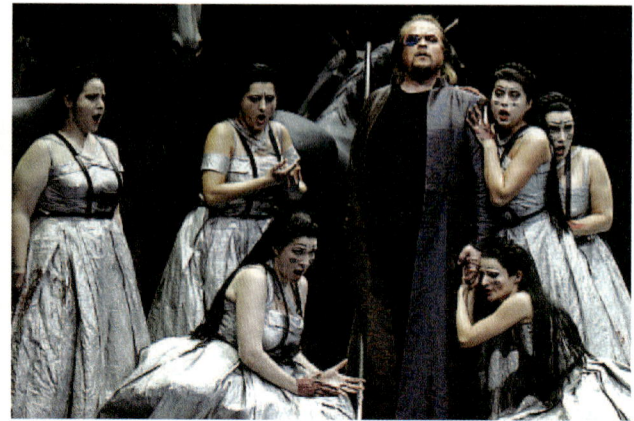

바그너 '발퀴레' 중 3막 보탄의 고별 '그럼 안녕 귀여운 아가야! Leb' wohl, du kühnes, herrliches Kind!'의 공연 모습 [1957년 공연과 2007년 공연 모습]

발퀴레(Valkyries)는 날개 달린 말을 타고 전쟁터를 돌아다니다가 성을 외적의 침입으로부터 지키다 죽은 용사들의 영혼을 성으로 운반하는 임무를 띤 전쟁 처녀이다. 이 악극의 1막은 서로 떨어져 생사조차 모르고 살던 쌍둥이 오누이 지그문트와 지클린데가 만나 서로 사랑하게 되는 사랑 이야기, 2막은 남자의 여자에 대한 사랑에 감동받아 아버지의 명령을 거역할 수밖에 없었던 여신(브륀힐데)의 인간적 고뇌와 결단 이야기, 3막은 간통과 근친상간은 안 된다는 도덕률 때문에 자신의 의중을 누구보다도 잘 아는 사랑하는 딸을 바위산에 가두어야만 하는 아버지의 애틋한 감정의 절절한 표현이다.

람이 바그너(1813~1883년)이다. 낭만파의 선율과 화성이 개인의 가장 깊은 내면의 울림과 대응한다고 하면 그는 그것을 우주가 진동하는 듯한 거친 파도의 큰 음향과 결합시키려 했다. '트리스탄'과 '발퀴레', '신들의 황혼'에서 나타나는 피날레의 절정감이 그 전형이다. 바그너 이전에는 낭만파적인 내면 표현을 우주와 연결시킨 작곡가가 존재하지 않았다. 바그너의 클라이맥스에 특히 주의해야 하는 것은 오케스트라의 울림이 오르간의 울림과 비슷해진다는 점이다(물론 말러의 제8교향곡 '1000인의 교향곡'과 같이 오르간이 실제로 사용된 것은 아니다).

오르간은 '신의 악기'와 같은 것으로 교회와 떼어내기 힘들 정도로 연결되어 있다. 지금은 콘서트홀에도 대부분 오르간이 구비되어 있지만, 본래 그것은 교회에서밖에 체험할 수 없는 악기였다. 미사에서 오

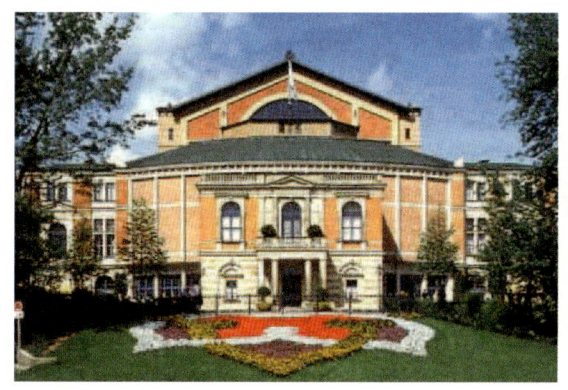
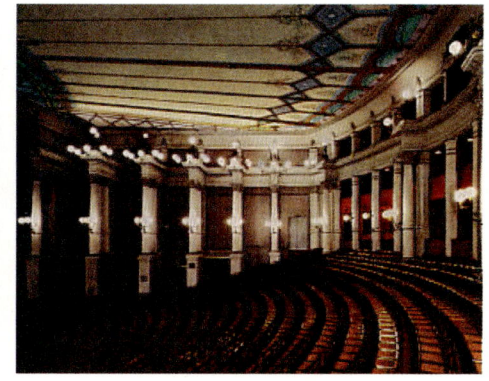

바이로이트 축제 극장의 외부와 내부 모습
바이로이트 축제 극장의 정면 파사드 외형은 전형적인 19세기 말의 장식을 가져왔고, 나머지 부분은 장식 없는 벽돌로 되어 있다. 그러나 내부 시설은 최신 설비로 되어 있다. 오케스트라가 객석에서 보이시 않고, 귀석을 위한 발코니석과 시민을 위한 입석을 마련해 놓았다.

르간이 울려 퍼질 때 돌로 만들어진 교회의 건물 전체가 소리로 울려 진동하는 그 감각은 소리에 의한 우주의 메타포 그 자체였을 것이다.

본래 교회에서밖에는 체험할 수 없는 그 울림을 바그너는 오케스트라로 재현하려 했다. 낭만파적인 선율과 화성으로 표현하는 개인의 내면 감정이 우주와 하나가 되는 듯한 종교적 체험으로 부풀어 오르는 것이다.

바그너는 뮌헨 근교의 시골마을 바이로이트에 자신의 작품만을 상연하기 위한 극장을 세웠다. 파리에서의 성공에 대한 꿈이 깨어지자 그는 지상에서의 단순한 오락으로 추락해 버린 예술에 격한 증오를 껴안게 되었다. 그리하여 그는 예술을 예배하는 전당으로서 바이로이트 축제 극장을 세운 것이다.

특히 '무대 신성 축전극' 이라고 제목을 붙인 마지막 악극 '파르지팔' 은 긴 시간 동안 바이로이트에서

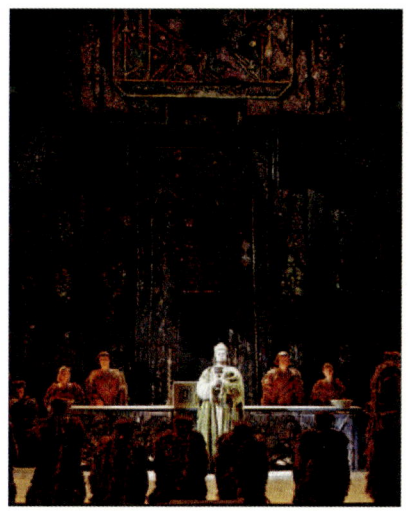

'파르지팔' 의 한 장면
바그너가 작곡하고 대본을 작성한 독일어 오페라

밖에 상연을 허락하지 않았다. 그것을 보려면 사람들이 파리와 베를린, 런던에서 일부러 바이로이트까지 와야 했다(드뷔시도 그런 사람들 중 한 명이었다). 그것은 바그너 작품을 예배하기 위한 순례의 여행이었다.

물론 바그너의 대음향과 때로는 연기가 들어 있는 선율법에는 그가 증오한 파리의 그랜드 오페라나 살롱 음악과 동질의 그 무언가가 있는 것이 확실하다. 니체를 비롯한 많은 사람들이 바그너 속에 있는 견디기 힘든 이러한 속물 냄새를 맡았다. 니체가 '배우'라고 부르며 매도한 것은 그의 속에 있는 관람객의 인기를 노리는 허세의 요소를 보았기 때문이다.

하지만 동시에 신경의 미세한 울림까지도 표현하던 그의 화성법은 독일 낭만파 음악의 내면성 안에서밖에 생겨날 수 없는 것이었다. '발퀴레'의 제2막에 나오는 듣는 사람을 취하게 하는 장대한 대화는 '독일 리트(독일 가곡)의 정신에서 나온 악극의 탄생'이라고 부를 만한 것이다.

철학자 에른스트 블르흐는 『유토피아의 정신』에서, "한 사람의 인간을 통해 비로소 이 모든 것은 개화한다. 분명 바그너만큼 저열한 자는 없었다. 그는 저속하고 몰취미이며, 그런 면은 결코 완전히 지워질 수 없었다. 그럼에도 불구하고 바그너 이전에 존재하고 있던 것은, 그를 통해 멀리 거슬러 올라가 다시 파악하게 되었다. 그는 지금까지 형상화된 많은 것들을 한데 모아 뒤섞고 거품을 일게 한다"고 말했다.

바그너는 저속한 허세에서 음악의 형이상학에 이르는 19세기 음악사의 모든 요소를 종합하고 종교적인 도취 상태를 높였다. 바그너에 이르러 음악은 결국 종교 없는 시대의 종교가 된 것이다.

Chapter **06**

성숙과 붕괴
– 세기 전환기에서 제1차 세계대전으로

～ 서양 음악사의 마지막 빛, 포스트 바그너의 시대

이번 장에서는 소위 벨에포크, 유겐트슈틸, 아르누보, 세기 말 혹은 세기 전환기 등으로 불리는 시대에 대해서 다룬다. 이 시대에는 바그너와 니체가 큰 유행을 하고, 탐미적인 예술 조류가 전 유럽에서 꽃을 피웠다. 츠바이크가 『어제의 세계』에서, 푸르스트가 『잃어버린 시간을 찾아서』에서 애착을 담아 그린 시대이다.

유럽 각지 대도시에 지하철이 만들어지고, 영화가 탄생하고, 비행기, 자동차, 다이너마이트가 발명되었다. 또한 사람들은 테니스와 자동차 레이스에 푹 빠져 있었으며, 근대 올림픽이 시작되고, 만국박람회가 화제가 된 시대이다.

음악사에서는 이 시대를 '후기 낭만파' 라고 부르는 경우가 많다.

프랑스의 인상파 음악(그리고 이탈리아에서는 푸치니)도 시대적으로는 후기 낭만파와 완전히 겹친다.

이 시대는 1883년 바그너가 죽은 후부터 1914년 제1차 세계대전 발생까지로, 겨우 30년밖에 안 되는 짧은 기간이다. 하지만

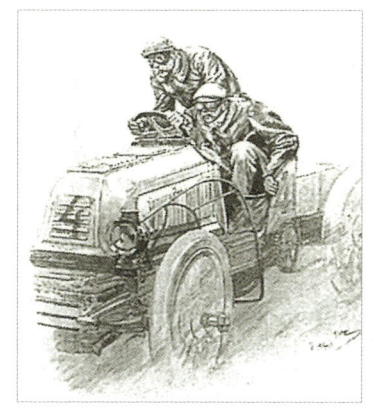
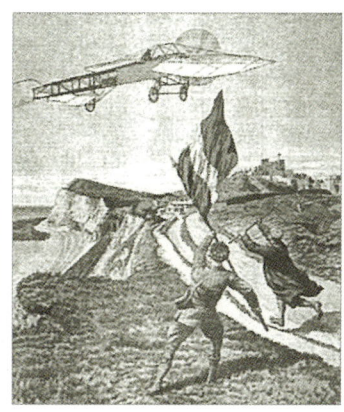

자동차 레이스(왼쪽 1901년)와 비행기의 도버해협 횡단(1909년) 그림이다. 이것들은 드뷔시, 말러, 리하르트 슈트라우스의 음악과 동시대 현상이었다.

나는 음악사상 이렇게까지 흥분되는 시대를 본 적이 없다. 말러와 슈트라우스, 푸치니, 드뷔시, 라벨, 사티, 라흐마니노프, 스크랴빈, 파야, 알베니즈, 그라나도스 등의 주요 작품 대부분이 겨우 이 수십 년 사이에 쓰인 것이다. 또한 이 시대의 말기가 되면 쇤베르크와 스트라빈스키, 바르톡이 음악사의 무대에 등장한다. 작곡가의 이름을 드는 것만으로도 어지러워지는 풍성한 시대가 바로 19세기 말인 것이다.

하지만 오늘날의 시각으로 바라보면 이 시대는 1,000년 이상에 걸친 서양 음악사의 마지막 반짝임으로 보이기도 한다. 실제로 오늘날 연주회 레퍼토리의 대부분이 이 시대까지의 작품으로 이루어져 있다. 이 세기의 전환기는 서양 음악사가 확고하게 있을 수 있었던 그 마지막 시대인 것이다. 그러나 1914년에 발발한 제1차 세계대전은 서

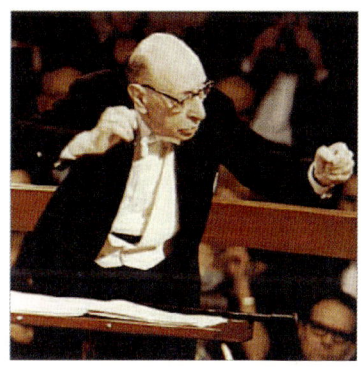

스트라빈스키 [1882~1971]

러시아 출신의 미국 작곡가로 유명한 발레곡 '불새', '페트루슈카', '봄의 제전'의 작곡으로 전위파의 기수로 주목받았다. 제1차 대전 후 신고전주의로 전환하였으며, 종교 음악에도 관심을 보였다. 그의 대표 발레 음악 '봄의 제전 Le Sacre du Printemps'은 니진스키 안무, 몽퇴 지휘로 발레뤼스에 의해 1913년 5월 29일 파리의 샹젤리제 극장에서 초연되었다. 이 곡은 러시아 이교도들의 대지와 태양신에 대한 찬미를 제재로 한 회화적인 곡으로, 그 강렬한 리듬과 원시주의적 색채가 강한 선율로 당시 대단한 반향을 불러일으켜 20세기 혁신적 음악 작품으로 인정받고 있다.

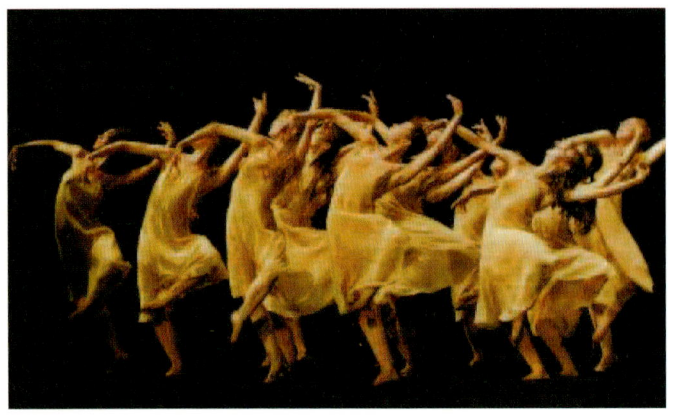

스트라빈스키의 '봄의 제전' 공연 중 한 장면 [모리스 베자르 안무]

스트라빈스키의 환상(원시시대의 제전-봄이 오는 것을 축하하면서 그들은 산 제물을 바쳐 봄의 신을 깨우기 위해 젊은 처녀를 선택해 죽음에 이르는 춤을 춘다)을 듣고 로에리치가 시나리오를 제시하여 만든 작품이다. 봄의 제전은 1913년에 초연(니진스키와 디아길레프 주연)되어 무용과 음악 모두 관객을 충격과 경악으로 몰고 갔다. 관객들은 소리를 지르고 야유와 욕을 퍼부었으며, 욕을 하고 악을 쓰는 등 소동이 일어났다. 다음 날 파리 언론은 온통 봄의 제전에 대한 찬반양론으로 들끓었지만 확실한 것은 발레 공연의 승리였다는 것이다. 당시 프랑스 지성의 대표인 장 콕토는 "그것은 마치 자연의 융기와도 같았고 숲 자체가 미쳐버린 것처럼 보였다"고 회상하였다.

양 음악사를 지지해온 사회적 문화적 기반을 산산조각 내버렸다. 서양 음악사의 후원자였던 교회와 궁정 귀족은 이미 약 100전 전에 음악사의 무대에서 퇴장했었다. 그리고 그들의 뒤를 잇던 19세기 유럽 부르주아 사회도 세계대전을 계기로 거의 소멸되어 버린 것이다. 그렇지만 서양 음악사는 외적 요인인 전쟁으로만 파괴된 것이 아니다. 이미 1910년 무렵부터 쇤베르크가 조성(調性)을 해체하고 무조(無調)의 세계로 발을 딛기 시작했다. 스트라빈스키도 '봄의 제전'으로 전통적인 리듬 법칙을 산산조각내었다. 제1차 세계대전 직전의 몇 년 사이에 서양 음악은 내적으로도 와해되고 있었다. 이 장에서 다루는 것은 서양 음악사 가운데 예를 볼 수 없는 이 극적인 수십 년 동안의 시대에 관한 것이다.

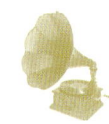

프랑스 근대 음악의 재탄생

이 새로운 시대에는 지금까지의 시대보다도 더 많은 무수한 '음악사의 하이라이트'가 있다. 그 중 하나는 독일의 바그너 유산이라 할 수 있는 말러와 리하르트 슈트라우스의 창작일 것이다. 또한 러시아의 스크랴빈(1872~1915년), 폴란드의 시마노프스키(1882~1937년), 스페인의 알베니즈(1860~1909년)와 파야(1876년~1946년) 등 국민 아파이 등장두 매력적이다

또한 이 시기에 음악사를 떠나가려 한 사람들도 있었다는 것을 잊어서는 안 된다. 말러와 슈트라우스, 드뷔시, 푸치니가 이미 활동을 시작하고 있었던 1890년대, 베

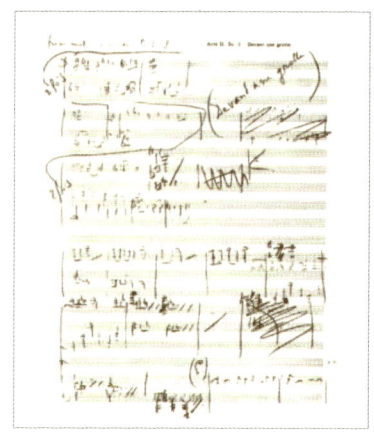

드뷔시의 '펠리아스와 멜리장드' 악보
드뷔시의 대표적 오페라로 아리아나 중창 없이 관현악 연주곡만 전개되는 등 기존 오페라 형식에서 벗어나는 과감함을 보여준다.

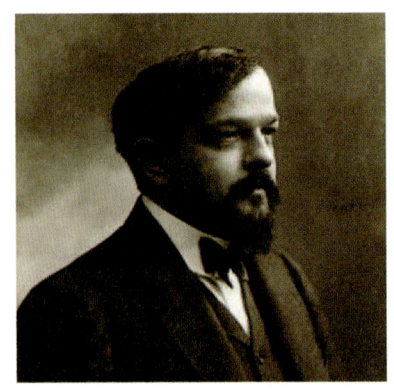

드뷔시 [Achille Claude Debussy, 1862~1918]
20세기 음악의 기초를 확립한 프랑스의 작곡가. 바그너와 상징파 시인의 영향으로 몽환의 경지를 그리는 인상파 음악을 창시하였다. 고도의 독창적인 화성체계와 구조를 발전시켰으며, 가장 현저하게 음향 감각을 두드러지게 하고 시종 음향을 초월한 예술로 상징파 음악의 대표주자라 할 수 있다. 대표작으로 『베르가마스크 모음곡 Suite bergamasque』 중 「달빛 Clair de lune」, 「목신의 오후 전주곡 Prélude à l'après-midi d'un faune」, 오페라 『펠레아스와 멜리장드 Pelléas et Mélisande』가 있다.

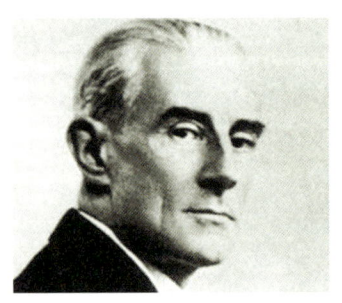

라벨 [Maurice Joseph Ravel, 1875~1937]
드뷔시와 함께 인상주의 작곡가로 분류되는 프랑스 작곡가로 새로운 화성어법과 음역의 확대 등 고전적인 형식의 틀 활용과 새로운 피아니즘 개척의 두 가지 경향을 지녔다. 『죽은 왕녀를 위한 파반』과 『물의 장난』이 유명하다.

르디(마지막 오페라 '팔스타프'가 1893년), 브루크너('교향곡 제9번'이 미완성인 채로 1896년 사망), 브람스('클라리넷 5중주'가 1891년), 차이코프스키('교향곡 제6번 비창'이 1893년), 드보르작('교향곡 제9번 신세계'가 같은 1893년) 등 많은 늙은 대가들이 마지막 걸작들을 쓰고 있었다.

그렇지만 전 시대부터의 연속적인 발전이 아닌, 이 시대가 되어 새롭게 음악사에 등장한 가장 신선한 조류는 '프랑스 근대 음악'이라 할 수 있다.

이미 말했듯이 19세기 프랑스(그 중에서도 파리)는 그랜드 오페라와 살롱 음악의 나라였다. 또 (음악이 소모품처럼 생각되기 쉬웠던 것과 관계가 있는지 확실치 않지만) 바로크 시대 이후 19세기 중반 무렵부터 프랑스에는 자국에서 무시되어 온 베를리오즈를 제외하고는 대작곡가라고 부를 만한 사람이 거의 나타나지 않았다. 마이어베어(유대계 독일인)와 로시니, 벨리나, 리스트, 쇼팽, 활동의 시기는 조금 뒤이지만 오펜바흐(유대계 독일인) 등 당시 파리에서 활약하고 있던 작곡가의 거의 대부분이 외국인이었다. 외국에서 야심찬 음악가가 새로 시작하기 위해 찾아오는 도시, 명성이 있는 외국 작곡가를 돈으로 데리고 오는 도시(로시나와 벨리니의 경우가 이런 경우이다), 이것이 파리였다.

이런 프랑스 음악계가 크게 변화하는 계기가 된 것이 1870년 프로이센 전쟁의 패배이다. 이것이 전환의 계기가 되어 1871년 국민음악협회가 설립된다. 프랑크(1822~1890년,

벨기에인)와 생상스(1835~1921년), 쇼송(1855~1899년), 포레
(1845~1924년) 등이 참가한 이 협회는, "프랑스에서도 독일
에 지지 않는 정통적인 기악 문화를 만들자"라는 목적으
로 만들어졌다. 근대 프랑스의 교향곡, 협주곡, 실내악의
명작의 거의 대부분이 국민음악협회의 설립 이후에 만들
어진 산물이다.

그렇지만 프랑크와 그 무리의 다음 세대, 즉 드뷔시와
라벨 무렵이 되면, 다시 원래의 상태로 되돌아가게 된다.
국민음악협회가 프랑스에 도입하려 한 소나타 형식, 푸
가, 교향곡, 현악4중주곡과 같은 독일풍의 딱딱한 형식
과 장르를 거부하고 프랑스 음악 독자적인 아이덴티티를
확립하려는 움직임이 일기 시작한 것이다.

이는 프랑스적인 '가벼움'으로 되돌아가려는 움직임이
생겨난 것으로, 물론 '독일적 음악에 대한 반동' 때문이기
도 하지만 인상파를 낳은 토양의 하나가 프랑크와 쇼송을
통해 들어온 것이었다는 것을 잊어서는 안 된다(특히 반음계
법과 악기법 등).

드뷔시('목신의 오후에의 전주곡'과 '바다'), 라벨의 관현악곡의
명작('스페인 광시곡'과 '다프네와 클로에') 또한 프랑크와 쇼송이
독일에서 들여온 교향시의 장르에서 발전한 것이라고 생
각해도 좋을 것이다. 별로 알려져 있지 않지만, 프랑크와
생상스의 교향시에는 명작들이 모여 있다. 그것들이 드뷔시와 라벨에
게 끼친 영향은 상상 이상이다.

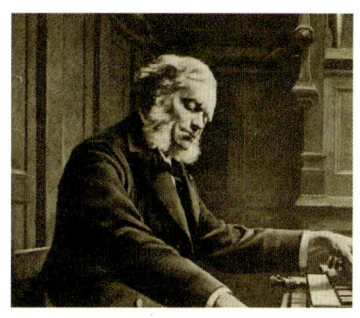

세자르 프랑크[Cesar Franck, 1822~1890]
의 연주 모습

벨기에에서 태어난 독일계 사람으로, 일찍부터
프랑스에서 공부하고 활동한 작곡가이자 오르간
연주자다. 1886년에 만든 바이올린 소나타나 아
주 유명한 목음 성가인 '생명의 양식Panis
Angelicus'을 비롯한 몇 작품이 유명하다.

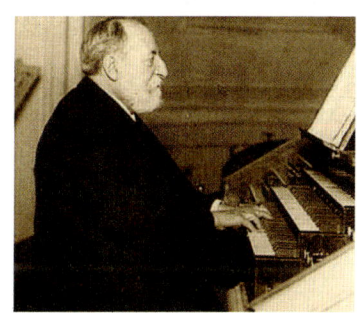

카미유 생상스[1835~1921]

프랑스 작곡가, 오르가니스트, 지휘자, 피아니스
트로, 절대 음감의 소유자로 알려져 있다. 특히
'동물의 사육제', '죽음의 무도', '삼손과 데릴
라', '하바네즈', '서주와 론도 카프리치오소',
'교향곡 제3번' 등의 작품이 유명하다. 죽음의
무도는 김연아가 쇼트 프로그램에서 선택한 음
악으로 우리에게도 익숙하다.

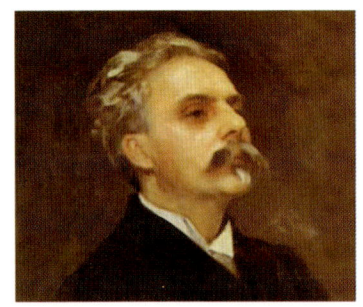

포레[Gabriel Faure, 1845~1924]

중세 르네상스 종교 음악과 바흐, 하이든의 작품을 공부하고, 생상스의 제자가 되어 베를리오즈, 리스트, 바그너 등의 음악을 배웠다. 1870년 프랑스·프로이센 전쟁에 종군한 뒤 1871년 당시 창립된 프랑스 국민음악협회에 참가하였다. 포레의 가장 큰 업적은 드뷔시와 함께 프랑스 가곡의 위치를 격상시켰다는 것이며 1885년에 있은 아버지의 죽음을 계기로 작곡한 '레퀴엠'은 레퀴엠 역사의 금자탑으로 남아 있다.

만약 이들과 국민음악협회 세대와의 사이에 결정적인 차이가 있다고 한다면 그것은 드뷔시와 라벨이 갖고 있는 독특한 감각일 것이다(포레가 이미 이런 요소를 갖고 있다고 해도). 그것은 의식적으로 경박함과 통속성을 취하는 극히 세련된 일종의 스노비즘(속물주의)이다. 이런 점에서 특히 드뷔시와 라벨의 피아노곡은 쇼팽과 리스트에서 포레를 거쳐 전해진 살롱 음악 전통의 연장선상에 있다고 할 수 있다.

라벨의 '물의 유희'는 리스트의 '에스트장의 분수'를, '밤의 가스펠'의 '스카르보'는 발라키레프의 '이슬라메이'를 모델로 하고 있다는 것은 잘 알려져 있다. 또한 쇼팽

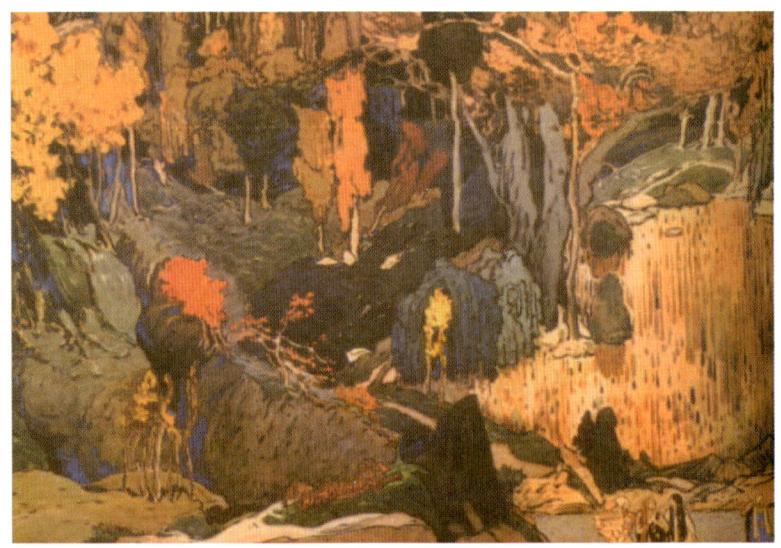

'목신의 오후에의 전주곡' 공연에 쓰인 박스트의 무대 디자인

드뷔시의 관현악곡으로 말라르메의 시 '목신의 오후'에서 영감을 얻어 작곡한 것으로, 인상주의 음악의 걸작으로서 인정받고 있다. 선율이나 음색, 리듬 등에서 작곡가의 개성적 양식을 확립한 시정이 넘치는 작품이다.

의 제자에게 피아노를 배웠던 드뷔시의 건반 작품은 쇼팽적인 서법 없이는 성립할 수 없었을 것이다.

드뷔시와 라벨의 초기 작품은 극도로 세련되었지만, 제목까지 포함하여 '소녀의 기도' 풍의 장르(제5장 참조)와 별반 다르지 않다는 점도 간과할 수 없다. 드뷔시의 '아라베스크'와 '달빛' (베르가마스크 모음곡), 라

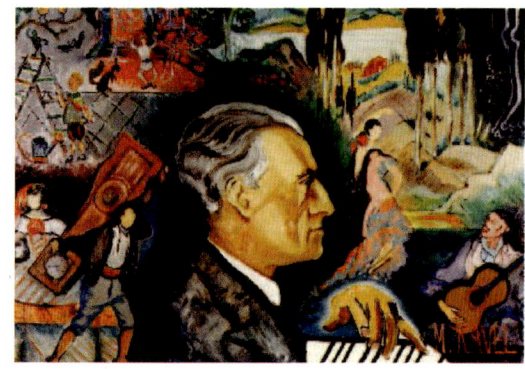
라벨을 그림으로 표현한 작품

벨의 '죽은 여왕을 위한 파반느' ('샤브리에와 너무 비슷하다', 즉 '통속적이다' 라는 이유로 라벨 자신은 그다지 이 작품을 좋아하지 않았다) 등이 그것이다.

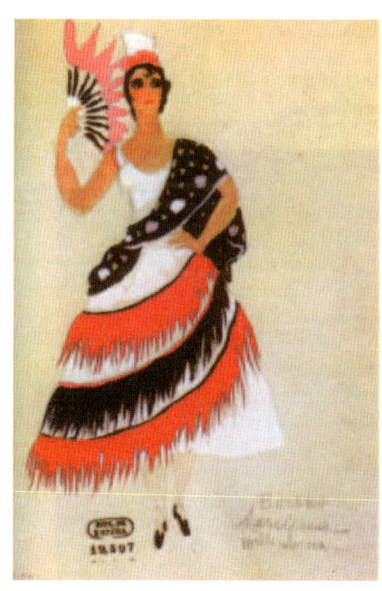
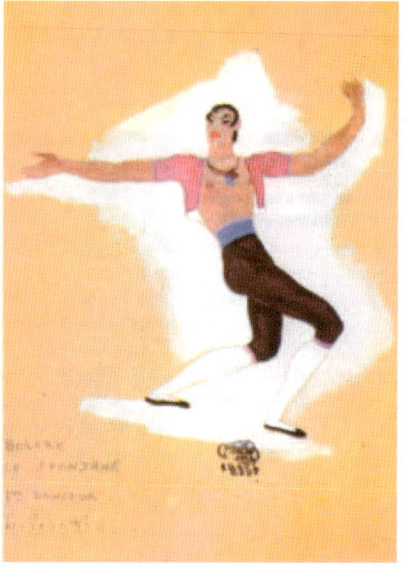

라벨의 '볼레로' 디자인
1928년 발레리나 이다 루빈스타인 부인의 의뢰로 작곡된 관현악곡으로, 스페인 춤곡 '볼레로'에서 영감을 얻었다. 15분간 169회나 반복되는 멜로디가 독특한 곡이다.

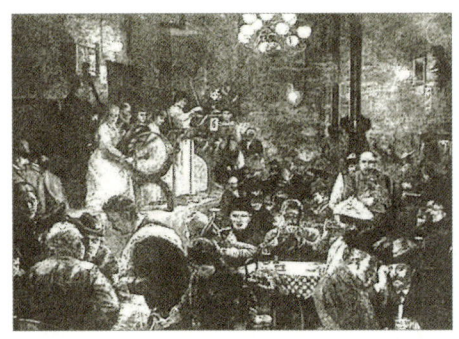

레스토랑에서 연주하는 악사들의 모습
소위 말하는 카페콩세르이다. 당시는 보양지, 유원지, 카페, 호화 여객선(타이타닉호에 타던 음악가들을 떠올렸으면 한다) 등 모든 곳에서 이런 BGM이 연주되고 있었다.

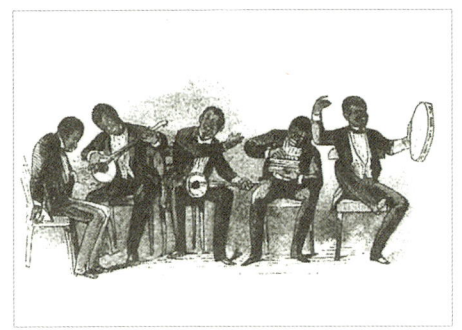

이미 1846년 런던에서는 밴조(미국의 발현악기)를 연주하는 이런 흑인 악사들이 있었다. 그들의 음악이 드뷔시의 '골리워그의 케이크워크' 등에 영감을 주었다.

'변두리 음악'에 대한 드뷔시의 깊은 애정도 잊어서는 안 된다. 아무리 통속적인 부분이 있다 해도 살롱 음악은 기본적으로 상류 사회의 음악이었다. 그에 반해 19세기도 후반이 되면 휴일에 사람들이 외출하는 모든 곳(레스토랑, 유원지, 카지노, 보양지 혹은 툴루즈 로트렉의 그림에서 익숙한 카바레 등)에서 가장 대중적인 BGM이 흐르기 시작한다.

거기에서 연주되는 것은 왈츠, 갤럽, 행진곡, 인기 오페라의 아리아 편곡, 벼룩시장에서 아코디언을 연주하는 것 같은 민요조의 곡이 들어있다. 이 곡들은 카페 콩세르나 뮤직홀의 음악이라고 불린다. 이런 음악에 대한 관심에서 생겨난 것이 드뷔시의 '골리워그의 케이크워크(어린이 정경)'와 같은 작품이다.

카바레의 피아니스트였던 사티(1866~1925년)는 이 경향을 더욱 뚜렷히 나타낸다. '쥬 뜨 브(당신을 원해요)' 등은 카바레 송 그 자체이다. 다분히 귀족 취미인 부분이 있던 라벨은 드뷔시만큼 이런 종류의 음악에 흥미를 나타내지 않았지만, 제1차 대전 후의 작품인 '바이올린 소나타'나 두 가지의 '피아노 협주곡'에 나타나는 재즈의 요소에는 같은 경향을 느낄 수 있다.

프랑스(파리) 음악에서 재미있는 것은, 드뷔시처럼 정밀한 관현악법과 화성법을 자유롭게 구사할 수 있는 구조적인 음악 사고를 가진 사람(이것에 대해서 상세한 설명을 할 여유가 없는 것이 유감이지만, 막막한 음향과는 반대로 그의 작품은 구조 면에서 매우 두뇌적으로 만들어져 있다)이 변두리 음악에 흥미를 가졌다는 점이다. 이 경향은 후의 미요나 프랑크에게도 느낄 수 있다.

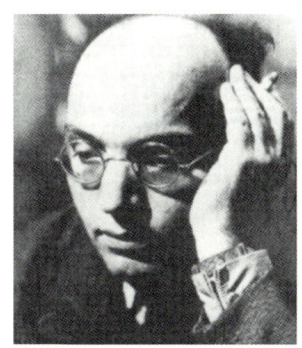 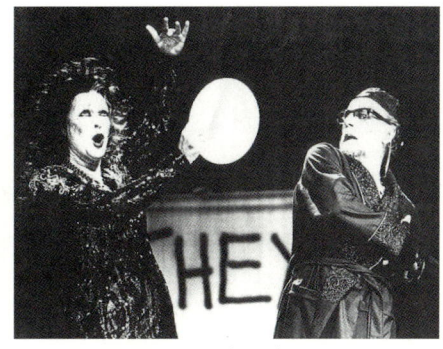

바일 [Kurt Weill, 1900~1950](왼쪽), 쿠르트 바일의 서푼짜리 오페라(오른쪽)
재즈의 발랄한 리듬과 경음악의 효과를 가미한 새로운 타입의 오페라를 작곡하고, 브로드웨이와 할리우드에서 극음악, 영화음악을 만든 작곡가로 알려졌다.

이처럼 의도적으로 살롱 음악의 스노브적인 감상을 즐기거나 변두리 카바레 음악에 관심을 갖는 것은 독일계 작곡가로서는 생각할 수도 없는 일이다. 19세기의 독일계 음악에서는 통속적 혹은 오락적 요소를 철저히 배제하는 것이 아이덴티티라고 생각하는 부분조차 있었다.

독일어권에서도 요한 슈트라우스의 왈츠만은 예술 음악계의 작곡가(브람스 등)에게도 널리 사랑받고 있었다. 대개 그들은 예술 음악과 오락 음악 간에 엄격한 선을 긋는 경향이 있었다. 독일에서도 쿠르트 바일과 같은 카바레 음악에 대해 흥미를 나타내는 작곡가가 나타난 것은 1920년대가 되고 나서이다. 사실 처음 카바레 음악에 영향을 받은 독일계 작곡가는 의외로 쇤베르크일지도 모른다. 그는 젊은 시절 베를린의 카바레에서 일을 하며 몇 곡의 카바레 송을 남긴 적도 있으며, '달에 홀린 피에로'에는 그 영향이 나타나 있다.

결국 독일 음악에서 '프랑스적 경박함'이나 '표면성'으로 비평될

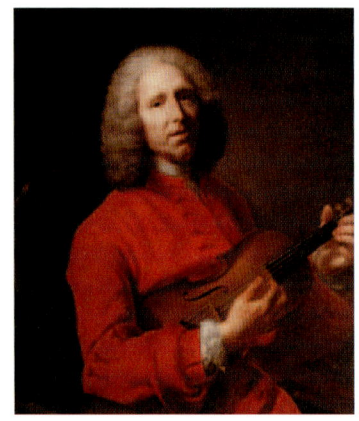

라모 [Jean-Philippe Rameau, 1683~1764]
후기 바로크를 대표하는 이론가이며, 프랑스의
국민적 오페라와 발레 양식을 더욱 발전시킨 공
이 크다. 그는 음악 이론가로서 근대 화성학의
기초를 확립했다.

것을 의식적으로 노리면서 그것을 댄디즘(겉치레, 허세)의 미
학으로 승화시킨 사람이 드뷔시와 라벨이었다.

또한 이런 살롱 음악과 뮤직홀 음악과 함께 인상파에게
영감을 준 원천이 되는 것이 쿠프랭과 라모의 건반 음악이
다. 드뷔시의 '영상' 제1집의 '라모를 찬양하여'와 라벨
의 '쿠프랭의 무덤'에 대해서는 말할 필요도 없이, 드뷔시
의 '피아노를 위하여'와 라벨의 '하이든 이름에 의한 미뉴
에트', '소나티네'(특히 제2악장의 미뉴에트)에서도 어렴풋이
프랑스 로코코의 노스탤지어(향수)를 느낄 수 있을 것이다.

19세기 음악사는 한결같이 '보다 복잡한 것, 보다 장대
한 것, 보다 새로운 것'을 목표로 나아갔다. 음악사에서도
19세기는 진보사관의 시대였다. 1920년대 이후 그에 대한 회귀, 즉
19세기 이전의 단순함으로 돌아가려는 움직임이 전체적인 유럽의 조
류가 된다. 하지만 인상파 작품에서는 음악사가 진보사관에 열중한
19세기보다도 전 시대로 돌아가려고 하는 경향이 이미 앞서 존재하였
다. 이는 베토벤 이전 시대의 노스탤지어(향수)라고 해도 좋다. 살롱
음악이든 변두리 술집 음악이든, 프랑스 로코코(당시의 살롱 음악에 해당)
이든, 인상파가 사랑한 것은 '소리로 철학과 종교를 이야기하지 않는
음악'이며, '쾌적하며 세련된 소리의 장식 그 이상도 이하도 아닌 음
악'이었다.

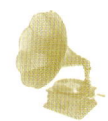

～ '엑조티시즘'에 탐닉하기 시작하다

살롱 음악, 변두리 술집 음악, 의고전적 경향(고전주의의 모방)에 엑조티시즘(이국의 정취에 탐닉하는 현상)을 더하면 프랑스 인상파 음악의 요소는 거의 갖추어지게 된다.

1889년 파리 만국박람회에서 들은 자바와 중국의 음악은 드뷔시에게 강한 영향을 끼쳤다. 또 젊은 시절의 드뷔시와 라벨은 러시아 음악을 강하게 동경하고 있었으며, 스페인 음악도 그들을 매료시켰다. 그런 모습도 엑조티시즘의 일종이라고 말할 수 있을 것이다.

이국 문화에 대한 강한 관심은 19세기 프랑스 예술의 특징이다. 해외 식민지가 많았던 것도 관련이 있을 것이다. 19세기 프랑스는 랄로의 '스페인 교향곡', 생상스의 '알제리아 조곡'과 '아프리카 환상곡', '피아노 협주곡 제5번 이집트', 비제의 '카르멘', 샤브리에의 '스페인 광시곡' 등 엑조티시즘으로 넘쳐나고 있었다.

그렇지만 자국 이외의 음악에 대한 프랑스의 이런 열린 자세는 19 세기 독일 작곡가들과 너무나도 대조적이다. 19세기 말에 특히 빈에서 터키 음악이 유행한 적이 있지만, 19세기 독일어권 작품에서 '이국의 요소'라고 하면 기껏해야 슈베르트나 브람스가 좋아하던 헝가리적 요소뿐이다. 동방 세계에서 제제를 취하고 있는 말러의 '대지의 노래'와 슈트라우스의 '살로메'에서도 이국적인 음악의 표현은 극히 억제되어 있었다.

이것은 아마 19세기 이후 독일 음악의 문화 순혈주의와 강한 관계가 있을 것이다. '세계에 뛰어난 독일 음악'의 위대함을 믿어 의심치 않는 그들의 지역적 음악 문화는 자국이 아닌 다른 곳에서 자극을 받으며 거기에서 배울 필요성을 그다지 느끼지 못한 것 같다.

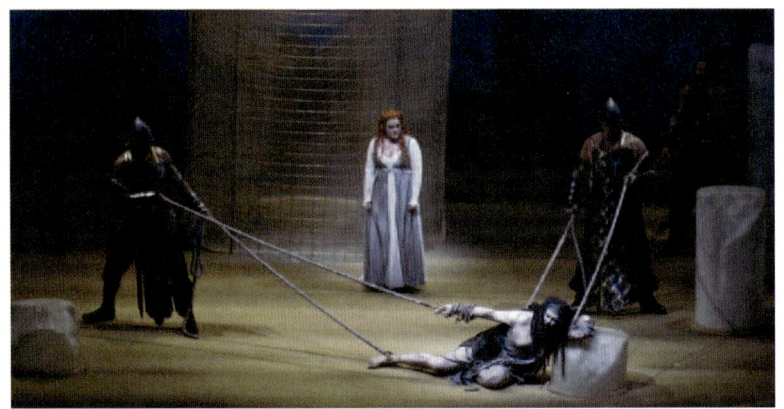

슈트라우스의 오페라 '살로메'
와일드의 희곡을 바탕으로 라흐만이 대본을 써서 1905년 12월 9일 드레스덴에서 초연된 것으로, 유대국 갈릴리를 무대로 세례 요한에 대한 살로메의 야릇한 애정과 증오를 묘사하고 있으며 그 음악은 바그너 풍에 속하는 작품이다.

물론 드뷔시나 라벨 이전에 프랑스 음악이 추구했던 엑조티시즘은 극히 원시적인 단계였다. 심벌즈와 징 등의 울리는 악기를 야단스럽게 울려보거나, 5음계를 중간 중간 섞는 정도였다. 그것은 그림으로 그린 듯한 오리엔탈리즘이었다. 서양적인 화음과 선율의 구조 자체는 전혀 무너뜨리지 않고 중간 중간에 향신료처럼 이국 요소를 더할 뿐이었다.

하지만 인상파(특히 드뷔시) 이후, 프랑스 음악의 이국적인 요소의 역할은 크게 변화한다. 그때까지 향신료로서의 엑조티시즘과 달리 이국음악이 전통적인 서양 음악의 어법을 확장시키고 혹은 그것을 해체하는 방향으로 작용하기 시작한 것이다. 이미 생상스는 엑조티시즘의 가능성에 대해서 다음과 같이 이야기 하고 있다.

"음악은 이제는 그 발전의 한계에 이르렀다. 조성은 한계에 달해 있다. 이것은 오로지 장조와 단조만 써왔기 때문에 생겨난 문제이다. 지금 낡은 선법을 재점검하고 있으며 그와 함께 훌륭하며 다채로운 동양의 선법이 예술 속으로 들어오고 있다. 이 모든 것이 고갈된 선율에 새로운 요소를 부여해 주어 풍부한 결실의 시대를 낳을 것이다."

'도미솔', '도파라'와 같은 화음, 혹은 '도레미파……'의 음계를 기초로 한 서양 음악의 어법은 그 성립으로부터 300년 가까이 지났다. 이 시대의 많은 작곡가들은 그 가능성이 거의 고갈되었다고 느끼고 있었다. 늙어버린 서양 음악을 소생시키기 위해서는 밖으로부터 피를 도입해야 한다고 느낀 것이다. 파리 만국박람회에서 들은 인도네시아 음악의 영향으로 드뷔시가 만든 '판화'의 제1곡 '탑'의 대범한 화성은 서양의 기성 음악 사고에서는 결코 생겨날 수 없던 것이다.

슈트라우스와 맘모스 오케스트라

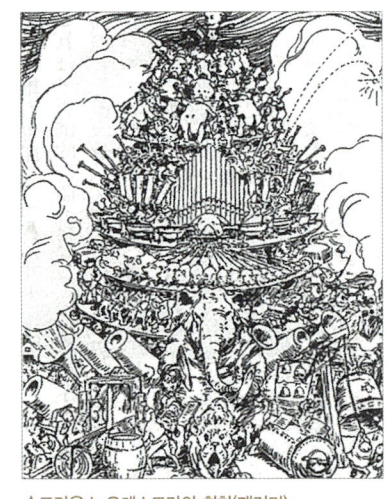

슈트라우스 오케스트라의 희화(패러디)
최신 종과 대포를 탑재한 전함같이 보이기도 한다.

이런 프랑스 근대 음악의 움직임과 대조적인 모습을 보여주는 것이 포스트 바그너 시대의 독일 음악이다. 그 대표가 말러(1860~1911년)와 리하르트 슈트라우스(1864~1949년)이다. 제5장에서 말한 '물량 작전'과 '음악의 의사 종교화'와 같은 낭만파 음악의 두 가지 경향은 그들에 이르러 절정에 달하게 된다.

맘모스 오케스트라에 의한 물량 작전이라고 하면 말러의 오케스트라도 거대하다. 그렇지만 그의 작품에는 리트(독일 가곡)적인 친밀함이 대음량에 뒤지지 않는 중요한 역할을 하고 있다.

'중장비를 사용한 맘모스 오케스트라로 청중을 깜짝 놀라게 하는 음악'의 대표는 <u>슈트라우스</u>다. 바이올린의 파가니니, 피아노의 리스트에 해당하는 것이 오케스트라에서는 베를리오즈라고 하면, 그를 더욱 능가하는 음악사 최대의 오케스트라 대가가 슈트라우스이다. 그는 19세기 음악의 큰 특징인 '허세 원리'를 노골적으로 전면에 내세우고 있다.

이것을 특히 확연히 나타내는 것이 곡을 시작하는 방법이다. 그는 브루크너와 같이 차분히 시간을 들여 침착하며 여유롭게 클라이맥스를 쌓아가는 방법을 취하지 않는다. 슈트라우스는 곡이 시작되자마자 바로 청중의 마음을 사로잡으려 한다. 그는 클라이맥스를 가장 첫 부분에 가져오는(쉽게 말하면 '최초의 일격으로 제압하는 것') 경향이 있다. 그 전형이 교향시 **'차라투스트라는 이렇게 말했다'**(1896년)와 '영웅의 생애'(1899년)이다('돈주앙'과 '알프스 교향곡'도 마찬가지이다). 이렇게나 압도적으로 곡을 시작한 작곡가는 슈트라우스뿐일 것이다. 하지만 가장 '굉장한' 것은 처음 부분뿐이다. 아무리 기다려도 거센 파도와 같은 첫 부분을 능가하는 클라이맥스는 나타나지 않는다. 오히려 곡이 진행됨에 따라 첫 부분의 넘치는 힘은 점점 약해져가고 마지막은 체념 속에서 사라지듯이 끝난다. 이것이 슈드리우스 작품들이 특징이다. 이런 슈트라우스의 힘의 과시와 허무주의와의 공존은 그가 숭배하던 니체와 매우 닮았다.

같은 '영웅 교향곡'이라도 슈트라우스의 '영웅의 생애'에는 베토벤의 '영웅 교향곡'처럼 안쪽에서부터 넘쳐 나오는 힘은 없다. 슈트

슈트라우스[Richard Georg Strauss, 1864~1949]
독일 후기 낭만파 마지막 대표 주자로 오페라 '살로메'와 교향시 '돈 후안'을 남긴 대작곡가이며 지휘자로 명성을 쌓았으나 만년에 나치스 정권에 협력한 결과가 된 사건들 때문에 사상 없는 사람이라는 비난을 받았다.

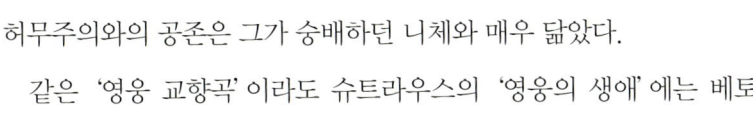
'차라투스트라는 이렇게 말했다'
니체의 '차라투스트라는 이렇게 말했다'의 내용을 바탕으로 한 리하르트 슈트라우스의 교향시. 영화 『2001 스페이스 오딧세이』의 '인류의 여명' 부분에서 쓰여 잘 알려진 작품이다.

라우스의 '영웅'은 힘껏 '적'을 덮쳐누르려 하지만 결코 베토벤과 같은 충실한 피날레에 이를 수 없다. 그의 '영웅'은 체념 속에서 죽음을 맞이한다.

슈트라우스의 친구였던 로맹 롤랑이 이것을 적절하게 표현하고 있다. 베토벤 작품이 '완전히 격파한 영웅의 승리'라고 하면, 슈트라우스 작품은 '완전히 격파당한 영웅의 패배'인 것이다. 단 이것은 결코 슈트라우스 작품에 결함이 있어서가 아니라, 이 시대 서양 음악에 결여된 한 가지 정신적 위기의 징조라고 생각해야 할 것이다.

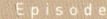

Episode

 베토벤이 영웅 교향곡의 속표지를 찢은 까닭

아무리 클래식에 대해 모르는 사람이라도 "밤밤밤빰! 밤밤밤빰!"으로 시작하는 베토벤의 영웅 교향곡에 대해서는 한 번쯤 들어본 적이 있을 정도로 영웅 교향곡은 클래식의 최고봉으로 통한다. 그런데 베토벤이 이 불후의 명작을 만들었다가 속표지를 찢어버리는 사건이 있었다는 사실을 아는 사람은 많지 않을 것이다. 그 사연은 당시 베토벤의 마음속 영웅이었던 나폴레옹이 황제로 등극하면서 발생했다. 베토벤은 나폴레옹이야말로 민중을 구원해줄 진정한 영웅이라고 믿고 있었다. 그런데 그 역시 속물끼를 유감없이 드러내며 왕관을 머리에 쓰고 만 것이다. 사실 베토벤은 나폴레옹에게 헌정할 목적으로 영웅 교향곡을 만들었다. 그래서 악보의 속표지에 보나파르트(나폴레옹의 이름) 아래에 '베토벤'이라는 이름을 적어 보낼 참이었다. 바로 그 순간 베토벤은 비극적인 소식을 들었고 곧바로 악보의 속표지를 찢어버렸다. 그리고 훗날 나폴레옹이 죽었을 때 그는 이렇게 말했다.

"그럴 줄 알고 내가 음악에 적당히 써두었지."

놀랍게도 영웅 교향곡의 제2악장에는 영웅의 죽음을 암시하는 장송 행진곡이 포함되어 있었다고 하며, 이 때문에 베토벤은 더욱 유명해지게 되었다.

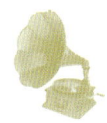

⤳ 신 없는 시대의 종교 음악—말러의 교향곡

슈트라우스가 낭만파 음악의 '물량 작전'을 상징하는 작곡가의 한 사람이었다고 한다면, 초기 낭만파 시인 이후의 형이상학적인 음악관의 가장 충실한 계승자는 말러이다.

어린 시절 "커서 무엇이 되고 싶나"라는 물음에 "순교자"라고 대답했다는 그는, "교향곡을 쓰는 것은 하나의 세계를 창조하는 것이다"라고 말하고 있다. '나는 도대체 어떤 존재인가?', '사람은 어디에서 와서 어디로 가는가?', '어떻게 하면 사람은 다시 구원을 찾을 수 있을까?'······ 말러가 쓴 9개의 교향곡은 이런 형이상학적인 물음과의 진지한 대결이다.

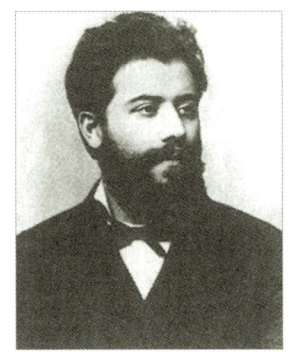 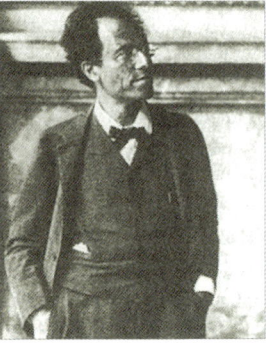

1883년(왼쪽) 및 1907년(오른쪽) 말러의 모습

젊은 시절 그는 평범한 얼굴이었다. 후의 사진과 비교해 보면 그 용모의 변화는 놀라지 않을 수 없다. 찌를 듯한 날카로운 눈빛으로 그는 도대체 무엇을 보고 있는 것일까. 참고 견디는 듯 일자로 굳게 다문 강렬한 의지를 나타내는 입은 대체 무엇을 말하려 하는 것일까.

종종 합창이 따르는 그의 교향곡은 장르적으로는 교향곡과 오라토리오를 결합한 것이라고 할 수 있다. 그것은 기악과 성악을 종합한 우주적인 깨달음을 높이려 하는 시도이며, 그 모델은 말할 필요도 없이 베토벤의 '제9교향곡'이다.

부조니(1866~1924년)의 남성 합창과 함께한 거대한 '피아노 협주곡'(1904년), 니체에 기인한 딜리어스(1862~1934년)의 '인생의 미사'(1905년), 스크랴빈의 '교향곡 제5번 프로메테우스'(1910년), 쇤베르크의 '구레의 노래'(1911년) 등 이 시대의 많은 작곡가가 '세계관 음악'이라고도 할 수 있는 합창을 동반하는 거대 오케스트라 작품에 도전했다.

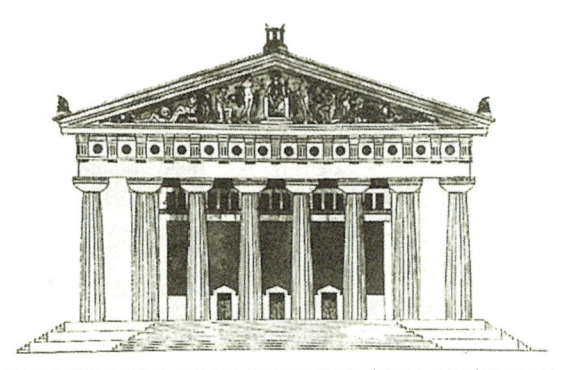

1907년 뮌헨의 건축가 에른스트 하이거가 구상한 '심포니 하우스'의 건조물이다. 그리스 신전을 모방하고 있는 것에서 알 수 있듯이 이 시대에 '교향곡을 연주하는 혹은 듣는' 것은 거의 종교 체험이었다.

하지만 말러의 교향곡이 특이한 것은 맘모스 오케스트라의 우주적 울림이 리트(독일 가곡)의 요소와 결합된 점이다(특히 제5번까지의 교향곡에는 모두 '방황하는 젊은이의 노래'나 '뤼케르트 가곡'과 같은 자작 리트의 주제가 사용되었다). 리트라는 19세기의 가장 친밀한 장르가 교향곡(오라토리오)이라는 가장 장대한 장르와 결합한 것이다.

말러에게 교향곡과 리트의 결합은 대체 무엇을 의미하고 있었던 것일까? 그것을 단적으로 이해할 수 있는 작품이 연주에 한 시간 반을 요구하는 장대한 '교향곡 제3번'(1902년 초연)의 마지막 악장이다. 자작 리트 인용은 아니지만, 이 악장의 초반부의 주제는 명백하게 리트의 성격을 띠고 있다.

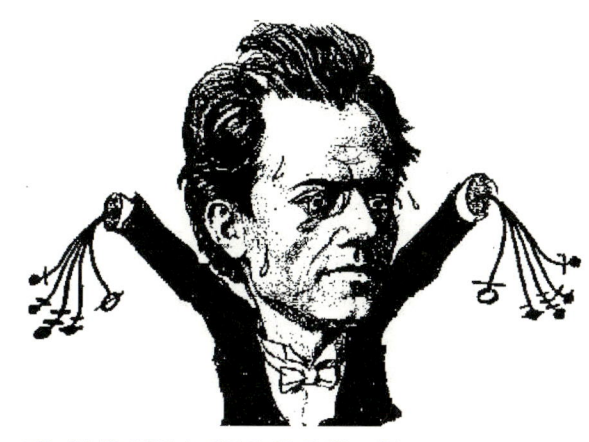

모든 타악기를 사용하려고 했던 말러를 풍자한 스케치

민요처럼 누구나가 흥얼거릴 수 있으며 온화하고 수수한, 약간은 코랄을 연상시키는(이 악장이 띠고 있는 종교 음악적인 성격은 이것과 관련되어 있다) 소박한 선율이다. 여기에는 오페라의 아리아와 같이 관객의 인기를 노리는 큰 음정 도약이나 콜로라투라 풍의 장식은 전혀 없다. 이것은 많은 청중 앞에서 목청 높여 자신을 어필하거나, 누군가에게 들려주기 위한 음악이 아니다. 마치 문득 깨달으면 마음에 떠올라 있으며, 나도 모르는 사이에 혼자 흥얼거리는 그런 선율이다. 이것은 오페라같이 화려한 슈트라우스의 주제와 대조적이다.

이 주제를 전개시켜 가는 말러의 기법은 훌륭하다. 특히 감동적인 순간이라고 하면 장장 30분에 가까운 시간에 걸쳐 간신히 다다르는 클라이맥스에서 나타나는 트럼펫 솔로일 것이다. 초반부의 주제가 멀리서 아련하게, 하지만 높게 되돌아온다. 그것은 마치 이름 없는 사람의 마음에 떠오른 이름 없는 선율이 천상까지 닿아 그 메아리가 천사가 부는 트럼펫 소리가 되어 다시 지상으로 내려오는 것만 같다.

대지의 노래

이태백·맹호연·왕유 등의 시를 번역한 가사로 된 교향곡으로 죽음을 가까이 느낀 말러의 인생에 대한 한없는 애착을 느낄 수 있으며, 테너와 알토가 교대로 부르는 6개의 독창곡 '대지의 애수를 노래하는 술의 노래', '가을에 외로운 자', '청춘에 대하여', '아름다움에 대하여', '봄에 취한 자', '고별'이 관현악과 일체를 이루고 있는 작품이다.

이 계시의 순간(이런 경우 말러는 종종 트럼펫 솔로를 쓴다)을 경계로 마치 천상과 지상 사이에서 서로 되울리는 것처럼 이 선율은 점점 음량을 더해 오르간과 같이 울려 퍼지며 마지막 화음에 이른다. 이렇게나 마음을 뒤흔드는 음악은 처음이다.

이 클라이맥스에서 무엇보다도 놀랄만한 것은 아무리 큰 음향이 되어도 선율은 결코 리트적·내면적 성격을 잃지 않는다는 점이다. 음향이 커지면 커질수록 더욱 더 청중은 각각의 내면 세계로 깊이 빠지게 된다. 이것은 청중에게 갈채를 받기 위한 음악이 아니다. 교향곡이면서도 그것은 기도의 음악인 것이다. 가장 좋은 증거는 이 제3교향곡(혹은 제9교향곡과 '대지의 노래')이 라이브로 연주될 때, 마지막 울림이 사라져도 한동안 어느 한 사람 박수를 치려 하지 않는다는 사실이다. 그것은 마치 미사가 끝난 후 한 사람 한 사람이 여러 가지 생각이 가슴에서 조용히 지나가는 것을 암묵적으로 구하는 것과 같다.

음악이 점점 세속화해 가는 바로크 이후의 음악사에서 말러는 음악 속에서 다시 신을 찾으려 한 작곡가였다. 하지만 종교가 죽은 19세기에 태어난 그에게는 '스스로 있는 자'인 신은 결코 확실하지 않은 존재였을 것이다.

게다가 그는 가톨릭으로 개종한 유대인이었다. 당대 제일의 지휘자로서 빈 궁정 가극장의 음악 감독의 지위를 노릴 때 그편이 유리하였기 때문이다. 그는 아무런 의심 없이 '신은 있다'라고 말할

쇤베르그가 그린 말러의 초상화[1910년 作]
말러가 죽기 1년 전 모습

수 없었을 것이다. 신을 향한 희구와 회의, 세속을 향한 집착 사이의 분열은 아마도 바흐와 같은 사람들은 전혀 알 수 없는 것일 것이다. 그렇지만 이 괴로운 자기 분열이야말로 말러의 음악을 현대인에게도 실제적인(그만큼 감동적인) 존재로 만들어주고 있다.

쇤베르크는 말러의 열렬한 신봉자였다. 1912년에 그는 당시 구상 중인 오라토리오(후에 '야곱의 사다리'가 된다)의 주제에 대해서 다음과 같이 말하고 있다.

(시인 리하르트 데멜에게 보낸 편지) "물질주의, 사회주의, 무정부주의로 가득찬 무신론자이지만 그래도 예전 신앙의 흔적을 조금은 (미신이라는 형태로) 갖고 있는 오늘날의 인간, 이 현대의 인간이 어떻게 신과 겨루어 결국에는 신을 찾아내고 신앙을 갖기에 이르는가, 기도하는 것을 배우게 되는가."

여기의 '어떻게 현대인은 다시 신을 찾아내고 기도하는 것을 배우게 되는가' 라는 물음이 말러의 창작에서 근본이 되었을 것이다.

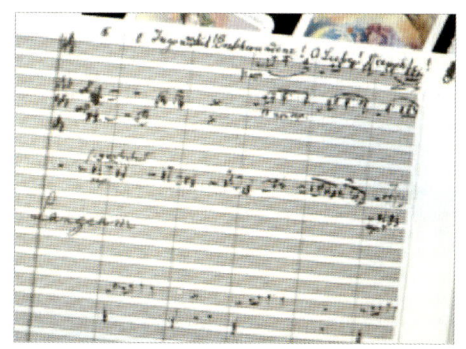

말러의 '제9번 교향곡' 자필 초고

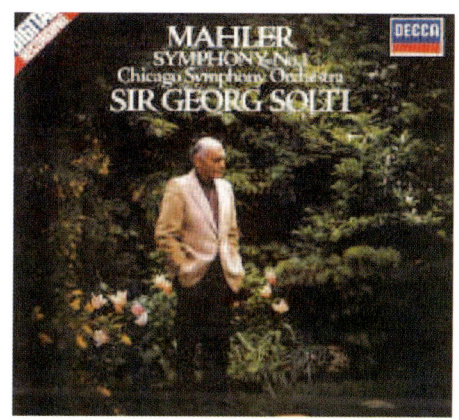

게오르그 솔티의 말러 교향곡 1번 앨범 표지

말러 붐을 일으키며 말러 교향곡 전집을 완성했던 게오르그 솔티는 강렬하고 거침없는 금관악기의 역동성과 현대 오케스트라의 기능성을 가장 잘 표현하였다고 평가를 받았다.

✇ 경계를 뛰어 넘는가, 파국인가
─제1차 세계대전 전야

　세기 전환기에 활약한 세 명의 주역, 말러(1860년생)와 드뷔시(1862년생), 리하르트 슈트라우스(1864년생)는 거의 동년배이다. 그들은 시대의 가장 전위적인 작곡가로 알려져 있었으며, 그 작품은 종종 스캔들을 일으켰다. 그림으로 나타낸 캐리커처를 보면 그들이 동시대의 사람들에게 어떻게 생각되었었는지 잘 알 수 있을 것이다.

　하지만 말러도 드뷔시도 슈트라우스도 반항아 포즈와는 달리 보다 많은 사람에게 어필하는 것을 잊은 적은 없었다. 뭐라 해도 그들은 항상 사람들의 화젯거리가 되는 작곡가였다. 하지만 1910년 후반이 되면 말러와 드뷔시와 슈트라우스보다도 젊은 세대인 쇤베르크

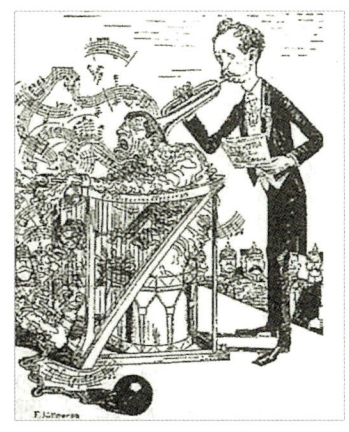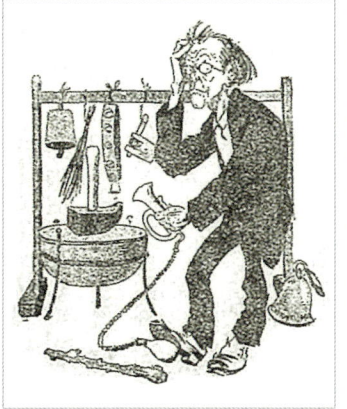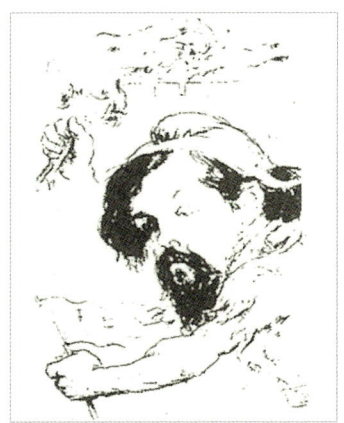

선기(일렉 엘렉드라) 의자로 죄수를 처형하는 슈트라우스(왼쪽), 제6교향곡의 해머 옆에 선 말러(중앙), 음악원에 불을 던지는 드뷔시(오른쪽) 동시대 캐리커처에서 그들은 모두 변질자, 범죄자처럼 묘사되어 있다.

(1874~1951년)나 스트라빈스키(1882~1971년)와 같은 사람들이 대중에게 더욱 과격한 자세를 취하기 시작하게 된다. 그들이 해낸 것은 기존에 이어져 왔던 서양 음악의 틀을 근본부터 뒤엎는 실험이었다.

제1차 세계대전 직전이었던 이 시대에는 '음악'에 대한 세 가지 기성 관념이 뒤집어졌다. 먼저 첫 번째로 쇤베르크가 시도한 '조성'의 파괴이다. '음악에는 중심음이 있

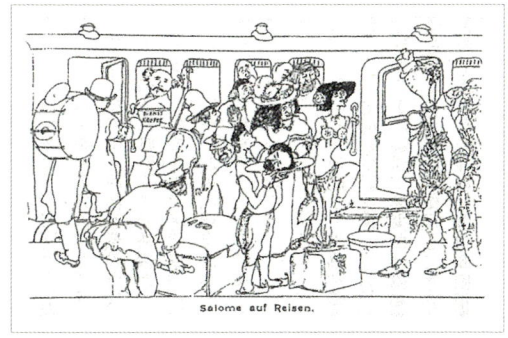

특별 열차로 이동하는 살로메 일행
슈트라우스의 '살로메'는 초전위적인 작품임에도 불구하고, 이런 캐리커처가 그려질 정도의 평가를 얻었다. 그리고 슈트라우스는 '살로메' 인기로 뮌헨 근교의 가르미슈에 멋진 별장을 세웠다.

다', '음악은 도미솔이나 도파라와 같은 화음으로 되어 있다', '어떤 불협화음이 나와도 마지막은 반드시 협화음으로 해결하고 곡을 끝낸다'와 같은 사고를 뒤집어 엎은 것이다. 이미 리하르트 슈트라우스가 그의 가장 과격한 악극 '엘렉트라'(1909년)에서 실질적으로 조성을 붕

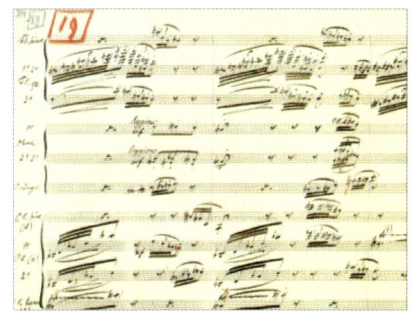
스트라빈스키의 '불새' 악보

괴 직전까지 몰고 갔었다.

그렇지만 아무리 불협화음을 써도 슈트라우스는 거의 예외 없이 마지막은 삼화음(도미솔)으로 곡을 끝 냈다. 오히려 그는 대량의 불협화음으로 청중의 귀를 괴롭혀 적은 협화음을 한층 효과적으로 아름답게 울 리게 하는 교묘한 기술을 터득하고 있었다고 말할 수 있을 것이다.

그에 반해 극히 급진적인 기질을 갖고 있던 쇤베르크는 대중과 이 런 일종의 타협을 단호하게 거절하고 곡 안에서 일절 협화음을 몰아 낸다. 진정으로 자신이 믿지도 않는 도미솔의 해피엔딩으로 곡을 끝 내는 것은 그에게는 견디기 힘든 일이었을 것이다. 1911년에 쓴 '6개

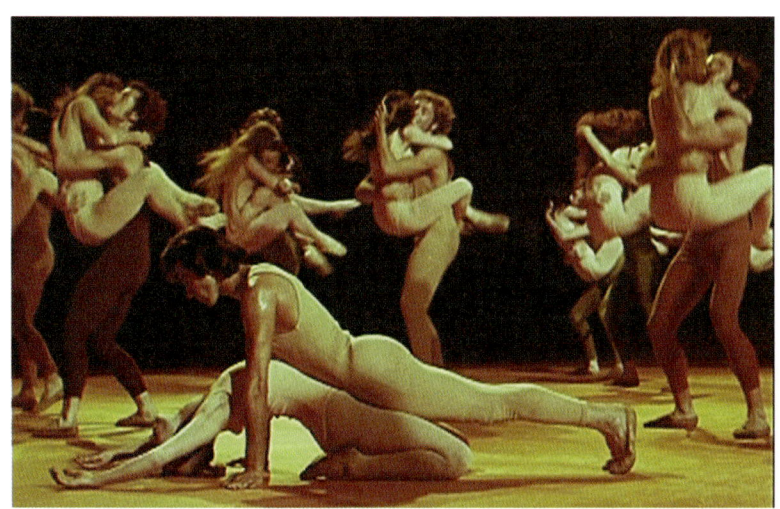

'봄의 제전'
20세기 음악의 혁신적 작품으로 손꼽히는 스트라빈스키의 발레 음악이다. 러시아 이교도들의 태양과 대지 에 대한 찬미를 소재로 한 곡으로, 강렬한 리듬과 원시주의적 색채가 강한 선율로 '대지 예찬', '희생' 등 의 총 2부 14곡으로 구성되어 있다.

의 피아노 소품'의 작품 19 등이 가장 극단적인 예이다.

파괴된 두 번째 요소는 '박자의 일정성'이다. 종래의 음악에서는 기본적으로 한 가지 곡 안에서는 박자가 변하지 않았다. 4분의 3박자 곡은 원칙적으로 처음부터 끝까지 4분의 3박자이다. 이 원칙을 뒤집은 것이 스트라빈스키의 발레곡 '봄의 제전'(1913년)이다.

특히 이 작품 마지막의 '산 제물의 춤'에서는 16분의 5, 8분의 2, 8분의 1, 8분의 2, 16분의2, 16분의 3과 같은 형태로 끊임없이 박자가 변화한다. '불새'(1910년)와 '페트루슈카'(1911년)가 큰 인기를 얻은 것과 대조적으로 이 '봄의 제전'의 파리 첫 공연은 전대미문의 스캔들을 일으켰다. 물론 2회째 공연은 성공을 거두었지만 '봄의 제전' 스캔들은 그 시대에 생긴 전위 작곡가와 대중 사이의 균열을 일으킨 극단적인 사건이었다.

쇤베르크와 스트라빈스키가 한 것만큼은 알려져 있지 않지만 세 번째로 들고 싶은 것이 '악음'의 파괴이다. 말할 필요도 없이 종래의 음악은 '악음(일정한 음정을 갖는 악기 혹은 사람의 소리에 의한 음)'에 의해 만들어진 것이다.

19세기 후반이 되면 그때까지는 생각도 할 수 없었던 다양한 타악기가 사용되는데(일정한 음정을 갖지 않는 심벌즈, 징, 북 등의 울림은 음악과 조화되지 않는다), 그래도 악곡의 골격을 지탱해 주는 것은 어디까지나 현악기와 관악기였다.

이 '음악의 소재＝악곡'이라는 기존의 개념을 뒤집으려 시도한 사람은 이탈리아의 전위예술가 루이지 루솔로(1885~1947년)이다. 이른바 미래주의자였던 그는 1913년에 인토나루모리라는 '악기'를 발명한다. 이것은 자동차 엔진과 같은 폭발음과 총의 발사음, 파리가 나는 것 같은 소리, 유리를 비비는 것 같은 소리들로 이루어진 '소음 악기'이다. 이같은 시도는 제2차 세계대전 후 구체 음악 등의 시초가 되는 실험이었다.

제1차 세계대전이 발발한 것은 1914년 여름이다. 빈의 황태자가 사라예보에서 암살당한 것이 계기가 되어 유럽 열강은 피에 굶주린 것처럼 서로 선전포고를 하고, 순식간에 전 유럽이 전쟁에 돌입한다.

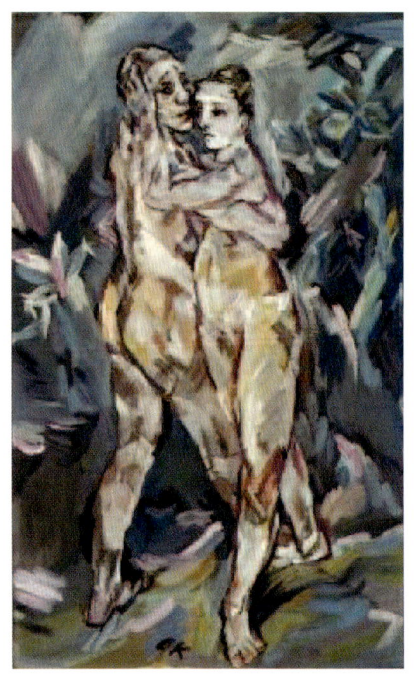

코코슈카의 '두 누드 연인', 1913 作
이 작품은 코코슈카가 사랑했던 당대 최고의 작곡가 말러의 부인인 알마 말러를 모델로 그려졌다.

제1차 세계대전은 거의 40년 만에 유럽 본토에서 일어난 전쟁일 뿐만 아니라, 인류 사상 처음으로 근대 병기(전차(戰車), 다이너마이트, 잠수함, 군용기 등)가 사용되고 전대미문의 대량 살육이 일어난 전쟁이다. 이 전쟁으로 인해 유럽은 초토화된다. 일반적으로 예술가는 사람들이 깨닫지 못한 미미한 징조를 지진계와 같은 감도로 알아채는 부분이 있다.

미술계에서는 특히 독일과 오스트리아에서 1910년 무렵부터 가까이 다가온 카타스트로프의 예언이라고밖에 말할 수 없는 작품이 나타나기 시작했다. 코코슈카와 실레의 표현주의와 칸딘스키(쇤베르크의 친구이기도 하다)의 추상화와 같은 작품들이 그것이다. 그리고 이 무렵 음악사에서도 전통적인 틀을 산산조각 내는 균열이 생기기 시작한다.

Chapter **07**

20세기에 무엇이 일어났는가

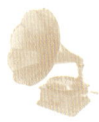

〰️ 1차 세계대전의 끝과 낭만파와의 결별

세기 전환기에 활약한 대가들의 창작 활동은 제1차 세계대전을 경계로 마치 약속이라도 한 듯 점점 쇠약해지기 시작한다. 말러는 이미 1911년에 세상을 떴고, 스크랴빈은 전쟁의 한창 때(1915년), 드뷔시는 대전이 끝남과 거의 동시에(1918년) 사망했다. 또 대전 후 리하르트 슈트라우스에게는 창작 활동에 대한 쇠퇴의 기미가 명백하게 보이기 시작했으며, 라벨과 푸치니, 라흐마니노프, 시베리우스는 발표하는 작품수가 극단적으로 줄어들고 있었다. 그들의 유명곡 대부분은 전쟁 전에 쓰인 곡들이다.

제2차 세계대전 후, 세기 전환기의 대가들(1860~1870년대 태어난 세대)을 대신하여 음악사의 무대에 등장하게 된 것이 프로코피예프

(1891~1953년), 쇼스타코비치(1906~1975년), 힌데미트(1895~1891
년), 미요(1892~1974년), 풀랑(1899~1963년)과 같은 1890~1900년
대에 태어난 세대의 젊은이들이다.

이 시대에는 베르사유 조약이 체결되고 바이마르 헌법이
제정된다. 또 국제 연맹이 결성되고 프롤레타리아 혁명이 일
어나며, 소비에트 연방이 성립된다. 또한 마를렌 디트리히,
채플린의 영화, 카바레 문화가 큰 인기를 얻고 재즈와 폭스
트롯트, 복싱과 같은 미국 문화가 크게 유행하게 된다.

제1차 세계대전이 끝난 1918년부터 제2차 세계대전에 돌
입할 때까지의 짧은 기간 동안 번영한 떠들썩한 향락의 시
대에 음악사의 주역이었던 인물들은 앞서 말한 앙팡테리블
(무서운 아이, 남을 고려하지 않는 무책임한 사람을 가리키는 말. 장 콕
토의 소설에서 비롯된 말)이었다.

1920년대에 등장한 신진 작곡가들에게 공통되었던
것은 낭만파에 대한 극도의 혐오이다. 낭만파 음악 시
대는 1920년대에 들어 거의 완전히 종식되었다(최근 재평
가가 두드러지는 콘골드의 오페라 '죽음의 도시'(1920년)와 쉬레커의 악
극 '보물찾는 사람'(1820년)과 같은 낭만파 성숙의 끝과 같은 작품도 조
금 있었지만). 새로운 세대는 오르간과 같은 울림, 관능적
인 화음, 정서가 뒤얽힌 선율, 사제와 같은 엄숙한 모
습, 내성적인 예술가의 고독한 영혼의 표현과 같은 것
을 철저하게 배제하려고 했다.

그들의 1920년대 작품을 특징짓는 것은 재봉틀을 밟

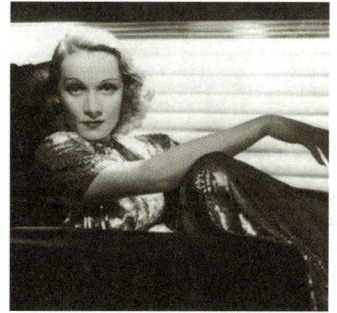

독일의 여배우이자 가수인 마를렌 디트리히
[1901~1992]

🎻 **폭스 트롯트**
제1차 세계대전 전에 유럽에 소개된 것으
로, 원래는 슬로우 동작과 퀵 동작이 혼합
된 정열적인 댄스였다. 폭스 트롯트 명칭
은 이것을 창안한 해리 폭스(Harry Fox)의
이름에서 온 것이다.

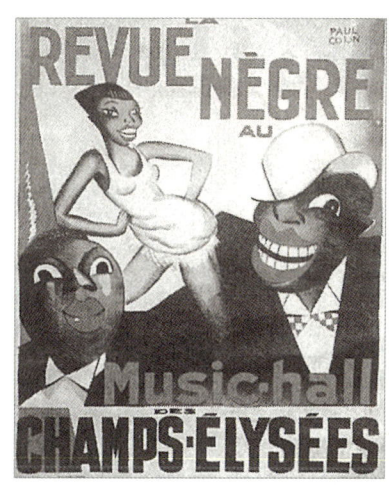

1920년대 특히 파리와 베를린에서 아메리칸 댄스가
크게 유행하여, 사람들은 '녹아웃', '오케이'와 같은
슬랭(신조어)를 썼다. 또한 헨리포드의 자서전이 베스
트셀러가 되고, 조세핀 베이커라는 흑인 스트리퍼가
영광적인 환영을 받았다.

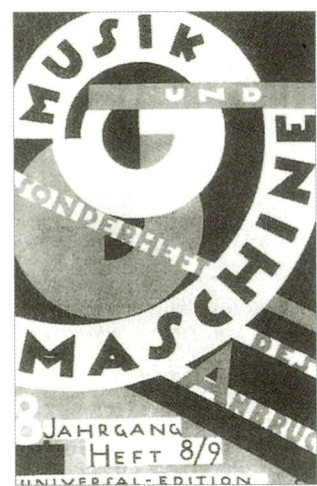

1920년대를 대표하는 오스트리아 음악 잡지 『안부르흐』는 1927년에 '음악과 기계'라는 특별호를 펴냈다. 라디오와 레코드, 자동 음악과 같은 새로운 '기계적인' 미디어의 음악적 가능성이 이 시대부터 빈번하게 사람들의 입에 오르내리게 된다.

는 것과 같은 기계적인 리듬, 잔향 없는 건조한 울림, 신랄한 조소, 그리고 재즈와 카바레 음악과 같은 것들이었다.

이미 프로코피예프의 '교향곡 제1번 고전교향곡'(1919년)에는 이런 경향이 나타나 있으며, 아직 학생이었던 쇼스타코비치의 천재적인 데뷔작 '교향곡 제1번'(1925년)도 마찬가지다. 또 클라이맥스에서는 아코디언이 유행가를 연주하며, 소방차의 사이렌이 울려 퍼지는 힌데미트의 떠들썩한 '실내음악 제1번'은 이 시대의 기분을 단적으로 나타내고 있는 작품의 하나이다. 이런 작곡 조류는 독일에서는 '신즉물주의(신현실주의)', 프랑스와 그 외에서는 '신고전주의'라고 불린다. 낭만파를 혐오하며, 일부러 악동과 같은 자세를 취해보이는 것이 이 시대에 등장한 신진 작곡가들의 특징이다(단 힌데미트와 풀랑, 프로코피예프, 쇼스타코비치는 후기에 더 '낭만적인' 작풍으로 회귀하게 되었다).

이 시대에는 작곡뿐만이 아니라 연주 스타일도 크게 변화한다. 19세기의 연주에서는 가능한 한 잔향을 가득 울리고, 느긋한 템포를 고르며, 기분 내키는 대로 빈번하게 템포를 흔드는 것이 주류였다. 푸르트벵글러와 크나퍼츠부쉬, 멩겔베르크 혹은 피아니스트로서의 라흐마니노프에게는 이런 19세기 연주 스타일이 진하게 남아 있다.

그에 비해 1920년대에 들어서면 움직임을 약하게 하고, 템포를 거의 흔들지 않는다. 또 감정이입을 피하고, 탄탄한 근육을 과시하는 듯한

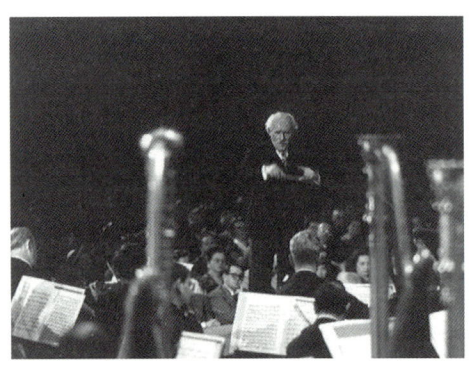

토스카니니 [Arturo Toscanini, 1867~1957]
20세기 전반을 대표하는 지휘자로 연주자의 해석을 가능한 한 배제하고 작곡자의 의도에 맞게 악보를 잘 이해한 지휘 기술과 악단 통제 능력이 뛰어나다고 평가되고 있는 인물이다.

운동 감각을 강조한 연주가 유행하기 시작한다. 이것이 소위 '신기물주의'라고 불리는 것으로 토스카니니와 쉐르헨이 그 대표 인물이다. 베토벤과 브람스의 교향곡을 토스카니니(혹은 쉐르헨)와 비교해 들어보면 이 시대에 새롭게 등장한 연주 스타일이 어떤 것인지 바로 이해할 수 있을 것이다.

Episode

토스카니니가 무료로 지휘한 사연

토스카니니는 청년 시절 이미 그 능력을 인정받는 지휘가가 되어 있었으며, 그의 인기는 하루가 다르게 치솟고 있었다. 그러자 주변에서 그를 시기하고 질투하는 지휘자들이 하나둘 생겨나게 되었다. 그 중에는 이미 환갑을 바라보는 한물간 지휘자도 있었다. 그는 토스카니니를 안하무인격으로 대했으며, 자신이야말로 최고의 지휘자라며 떠들고 다녔다. 그러던 중 이탈리아에서 가장 중요한 음악제인 베르제 음악제가 열리게 되었다. 지휘자라면 누구나 그 음악제의 지휘자가 되고 싶어 할 정도로 선망의 대상이 되는 음악제였다. 그런데 이 노인 지휘자는 은근히 자기가 베르디 음악제의 지휘가가 될 것을 기대하고 있었는데, 그만 토스카니니에게 그 기회가 돌아가고 말았다. 이에 노인 지휘자는 울분을 토하며 한바탕 난리를 쳐댔다. 이에 당황한 음악제 관계자가 마지못해 음악제 끝부분의 가극 지휘를 맡아달라고 부탁했다. 그러자 노인 지휘자는 흥분한 마음을 가라앉히고 "대신 내 지휘료가 토스카니니보다 1리라는 더 많아야 한다"는 조건을 내걸었다. 이렇게 하여 음악제는 무사히 끝이 났고 노인 지휘자에게 지휘료가 송금되었는데, 글쎄 봉투 속에 1리라밖에 들어 있지 않은 것이다. 노인 지휘자는 노발대발했으나 그 아래에 적힌 사연을 읽고 그만 아무 말도 하지 못했다고 한다. 그 사연은 다음과 같았다.

"약속대로 토스카니니보다 1리라 많은 금액을 보내드립니다. 고맙게도 이번 공연에 토스카니니는 무료로 지휘를 해주었습니다."

신고전주의 시대를 이끈 스트라빈스키

낭만파 음악은 성숙의 끝단계였던 제1차 세계대전 직전에 와해되고 말았다. 그리고 대전 후에 나타난 앙팡테리블에 의해 결정적인 타격을 받았다. 1920년대의 안티 낭만파 조류의 카리스마적 존재로 추대받은 인물은 1920년대 신고전주의 시대의 스트라빈스키이다.

그것은 '바로크 시대로의 회귀'와 같은 단순한 회고가 아니다. 창작 전환의 계기가 된 것은 '병사 이야기'(1918년)와 '풀치넬라'(1920년)이다. '병사 이야기'에서는 서커스나 벼룩시장에서 들릴 법한 '변두리 음악'과 왈츠, 코랄 등 원래는 서로 관계없던 각각의 음악 양식이 콜라주처럼 인용된다. '풀치넬라'는 18세기 전반

풀치넬라

"18세기 페르골레지의 음악에 오케스트레이션을 붙여 발레 음악으로 편곡해 달라"는 발레 뤼스의 창설자 디아길레프의 제안으로 만들어진 작품이다. 대부분 미완성이거나 일부분에 불과한 악보나 자료(이탈리아 음악원에서 자필 악보의 형태로 발견)에서 페르골레지 음악의 진정한 가치를 발견하고 그 악보들 가운데서 세 개의 오페라 '연애하는 수도사'와 '일 플라미니오', '시리아의 아드리아노' 등 여러 작품들을 편곡해서 1920년에 발레 음악 '풀치넬라'로 완성했다.

나폴리의 작곡가 페르골레지의 트리오 소나타 및 오페라 아리아의 편곡 작품이다. 여기에서도 조금씩 교묘한 패러디가 더해져 있다. 이것들은 이미 알려진 재료의 인용과 배열만으로 곡을 쓰는 시도였다. 이용된 소재 자체는 전부 익숙한 것들이다. 그럼에도 불구하고 미묘한 문맥의 옮김에 의해 독특한 이화(異化) 작용이 생기는 것이다. 이런 점에서 스트라빈스키의 신고전주의는 그의 친구였던 피카소의 콜라주(근대 미술의 특수 기법)와 너무나 닮은 기법을 기반으로 하고 있다.

낭만파의 음악사를 지탱하고 있던 것은 오리지널리티의 원리였다. 19세기의 음악사에 이름을 남기려 하는 작곡가들은 과거에 입각하면서도 그 이상으로 새로운 독창적인 무언가를 만들어 내야 한다는 사명감에 사로잡혀 있었다. 하지만 스트라빈스키는 이 '역사의 진보'와 '오리지널리티 숭배'를 근본적으로 부정한다. 신고전주의 시대에 그가 했던 작곡 원리는 양식 인용과 배치, 쉽게 말해 '모방'과 '패치워크(조각을 붙여 한 장의 천을 만드는 수예)'이다. 이것은 낭만파에서 가장 경시되어온 것이었다.

잘 들으면 그의 패러디 기법은 초일류 작곡가만이 할 수 있는 실로 정교하고 치밀한 것이다. '풀치넬라'의 앞부분의 주제를 예로 들어보자. 처음 프레이즈 한 부분에만 18세기에는 절대 있을 수 없는 불협화음이 혼입되어 있다. 솜씨 좋은 위조 지폐 제작자는 실물과 똑같은 위조 지폐 안에 일반인이 봐서

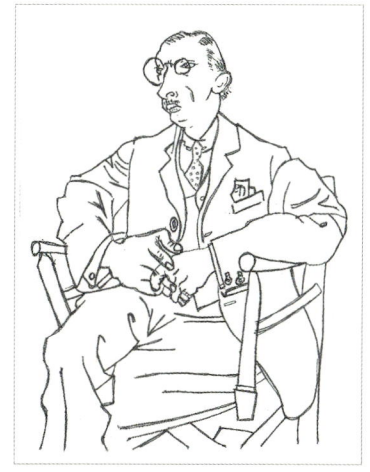

피카소가 그린 스트라빈스키

페르골레지의 음악을 편곡해서 발레로 만드는 작업을 탐탁지 않게 여겼던 스트라빈스키는 그의 친구 피카소가 발레 '풀치넬라'의 제작진으로 참여한다는 이야기를 듣고 제안을 받아들였다고한다.

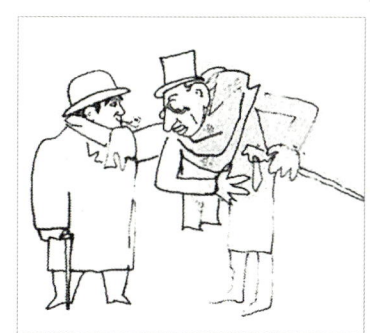

콕토가 그린 스트라빈스키와 피카소

장 콕토와 피카소, 스트라빈스키는 서로 매우 친한 친구였다. 콕토의 에세이 『수탉과 아르르캉』은 신고전주의 음악의 중요한 이론서이다.

절대 모르는 실물과는 다른 곳을 반드시 하나 만든다고 한다. 스트라빈스키의 창작에도 이런 위조의 미학과 같은 부분이 있다. '풀치넬라' 앞부분의 불협화음은 이것이 '위조품'이라는 것을 구분할 수 있는 지식과 예민한 귀를 갖고 있는 사람들을 위한 일종의 암호인 것이다.

그런 의미에서 스트라빈스키의 신고전주의 시대의 작품은 쇤베르크에게도 뒤떨어지지 않는 극히 난해한 '현대 음악'이라고 할 수 있을 것이다(내가 중학교 3학년 때 처음 '풀치넬라'를 들었을 때를 떠올린다. 당시 나는 '봄의 제전'에 푹 빠져 있었는데 '풀치넬라'는 전혀 종잡을 수 없었다. 즉 '봄의 제전'보다 '풀치넬라'가 훨씬 이해하기 어려웠다).

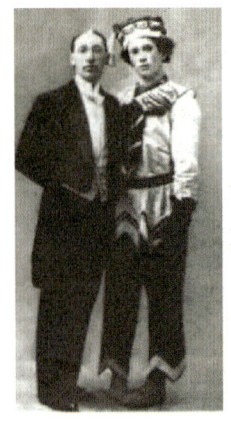

스트라빈스키와 페트루슈카로 분장한 니진스키(왼쪽), 안무가 포킨(오른쪽)

인간의 혼을 지닌 러시아의 인형 페트루슈카의 비극적인 사랑 이야기를 발레화한 작품이다. 브느와가 대본을 작성하고, 포킨느가 안무하였다. 1911년 발레 뤼스에서 니진스키가 페트루슈카 역을 맡으며 파리에서 초연되었다. 이 발레는 복잡한 음악과 발레의 완벽한 조화로 높게 평가받았다.

이처럼 스트라빈스키의 패러디 기법은 결코 누구나 흉내낼 수 있는 것이 아니다. '페트루슈카'나 '봄의 제전'을 쓴 그였기 때문에 이것은 일종의 곡예였다. 신고전주의 시대의 그는 '모방'과 '패치워크'를 다른 사람의 눈을 신경 쓰지 않고 자신의 작곡 중심 원리로서 창작의 전면에 내세워 왔다. 그것은 19세기 낭만파의 미학에 대한 통렬한 안티테제(그는 낭만파 음악을 싫어했다)였다.

19세기 음악사는 무턱대고 새로운

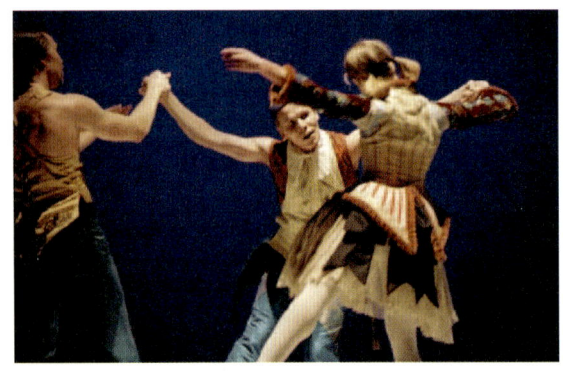

테로 사리넨 무용단이 펼치는 '페트루슈카'의 한 장면

이 작품에서 '인형(페트루슈카)'은 생명력을 지닌 존재이면서 동시에 기계라는 제약을 받고 죽음을 당하는 가련한 존재라는 이중적인 의미를 지닌다. 주인공 인형들은 광대 페트루슈카와 어여쁜 발레리나, 사납게 생긴 무어인이다. 페트루슈카는 발레리나를 사랑하지만 고백을 하지 못하고, 발레리나는 영웅 같은 무어인을 좋아한다. 결국 페트루슈카는 무어인에 의해 죽임을 당한다.

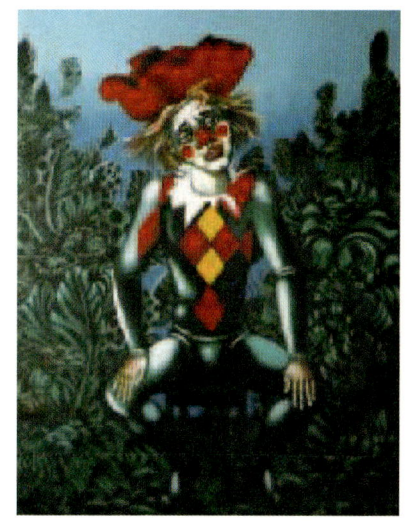
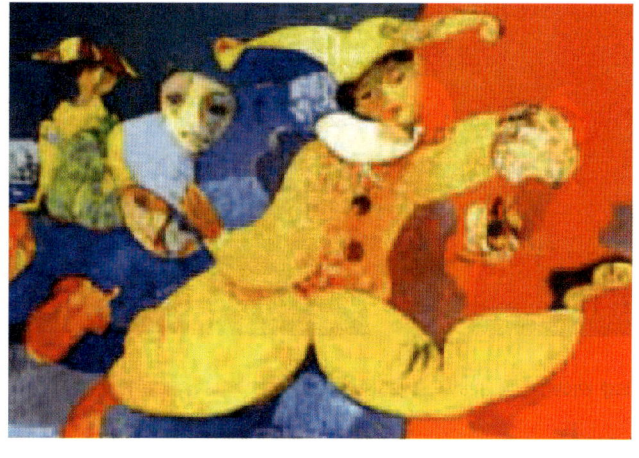

페트루슈카 그림 – 빅토르 지누호브 作(왼쪽), 이그노 타쵸라리아 作(오른쪽)

소리의 소재(독창적인 형식, 화성, 선율법, 관현악법, 리듬 등등) 개척에 힘쓰고 있었다. 하지만 신고전주의 시대의 스트라빈스키는 이런 '신소재 개발'의 방향에서 완전히 등을 돌린다. 그 인용과 배치의 방법은 매우 독창적이지만, 소재 자체는 전부 기성의 것이었다. 스트라빈스키 자신은 이런 문제에 대해서 증언을 남기고 있지 않다.

하지만 그 배후에 있던 것은 '음향적으로 새로운 독창적인 소재는 이제 더 이상 개척할 여지가 남아 있지 않다'라는 인식이 아닐까. 음향 소재 개척의 역사인 음악사는 더 이상 앞으로 나갈 수 없다. 그것이 체념이든 허무주의이든 조소이든 그는 분명히 음악사 발전의 한계라는 것을 익식하고 있었다.

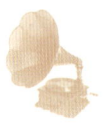

〰 황야에서 외치는 예언자 – 쇤베르크의 12음 작법

스트라빈스키는 음악사의 종말을 냉철하게 지켜보며 굳이 변칙 기술을 써서 아직 남아 있던 얼마간의 가능성을 다 퍼내려고 한 사람이었다. 그에 반해 쇤베르크는 아무도 자신에게 귀 기울여주지 않는 황야에 서게 되어도 홀로 외로이 음악사를 앞으로 나아가게 하려 한 인물이다.

1910년 전후에 그는 조성을 해체했다. 당시 그는 이론의 뒷받침 없이 영감과 본능으로 조성을 해체하고 있었다. '자유로운 무조'의 시대에 쇤베르크는 기성의 법칙과 이론을 일절 이용하지 않고 작자 내면의 진동을 직접 울리게 하려 했다. 그에 대해 그때까지 절반은 직감

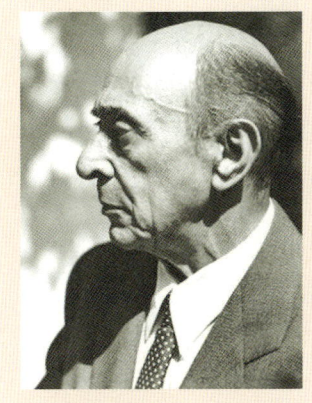

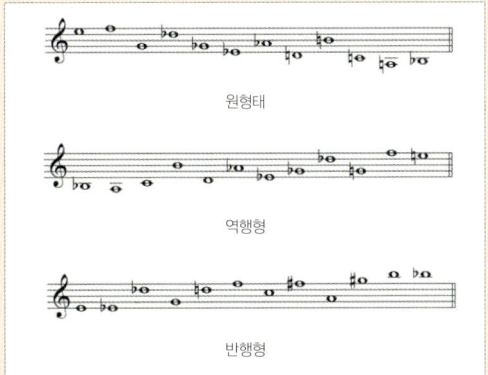

원형태

역행형

반행형

쇤베르크의 12음 기법
표현주의 음악가 쇤베르그(Arnold Schonberg 1874~1951)가 창시한 작곡 기법으로 1옥타브 안의 12개의 음을 조직적으로 일정한 산술적 규칙에 따라 배열 진행시키는 음악이다. 정해 놓은 12개의 음렬이 되풀이되고, 12음렬의 역행렬, 반행렬, 다시 반행렬의 역행렬 등으로 변화시켜 하나의 음렬에서 총 48개의 다른 음렬을 만들어낼 수 있다. 12음 기법이 사용된 최초의 예는 1925년에 작곡된 '피아노 모음곡'이며, 베르크와 베베른에 의해 하나의 기법으로 발전·정착하여 20세기 후반기 작곡가들에게 작곡의 상식이 되었다.

으로만 만들고 있던 무조 음악(조성이 없는 음악)을 이론화하려는 시도가 이른바 '12음 기법'이다.

조성이 있는 음악에는 항상 중심 음이 있다. 다장조면 그것은 '도음' 혹은 '다장조 화음(도미솔)'이다. 음악은 도에서 출발하여 다른 여러 음을 경유하면서 우선적으로 도를 사용하고 도에서 끝내려 한다. 그에 반해 무조는 우선적으로 사용하는 음이 생기지 않도록 했다. 이는 한 옥타브 안에 포함된 12음 전부를 균등하게 사용하려는 음악이며 이것을 이론화한 것이 12음 기법이다(1921년).

12음 기법으로 작곡을 할 경우, 먼저 한 옥타브에 포함된 12음을 임의로 나열한 '음열'을 만든다. 이 음열에 포함된 음을 순서대로 모두 사용할 때까지는 같은 음을 두 번 중복하여 사용하지 않는다(그렇게 하면 그 음이 중심 음이 돼버려 조성이 생기게 된다)는 것이 12음 기법의 기본 원리이다. 단, 처음 설정한 한 가지의 음열만 사용한다고 하면 속박이 많아 자유롭지 못하게 된다. 그래서 쇤베르크는 기본이 되는 음열의 세 가지 변형을 준비한다. 기본 음열을 뒤에서부터 읽어나가는 역행형(逆行形), 그것을 거울에 비춘 것 같이 반전시킨 반행형(反行形), 그리고 반행의 역행형이다.

같은 조성이 없는 음악이라고 해도 제1차 세계대전 직전의 무언가에 홀린 듯이 적은 자유로운 무조에 의한 작품과, 이론을 기반으로 만들어진 대전 후의 작품은 전혀 스타일이 다르다.

예를 들어 '세 개의 피아노곡' 작품11(1909년 작곡)과 '피아노 조곡' 작품25(1923년 작곡)를 비교해 들었으면 한다. 전자는 자유분방한 음향이 난무한다. 하지만 후자는 기하학 모양같이 어딘가 기묘하고 차갑다. 가능하다면 추상화의 선구자였던 칸딘스키의 세계대전 전과 후의 작품의 차이를 참고하면 좋겠다. 완전히 똑같은 변화가 두 사람에게 일어난 것을 알 수 있을 것이다. 그것은 독특한 정서 결핍증과 같은 깨인 감각이다. 이 감각은 동시대의 프로코피예프, 힌데미트, 스트라빈스키에게도 통하는 것이다(단 제2차 세계대전의 시작과 함께 쇤베르크의 창작

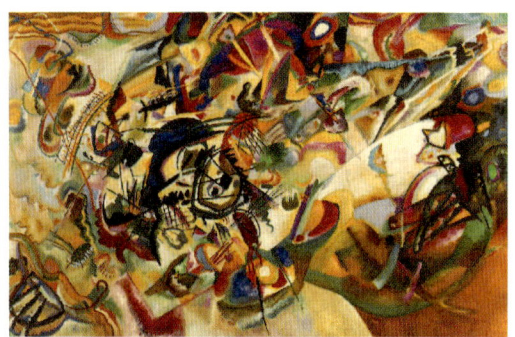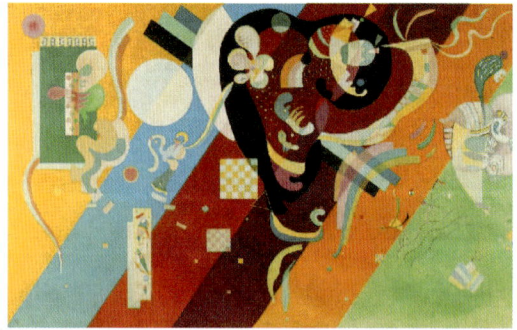

칸딘스키의 전쟁 전 작품[Composition VII, 1913년 作](왼쪽), 전쟁 후 작품[Composition IX, 1936년 作](오른쪽)

에는 이전의 타오르는 망아의 열정이 살아나게 된다. '현악3중주'(1946년 작곡)와 '바르샤바의 생존자'(1947년 작곡)는 두말할 나위없는 대걸작이다).

제1차 세계대전 후 1920년대 쇤베르크의 작품에는 이전에는 없던 어딘가 아카데믹한 경직을 느끼게 하는 것이 많다. 하지만 쇤베르크는 12음 기법의 발명에 의해 음악 역사를 더욱 앞으로 나아가게 했다고 굳게 믿고 있었다. 그는 12음 기법을 처음으로 제자 베르크와 베버른에게 밝힐 때 "독일 음악의 헤게모니(지배권)를 앞으로 100년 동안 보증하는 법칙을 발견했다"라고 말했다고 한다. 이 에피소드에서도 알 수 있듯이, 쇤베르크는 '음악사를 끊임없이 앞으로 나아가게 해야 한다, 미증유 울림의 세계를 개척해야 한다'라는 생각에 사로잡힌 사람이었다.

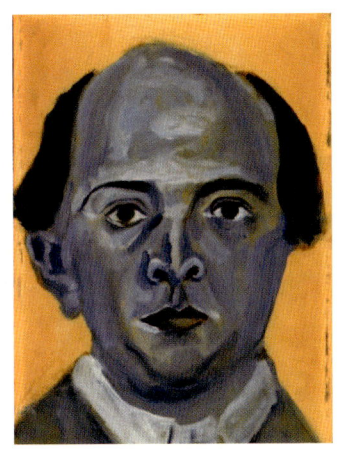

쇤베르크의 자화상
쇤베르크는 그림에도 상당한 관심과 소질이 있었다고 한다.

쇤베르크가 미국에 망명한 후의 일로 다음과 같은 에피소드가 남아 있다.

한 악의 없는 지인으로부터 "이전에는('승화된 밤'(1889년 작곡)처럼) 낭만적이고 아름다운 조성 음악을 썼는데 어째서 불협화음만 나오는 곡만 골라 쓰는가"라는 질문을 받은 쇤베르크가 불끈

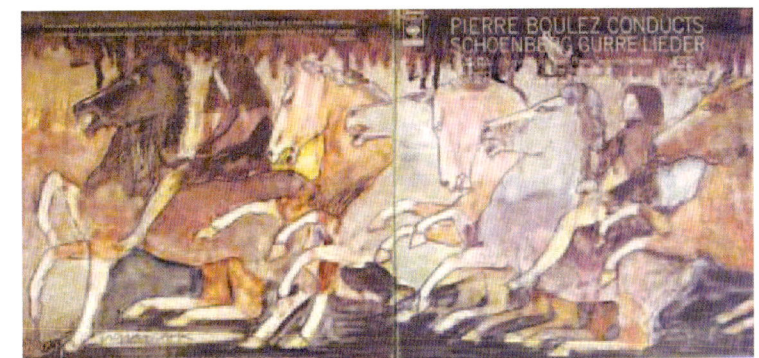

쇤베르크의 대작, '구레의 노래' 음반 표지[1974년 피에르 블레즈 지휘, BBC 심포니 연주]
'구레의 노래'는 덴마크의 시인 야콥슨(Jens P. Jacobsen, 1847~1885)의 시를 기초로 중세 덴마크 구레성의 왕 발데마르와 소녀 토브릴리의 사랑 이야기를 작곡한 것으로 전곡 9부로 구성되었으며 1913년 빈에서 초연되었다. 이 웅장한 칸타타는 대규모의 성악과 관현악을 요구하는 작품으로, 밀러의 교향곡 '제8번 천인의 교향곡'과 함께 후기 낭만주의의 기념비적인 양식의 절정을 상징하는 곡으로 평가받는다.

화를 내며 "나도 할 수 있다면 조성으로 음악을 쓰고 싶다. 하지만 3화음을 쓰는 것을 역사가 나에게 금지한 것이다"라고 대답했다고 한다. 냉소적으로 서양 음악사의 한계를 지켜보던 스트라빈스키와는 대조적으로 쇤베르크는 낭만주의자였던 것이다.

그는 아직 '지금까지 아무도 들어본 적이 없는 미증유의 울림'이라는 유토피아가 어딘가에 남아 있을 것이라고 생각하고 있었던 것이리라. 쇤베르크(널리 알려졌듯이 그는 유대인이었다)에게서는 황야에서 외치는 구약성서 속 예언자의 모습을 볼 수 있다. 특히 그의 창작이 연상시키는 것은 모세이다.

결국 미완성으로 끝났지만 악극 '모세와 아론'은 그의 인생을 집대성할 수 있는 작품이었다. 안이한 우상 숭배를 금하고, 약속의 땅을 찾아 백성들을 데리고 풀 한포기 나지 않는 황야를 몇십 년에 걸쳐 방랑하였지만 약속의 땅을 눈앞에 두고 이 세상을 떠나야 했던 예언자 모세와 같이 쇤베르크는 말러와 함께 근대 음악사의 순교자라 할 수 있다.

🎻 모세와 아론[Moses und Aron]
쇤베르크의 오페라로 자신이 쓴 대본에 의하여 작곡하였는데 제3막은 미완성인 채 에필로그 풍의 짧은 대사로 끝나고 있다. 독일에서 추방된 유대인 쇤베르크의 유대교에 대한 신앙 고백적인 작품이다.

🌊 형식의 재건이란 난제

스트라빈스키와 쇤베르크는 음악 역사에 대해 180도 다른 자세를 취하고 있다. 하지만 그들이 1920년대에 행했던 시도의 근저에는 공통의 동기가 있다. 그것은 '붕괴 후, 질서의 재건축' 이다. 그들이 세계대전 직전에 한 것은 빛나는 파괴였다. 물론 스트라빈스키의 '봄의 제전'(1913년)과 쇤베르크의 모노오페라 '기대'(1909년 작곡)는 음악사에서도 보기 힘든 전무후무한 대걸작이다.

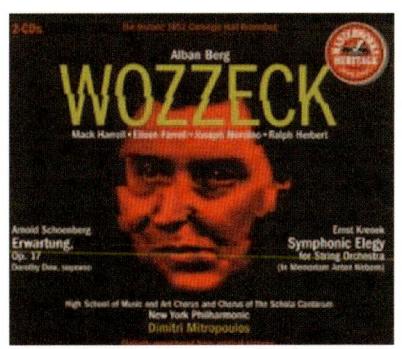

쇤베르크의 모노오페라 '기대' 연주 앨범 표지[1951년. 디미트리 미트로폴로스 지휘, 뉴욕 필하모닉]

그렇지만 그것은 (모차르트처럼) 역사의 성숙으로 인한 과실이 아닐 뿐더러(몬테베르디와 베토벤처럼) 풍부한 발전이 솟아난 샘도 아니었다. 그것은 폭발할 때 눈앞이 아찔해지는 눈부심이었다. 그것이 반복 불가능한, 역사상 단 한번 뿐인 실험이었던 것을 부정하는 사람은 없을 것이다.

그 시대의 스트라빈스키와 쉰베르크는 창작 과정 면에서도 매우 닮아 있었다. 제1차 세계대전 직전의 작품은, 거의 본능이 시키는 대로 썼었다. '봄의 제전'에 대해서 스트라빈스키는 '그것은 내가 쓴 것이 아니라 무언가가 내려와 쓰게 했다'라고 말하고 있다.

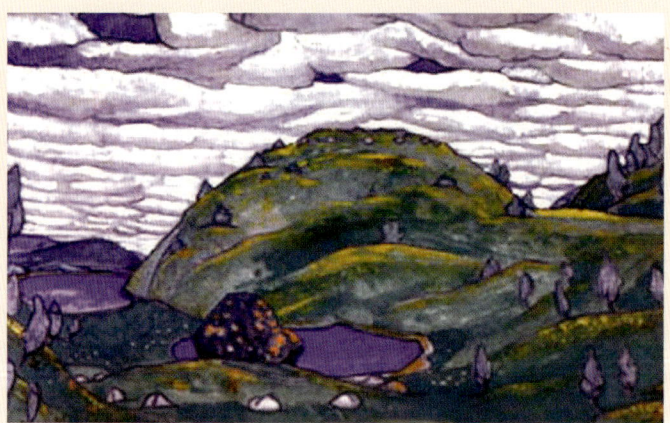

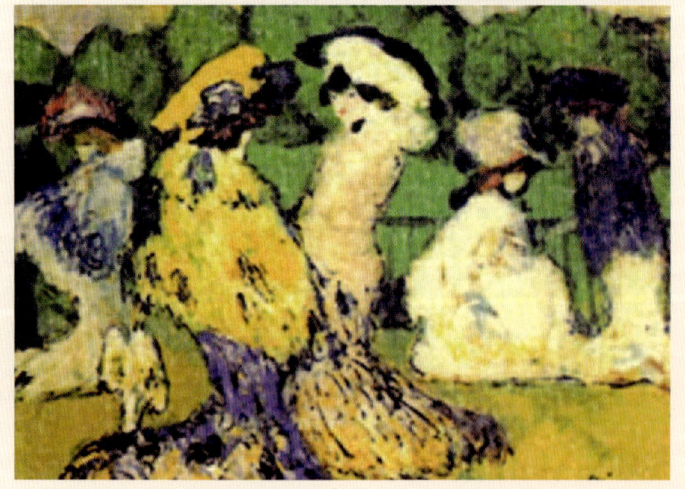

1913년 공연된 '봄의 제전'의 무대(위), 피카소 '봄의 제전' 작품(아래)
스트라빈스키의 '봄의 제전'은 창세기 시절 미개한 이교도들이 봄의 신에게 올리는 일련의 제례의식 장면을 그린 것으로 '러시아 이교도들의 그림'이라는 부제를 가지고 있기도 하다. 본래 이 작품의 제목을 그대로 해석하면 '신에게 바친 봄'으로, 현재의 제목은 초연 때의 프랑스어 제목에서 유래되었다. 이 작품은 2막으로 구성되었는데, 1막은 도입, 봄의 주술사(어린 소녀의 춤), 제물의 유괴, 윤무, 적대 종족들의 제전, 현인들의 행진, 대지의 춤으로 구성되었고 2막은 도입, 어린 소녀들의 신비로운 윤무, 선택된 자의 영광, 조상신들을 불러냄, 조상신들의 제전, 희생자의 춤으로 구성되었다.

또 쇤베르크의 창작도 거의 자신이 아닌 누군가 쓰게 한 것 같은 성격을 갖고 있다. 쇤베르크를 '머리로 쓰는 책상 위의 작곡가'라고 부르는 사람이 있는데, 그것은 전혀 어긋난 비평이다. 특히 자유로운 무조의 시대에 그는 영감이 이끄는 대로 짧은 기간 한꺼번에 작품을 완성하는 것으로 유명했다.

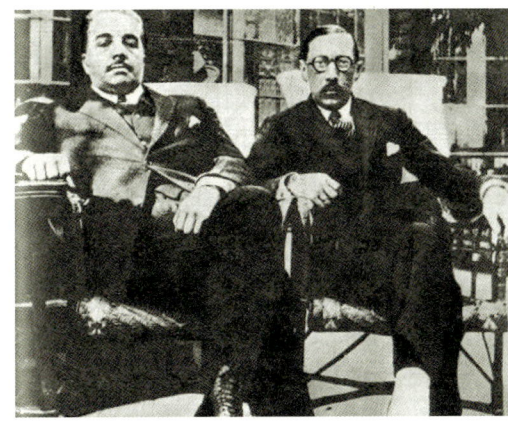

러시아 발레단의 단장인 디아길레프와 스트라빈스키

디아길레프(1872~1929)는 20세기 음악을 이야기할 때 빼놓을 수 없는 인물이다. 그는 작곡가 스트라빈스키(1882~1971)를 채용하여 20세기 음악의 한 획을 그은 작곡가를 전 세계에 알렸다.

당시의 스트라빈스키와 쇤베르크는 이것 저것 규칙을 생각하거나 여러 번 생각하지 않았다. 오로지 본능만으로 얼마든지 곡을 쓸 수 있다는 믿음이 이상하리만치 고양된 상태였다. 그렇지만 전쟁이 끝나고 예외적인 창작의 흥분 상태도 지나가자 그들은 다시 무언가의 '형태'를 만들 필요가 있음을 깨닫게 되었다.

창작 행위가 독선에 빠지지 않기 위한 가장 큰 전제는 대다수의 청중이 공유하는 '기성의 형태'의 존재에 동의해야 하는 것이다. 즉, 형태가 어느 정도 잡혀 있을 때 비로소 일탈이 개성과 독자성의 표현이 되고 청중에게 전해지는 것이다. 규칙이 없는 곳에서는 독창성도 존재하지 않는다.

제1차 세계대전 후에 스트라빈스키와 쇤베르크가 모색한 것은 이런 '형태'의 재건이다. 스트라빈스키는 과거의 여러 가지 양식 중에서 '청중에 대한 기대의 지평'을 형성하는 기능을 만들고자 했다.

예를 들어 '풀치넬라'는 앞부분에서 '전아한(법도에 맞고 아담한) 19세기 전반 이탈리아 음악'이라는 문맥이 설정되었기 때문에 거기에 불협화음이 섞였을 때에 청중은 '엇?' 하고 놀라게 되는 것이다. 스트라빈스키는 누구나가 알고 있는 과거의 스타일을 이용하면서 그것을 환골탈태하는 것으로 독자성을 표현하려고 한 것이다.

그에 반해 쇤베르크는 스스로 12음법이라는 새로운 규칙을 만들어 내고, 그것으로 '미래의 음악 형태'를 이루려 하였다. 쇤베르크는 청중이 12음 기법의 음열을 분간할 수 없다 해도 작품 이해에 전혀 지장이 없다고 생각했다. 12음 기법은 오히려 청중이 아닌 작곡하는 사람을 위해 고안된 형태이다.

잔뜩 고양되어 있어 머리에 가득 음이 떠올라 '다음'이 저절로 머리에 떠오르는 예외적 상태는 별도로 하고, 보통 사람은 한 음을 오선지에 적고 그 다음 음을 찾을 때 음을 선택하는 폭을 한정해 주는 규칙이 없으면 작곡할 수 없다. 조금 비꼬아서 이야기하면, 쇤베르크는 '보통 사람'도 조성에 기대지 않고 작곡이 가능한 매뉴얼(형태)을 만들어냈다고도 말할 수 있을 것이다.

현대 음악의 역사는 가능한가

통사(通史)를 쓰는 사람이 반드시 고민하게 되는 것은 '붓을 놓는 곳'일 것이다. '역사를 어디에서 끝내는가(역사를 어디까지 쓸 것인가)'라는 것은 어려운 문제이다. 다른 표현으로 하자면 이것은 '어디서부터 현대가 시작된다고 간주할 것인가'라는 문제와 이어진다.

생생한 '체험'이며 '기억'으로 가득 차 아직 '역사'가 되지 않은 현대에는 이미 증명이 끝난 객관적인 자료를 기반으로 넓은 안목으로 '역사적 사실'만을 쓴다는 겉치레는 용납되지 않는다. 스스로 시대 속에 들어가 좋던 싫던 거기에 휩쓸려 그것에 대해 자신의 입장을 정확히 말해야 한다. 어쩔 수 없이 자신을 드러내야 한다. 나에게 이런 '역사'에서 '현대'로의 전환점은 제2차 세계대전 후인 1950년 전후

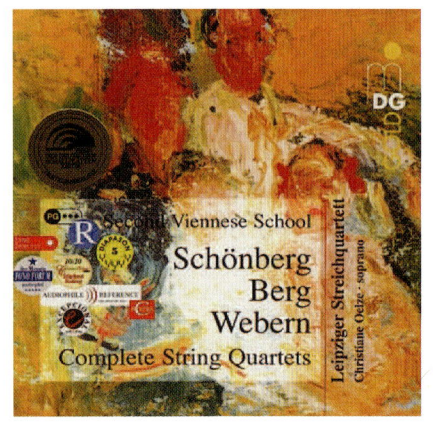

쇤베르크, 베르크, 베베른의 현악4중주 앨범 표지

이다.

역사적으로 20세기는 서양이 헤게모니를 급속하게 잃어가던 시대였다. 물론 제1차 세계대전도 큰 타격이었지만, 제2차 세계대전의 충격에 비교하면 대단한 것이 아니었을 것이다. 이 시기에 스트라빈스키, 바르토크, 쇤베르크, 베르크, 베베른, 프로코피예프와 같은 대작곡가가 있었고, 흠잡을 데 없는 명작이 잇달아 만들어졌다. 그리고 어느 정도 대중의 지지를 얻었고, 분명히 그것이라고 말할 수 있는 몇 곡의 음악사 조류가 있었다.

만약 음악사가 앞으로 어떻게 나갈지 모르지만, 지금 이름을 든 사람들의 작품이 굉장하다는 것을 알고 있는 사람들이 1920~1930년대의 음악사를 바라본다고 하자. 그들은 지금까지와 변함없이 앞으로도 서양 음악사가 발전되어 나갈 것을 믿어 의심치 않을 것이다.

그렇지만 20세기 후반의 일을 알고 있는 우리는 이런 서양 음악사의 발전을 순진하게 믿을 수 없다. 제2차 세계대전을 경계로 우리는 서양 음악사의 종말이라는 것을 사정거리 안에 넣고 생각해야 한다.

물론 2차 세계대전 후의 음악사도 지금까지와 같은 방법으로 어느 정도 쓸 수는 있다. 미학과 작곡 기법, 시대 정신에서 중심이 되는 신조류와 그 전개를, 그리고 그것을 대표하는 작곡가와 작품을 더하며 설명하는 방법이다. '현대 음

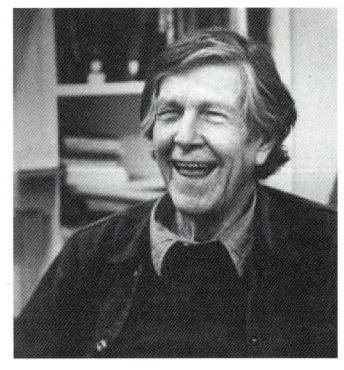

케이지 [John Cage, 1912~1992]
세계적인 전위 음악가이자 미국의 작곡가로 도안 악보의 창안 등 독창성 넘치는 활동을 하였다. 1952년 독일의 도나웨신겐에서 개최된 현대 음악제에서는 '4분 33초'라는 작품을 발표, 음악에 우연적 요소를 도입함으로써 유럽 음악계에 큰 영향을 끼쳤다. 오늘날 우연성이나 불확실성은 작곡 기법의 하나로서 널리 채용되고 있다. 주요 작품으로는 'Imaginary Landscape No.4', '피아노와 오케스트라를 위한 콘서트' 등이 있다.

악의 역사'라는 제목이 붙은 책 종류는 대체적으로 이런 전통적인 음악사의 어조를 그대로 답습하고 있다. 일단 여기에서 제2차 세계대전후의 현대 음악의 흐름을 간단히 살펴보자.

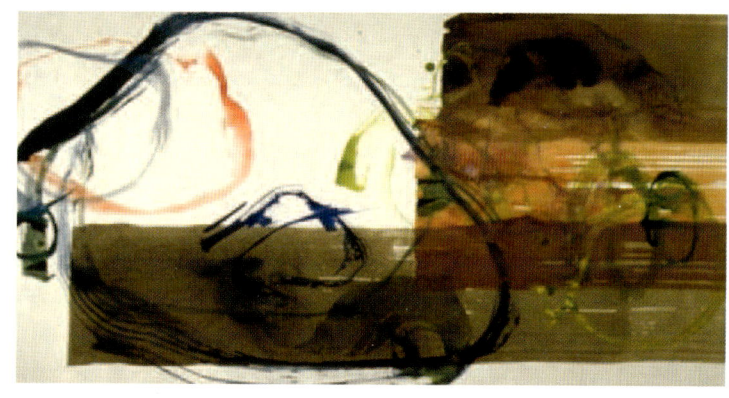

케이지의 수채화 시리즈 중 한 작품
존 케이지는 20세기 전위 예술가, 실험 음악가로 알려진 작곡가이다. 그는 뒤샹을 매우 좋아했으며, 활동 후기에는 동양 철학에 심취하여 그를 철학자로 부르기도 한다.

1940년대 끝 무렵부터 1950년대에 걸쳐서는 불레즈, 슈톡하우젠, 노노와 같은 전위 음악의 투사들이 등장한 시대이다. 대중을 거절하는 히스테릭한 불협화음과 극도로 난해한 구조가 그 특징이다. 지금도 현대 음악이라고 하면 '불협화음뿐인 알 수 없는 음악'이라는 이미지가 있다. 그것의 원점이 된 음악이 실은 지금부터 반세기도 전에 만들어진 것이다.

반대로 미국의 케이지는 유명한 '4분 33초'(1952년)와 같이 모든 것을 우연에 맡기고 '작곡가', '작품'과 같은 개념을 근본부터 무효화시켜 버리는 시도를 시작한다. 이런 케이지의 시도는 엄격하게 모든 것을 구성하려고 하는 주지주의에 빠져 있던 동시대의 유럽 전위인들에게 충격을 주었다.

여기에서 생겨난 것이 '관리된 우연한 음악(케이지와 같이 모든 것을 우연에 맡기는 것이 아닌 사전에 얼마간의 엄밀한 규칙을 정해놓은 후 우연성을 도입하는 음악)'이다. 이것이 클러스터 기법이며(펜데레츠키가 특기였던), 콜

4분 33초
존 케이지가 작곡한 피아노를 위한 작품으로, 연주 시간 동안 아무 연주도 하지 않는 음악 작품으로 유명하다. 세 개의 악장으로 되어 있고, 각각의 악장에는 TACET(조용히)라는 악상만이 쓰여 있을 뿐이다. 4분 33초라는 시간은 주어져 있지 않는데, 이는 존 케이지가 우연성에 의해 정한 길이라고 한다. 초연 때 연주자는 피아노 앞에 앉아서 피아노 뚜껑을 열고는 4분 33초가 지나자 서서히 일어나 객석에 인사를 하고는 무대 뒤로 사라졌다. 그가 소리 없이 연주한 곡명은 '4분 33초'로서 꼭 악기를 통하지 않고도 긴장과 흥분을 느끼게 할 수 있다면 곧 음악이라는 의도이며 작품인 것이다. 우리에게는 드라마 『베토벤 바이러스』에서 소개되어 잘 알려졌다.

라주로 곡을 만드는 시도(베리오의 '심포니아' (1969년)가 유명)이다.

하지만 1970년에 들어서면 이전의 전위적이었던 투사들은 지치기 시작한다. 불레즈가 지휘로 전향한 것(그는 결코 작곡을 단념한 것은 아니라고 하지만)은 그것을 상징하는 사건이다. 대신 미국의 미니멀 뮤직처럼 팝컬쳐로 접근하려는 움직임이 시작된다.

지금까지 말한 것은 흔히 있는 '현대 음악의 역사'적인 기술법이다. 하지만 나는 20세기 후반에 일어난 일을 이해하기 위해 필요한 것은 이런 어조 자체를 의심해 보는 것이라고 생각한다. 몇 가지 중요한 새로운 조류가 나오고, 그것을 대표하는 작곡가가 있다. 그리고 여러 가지 영향 관계나 반동, 충돌이 있으며 그것을 통해 음악사가 어떻게 발전해 나갔나를 이야기한다. 공식처럼 '대입'시키는 인명과 개념은 새로운 것이겠지만, 설명의 도식 자체는 매우 익숙한 것이다. 그러나 이러한 역사의 기술 방법이 과연 현대 음악사에도 적용할 수 있을지에 대해서는 의문이 생긴다.

오늘날에도 고전파나 낭만파의 시대처럼 음악사의 주역이 정말 작곡가인 것일까? 근본에서 무언가가 변해버려 20세기 후반까지를 설명하던 논법으로는 음악사를 전부 파악할 수 없는 것은 아닐까? 애당초 20세기 후반의 음악사도 지금까지와 같은 의미로 아직 '음악사' 인 것일까? 이것이 '현대 음악의 역사' 어조에 대해 내가 품는 의문이다.

∿ 20세기 후반 음악사의 세 가지 풍경

20세기 후반의 음악사 풍경은 '세 가지의 길'로 바라봐야 한다. 이 세 가지 길은 거의 접점이 없는 것처럼 보이지만, 실은 전부 19세기 서양 음악이 낳은 것이다.

첫 번째 길이란 앞에서 간략히 이야기한 전위 음악의 계보이다. 이것은 여기까지 온 '작품의 역사에서 본 예술 음악사'의 직접적인 연장선상에 있다. 하지만 이러한 관점에서 예술사의 존립은 제2차 세계대전 후부터 명확하지 않다. 필자가 여기에서 제기하고자 하는 것은 전위 음악과 대중과의 철저한 단절에 관한 것이다(최초 수십 년간 현대 음악은 다시 대중에게 접근하려 하고 있지만 대부분 성공을 얻지 못하고 있다).

이미 100년도 전에 만들어진 쇤베르크의 작품부터 그러하지만, 제

> 🎻 **전위 음악**
> 제2차 세계대전 이후에 대두된, 새로운 양식을 대상으로 하는 음악으로, 현대 음악이라고도 한다.

2차 세계대전 이후의 전위 음악 중 연주회 레퍼토리로 정착한 작품은 전무에 가깝다. 잠시 생각난 듯이 재연되고 다시 사라지는 것이 고작이다. 제2차 세계대전 이후부터는 '역사와 대중의 심판'을 이의 없이 빠져나갈 수 있었던 작품 수가 급격하게 줄어든다.

서양의 예술 음악은 원래 처음부터 소수의 엘리트를 위한 음악이었다. 하지만 이전에 그것은 교회나 궁정 귀족, 그리고 19세기에는 교양 시민과 같은 조직을 후원자로 삼고 있었다. 그에 반해 20세기 후반의 예술 음악은 이런 후원자를 상실하고 일종의 언더그라운드 음악으로 변화되어 갔다.

즉, 20세기 후반의 예술 음악은 이전과 같은 '공식 문화'가 아니라는 것이다. 내가 '현대 음악의 역사'의 어조에 의문을 갖는 것은 예술 음악이 '공식 문화에서 일종의 서브 컬처로' 변화한 것을 간과해 버렸기 때문이다. 단, 나는 이런 상태에 대하여 새삼스레 분개할 생각은 없다. 오히려 만약 전위 음악에 무언가 아직 가능성이 있다고 한다면 그것은 서브컬처로 일관하는 것뿐일지도 모른다고 생각한다. 빛나는 모던 재즈는 그것이 '비공식 문화'였기 때문에 태어난 것이었다.

이 전위 음악의 계보와는 대조적으로 20세기 후반의 '예술 음악의 왕도'가 된 것이 두 번째 길, 즉 '거장에 의한 클래식 레퍼토리의 연주'이다. 이것은 '공식 문화로서의 예술 음악사'의 연장선상에 있는 계보이다.

지휘자인 아르농쿠르는 "18세기까지의 사람들은 현대 음악 밖에 듣지 않았다. 그런데 19세기가 되면서 현대 음악과 함께 과거의 음악을 듣기 시작했다. 그리고 20세기의 사람들은 과거의 음악밖에 듣지 않게 되었다"라고 말한다. 예를 들어 불레즈가 빈필하모니 관현악단을 써서 말러의 곡을 녹음하면 화제가 되지만, 그의 신작을 목이 빠지게 기다리는 사람들은 적다. 오늘날의 '클래식' 레퍼토리의 거의 대부분은 19세기 후반부터 20세기 초기에 걸쳐 확립된 것이다.

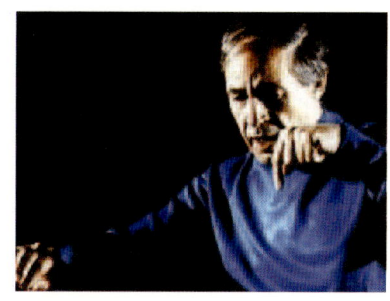

20세기 후반이 되면 사람들의 관심은 '누가 무엇을 만들었는가'에서 '누가 무엇을 연주하는가'로 이동한다. 특히 1950년 무렵부터 수십 년 동안에 걸친 녹음 기술의 비약적인 발전으로 '신 녹음'이 끊임없이 화제가 되는 상태가 이어졌다. 피아노 하나만 보더라도 1950년대부터 1970년에 걸쳐 바크하우스, 루빈슈타인, 호로비츠, 프랑소와, 미켈란젤리, 리히터, 굴드, 폴리니의 신보가 잇달아 나타나는 눈부신 풍요의 시대가 찾아왔다.

종래의 클래식 팬들도 동시대의 잘 모르는 현대 음악에 질려 오로지 '거장에 의한 고전적 레퍼토리 명연주' 쪽으로 관심을 옮긴 것이 그리 무리는 아니다(뒤집어 오늘날로 생각해 보면 이제는 '명곡 레퍼토리'의 '결정판'은 거의 갖추어져 거장의 시대도 이미 지나고 서서히 소재 고갈의 기미도 보인다).

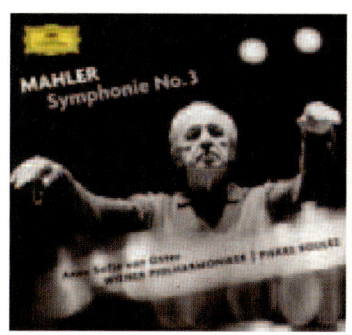
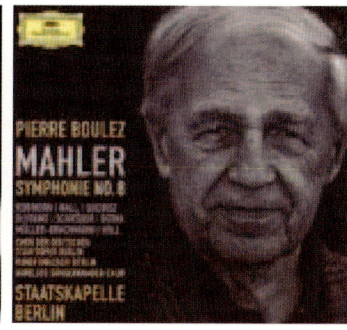
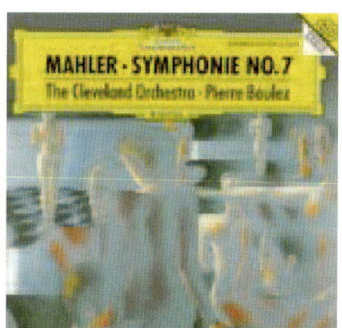

불레즈가 녹음한 말러 음반들

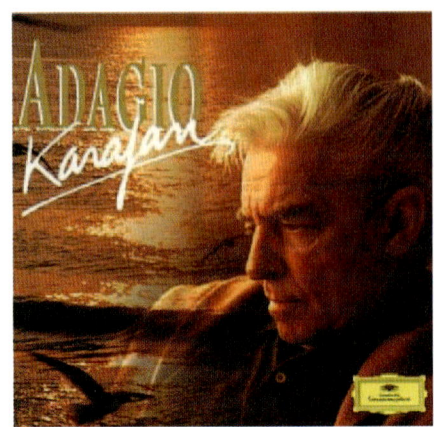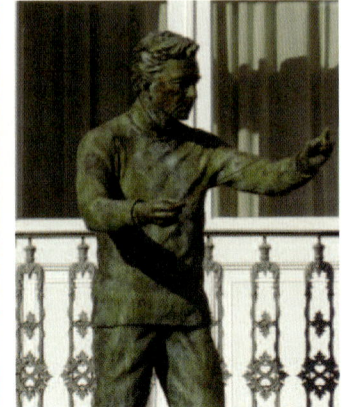

20세기 지휘의 거장 폰 카라얀[Herbert Von Karajan, 1908~1989]의 모습과 잘츠부르크에 있는 동상
카라얀은 20세기 후반, 전설이 되어버린 지휘의 거장으로, 클래식 음반 산업의 절정기를 이끌며 음반 시장
의 표준을 스스로 제시했다.

그리고 세 번째로는 서양 음악이 20세기가 낳은 계보 중 하나인 앵글로색슨계의 오락 음악 산업이 되었다는 것이다. 19세기를 서양 예술 음악이 세계를 제패한 시대라고 한다면, 이런 음악 세계 제국을 20세기 후반에 계승한 것은 파퓰러 음악이다. 그리고 의외라고 생각할지 모르지만 파퓰러 음악의 근본 또한 19세기 서양 음악(특히 세기 후반에 대량으로 만들어진 뮤직홀과 살롱 음악 종류)에 있다.

19세기 서양 음악이 신세계에서 아메리카의 음악과 결합되어 태어난 것이 현대 파퓰러 음악의 먼 선조인 **틴 팬 앨리의 음악과 래그타임** 종류의 음악이다

실제로 파퓰러 음악의 대부분은 선율 구성과 화성, 악기라는 점에서 19세기 낭만파 음악을 거의 그대로 답습하고 있다. 또 '시민에게 꿈과 감동을 전해주는 음악' 이라는 미학 또한 그대로 19세기의 서양 음악에서 계승된 것이다. '감동시키는 음악인 낭만

파'의 연장선상에 있는 것이 파퓰러 음악이다. '클래식'과 '파퓰러'는 이어져 있으며, 결코 세상이 생각하고 있는 만큼 대조적인 것이 아니다.

앞서 말한 것을 실감하기 위하여 여기에서 몇 가지 연호를 들어보자. 1954년에는 푸르트벵글러가 죽고 엘비스 프레슬리가 데뷔했다. 다음 해인 1955년에는 불레즈의 '주인 없는 망치'의 작곡이 시작되고, 굴드가 바흐의 '골드베르크 변주곡'으로 강렬한 레코드 데뷔를 이루었으며, 존 콜트레인이 마일스 데이비스 퀸텟에 가입한다. 또 콜트레인의 초기 명반 '블루 트레인'의 녹음은 1957년으로, 이것은 토스카니니가 죽은 해이기도 하다. 또 1962년에는 비틀즈가 데뷔했다. 물론 이 시대에는 크나퍼츠부쉬도 슈리히트도, 클렘페러 바크하우스도 아직 건재하였으며, 카라얀과 칼뵘은 활동의 전성기를 맞이하고 있었다(호르비츠는 1953년 연주회를 마지막으로 일시적으로 스테이지 활동을 쉬고 있었지만).

이상에서 말한 전위 음악, 거장의 명연, 파퓰러 음악은 서로 간에 아무런 연관이 없어 보이지만 분명 동시대 현상이다.

또한 이 세 가지의 큰 조류 이외에 여기서 잠시 재즈에 대해서 이야기해 두고 싶다. 나는 제2차 세계대전 이후의 음악사에서 가장 빛난

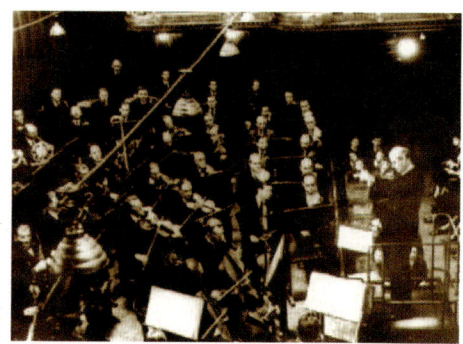

푸르트벵글러[Wilhelm Furtwangler, 1886~1954]의 바이로이트 축제 공연 장면

2차 세계대전이 끝나고 1951년 바이로이트 축제가 다시 재개된다. 푸르트벵글리는 개막 공연에서 베토벤의 교향곡 9번 '합창'을 선택하였다. 그는 범죄자로 낙인찍힌 조국에 인류에 대한 사랑과 화합을 노래한 '환희의 송가'를 통해 다시 한번 삶의 희망을 들려주는 명연을 펼쳤다.

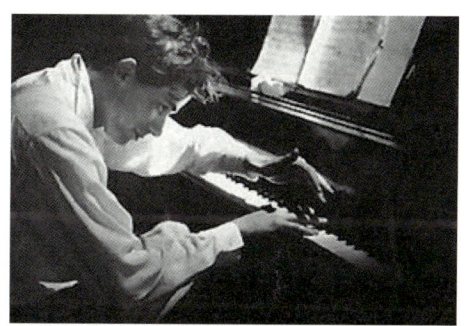

20세기 전설의 피아니스트가 된 글렌 굴드의 연주 모습

골드베르크 변주곡은 아리아로 시작해 30개의 변주를 거쳐 다시 아리아로 끝난다. 같은 주제에서 출발하지만 한마디 한마디가 모두 새롭다. 굴드는 골드베르크 변주곡을 세 번 녹음했다. 첫 번째는 1955년으로, 다른 피아니스트들이 한 시간 가까이 연주하는 음악을 33분 만에 끝냈다. 두 번째는 1958년 잘츠부르크 페스티발에서 연주한 실황 녹음, 세 번째는 1981년 마지막 녹음인데, 모두 51분이다.

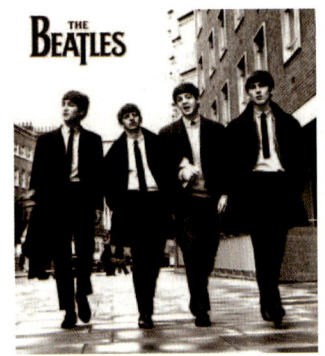

비틀즈

1960년대를 대표하는 록 밴드로, 발라드, 레게, 싸이키델릭, 블루스에서 헤비메탈까지 여러 장르를 아우르며, 현대 음악의 모든 스타일의 장을 열어 놓았다는 평가를 받는다.

모던 재즈 [modern jazz]

1940년대부터 오늘에 이르는 현대적 재즈로, 멜로디-리듬-화음을 자유롭게 바꾸는 즉흥 연주, 복잡하고 분방한 멜로디와 사운드 변화가 특징인 비밥 (Bebop)을 탄생시켰다. 모던 재즈는 하드밥, 프리 재즈, 퓨전 재즈 등으로 이어졌는데, 빅밴드 춤곡이 풍미한 1930년대 스윙 시대를 맞아 대중의 열광적인 지지를 받았다. '모던 재즈 아버지'라 불리는 찰리 파커를 비롯, 델로니어스 몽크, 디지 길레스피(트럼펫) 등이 대표적인 연주자이다.

사건은 1950~1960년대의 모던 재즈의 등장이라고 생각한다. 세계대전 전의 딕실랜드 재즈와 듀크 엘링턴의 빅밴드와 베니 굿맨의 스윙 등은 오락 음악의 영역을 크게 뛰어넘는 것은 아니었다.

그에 비해 전후의 모던 재즈는 일종의 '예술 음악화'의 노선을 걷고 있었다. 마일즈 데이비스와 존 콜트레인, 델로니어스 몽크, 빌에반스 혹은 바흐의 연주로도 알려진 MJQ 등에게는 '즉흥'은 거의 겉보기에 지나지 않았다. 악보에 썼는지 어쨌는지는 차치하고, 그들은 사전에 연주의 세부에 이르기까지 치밀하게 계산하고 있었을 것이다.

또 마일즈의 소위 모달 재즈에서는 빈번하게 프랑스 인상파를 연상시키는 선법이 나타나고 콜트레인의 폴리리듬(다른 리듬을 나열하는 기법, 그는 아프리카와 인도의 음악에서도 강한 영향을 받았다고 한다)은 스트라빈스키만큼 복잡하다(유명한 앨범 '지상의 사랑' (1965년)에는 이미 오락 음악의 요소는 전혀 보이지 않는다).

치밀한 구성과 끝없이 복잡하면서도 독창적인 음 시스템을 탐구했다는 점에서 모던 재즈는 서양 음악과 같은 성격을 지니고 있다. 단 1960년대 중반 이후 이 장르는 프리 재즈 등 급진적인 전위 노선과 종래의 오서독스(전형적이고 교과서적인 스타일)한 오락 노선과 분열하고 만다. 20세기 초반에 서양 음악에 생긴 것과 같은 사건이 모던 재즈에서도 일어난 것이다.

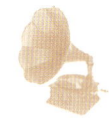

∿ 속박으로 변해버린 현대 음악

이전에는 '작곡상의 여러 가지 실험을 시도한다'는 것과 '과거의 명작을 훌륭하게 연주한다'는 것, '대중에게 널리 어필하는 곡을 쓴다'라는 것은 결코 분리된 활동이 아니었다.

예를 들어 프란츠 리스트는 시대의 최첨단을 걷는 전위 작곡가였으며, 베토벤 역시 거장 피아니스트이면서, 현대 록 스타에 비견할 정도로 인기 아티스트였다. 하지만 전문 문화가 진행된 오늘

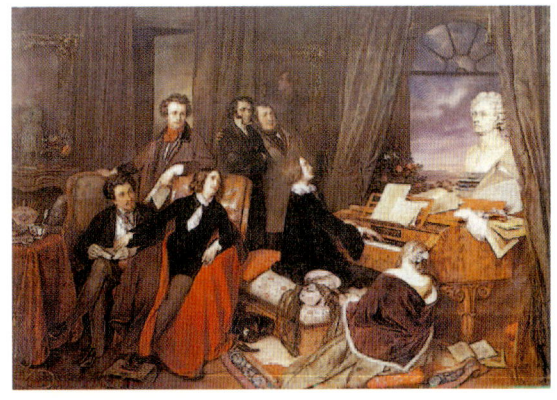

리스트의 가족
리스트는 외모가 매우 잘 생겨 연주할 때 많은 여성들로부터 얼굴을 보여달라는 요구를 받았다고 한다. 그래서 리스트 이전의 연주자는 원래 무대를 등지고 앉아 연주를 하는 것이 관례였던 것이 리스트 때부터 현재와 같이 관객이 볼 수 있는 옆면으로 연주자가 앉아 연주하게 되었다고 한다.

날에는 극소수의 예외를 제외하고는 복수 영역을 고급 수준으로 해내는 음악가가 거의 없다.

이는 동시대 음악 현상에 대해 끊임없이 가해지는 상투적인 비판과 크게 관계하고 있을 것이다. 전위 작곡가의 경우는 '과거에 매달릴 뿐인 유물 숭배', 그리고 파퓰러 음악의 경우는 '대중과의 타협', '상품으로서의 음악'과 같은 비판이 그것이다(일시적이었다고 해도 '실험'과 '과거의 전통 계승', '대중과의 접점' 사이의 매개에 흠잡을 데 없이 성공한 20세기 후반의 유일한 장르가 앞서 말한 모던 재즈이다).

하지만 사실 이런 비판은 모두 19세기에 생겨난 음악사의 새로운 가능성에서 나타난 것일 뿐이다.

첫 번째로 음악가가 후원자의 취미에 속박되지 않고 자신의 뜻대로 여러 가지 실험적인 시도를 행하는 자유는 19세기에 만개한 개성으로 인해 가능해졌다.

두 번째로 과거의 음악을 잇달아 발굴하는 것에 의해 19세기에 음악의 레퍼토리가 눈에 띄게 늘어나게 된다. 과거의 음악이 살아 있는 작곡가에게 얼마나 큰 자극을 주었는지는 19세기의 '바흐의 재발견'을 떠올리는 것만으로도 충분할 것이다.

그리고 세 번째로 악보와 연주회 제도의 발달 덕분에 많은 사람들이 평등하게 음악을 들을 수 있게 되기 시작한 것도 19세기이다. 대중과의 이 연대감은 작곡가에게 무엇보다도 큰 격려가 되었을 것이다.

그런데 이전에는 복음(기쁜 소식)이었던 것이 왜 20세기 이후에는 모두 속박으로 변해버린 것일까. 너무 비관적으로 생각하는 것은 금물이겠지만, 한 가지 확실히 말할 수 있는 것은, 우리는 아직도 서양 음악, 특히 19세기 낭만파에서 결코 자유로워질 수 없다는 사실이다. 그 망령을 떼어내는 것은 쉽지 않을 것이다. 클래식 레퍼토리의 연주에 대해서는 말할 필요도 없다. 과거에 얽매이는 것을 비판하고 19세기 이전에 만들어진 곡을 전면적으로 금지한다면(1970년의 불레즈는 반 진심으로 그것을 꾀하고 있었던 것처럼도 느껴지지만), 연주가라는 상업 자체가 성립하지 않을 것이다.

시대의 첨단을 걷는다고 자부하는 현대 음악의 작곡가들 또한 과거의 서양 음악에서 많은 부분 혜택을 입고 있다. 그들은 지금도 오선지를 사용하여 오케스트라와 피아노를 위한 '작품'을 쓰고, 콘서트홀에서 상연한다. 그들의 작품에서 나타나는 절규와 경련과 고뇌와 명상 등도 낭만파에서 이어받은 상투적인 몸짓이다.

그 신기한 음향과 작곡가 자신의 난해한 해설은 접어두고라도 현대 음악의 기보법과 거기에서 저절로 규정되어 가는 소리의 시스템 혹은 미학이나 제도는 의외로 상당히 보수적인 것일지도 모른다.

필자는 이와 같이 파퓰러 음악의 많은 부분이 겉보기만큼 현대적이지 않다고 생각한다. 아도르노는 파퓰러 음악을 두고 '에버그린'이라고 야유하였는데(항상 새로워 보이지만, 언제나 같은 것이라는 의미일 것이다), 실제로 그것은 오늘날에도 여전히 '도레미'와 같은 전통적인 화성으로 반주되며, 도레미의 음

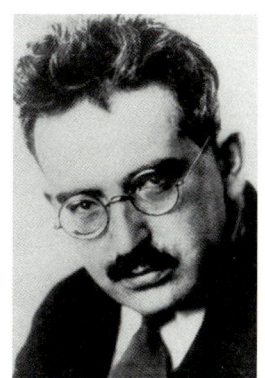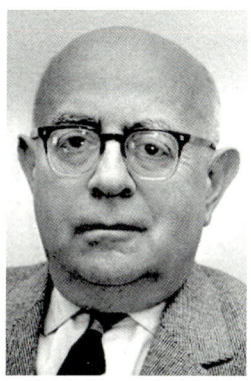

20세기 대중문화에 대한 상반된 비평가 발터 베냐민[1892~1940](왼쪽)과 테오도어 아도르노[1903~1969](오른쪽)

베냐민은 대중(mass)의 존재에 제일 먼저 주목한 사람 중 한 명으로, "복제의 기술로 인해 예술은 비로소 매스 커뮤니케이션이 될 수 있었으며, 독자와 필자의 구별이 신분적인 것에서 기능적인 것으로 변했다"고 하여 대중 매체에 긍정적인 평가를 하였다.

반면 아도르노는 "대중문화가 주는 즐거움이란 결국은 도피에 불과"하며 "즐김이 주는 도피는 사실상 현실의 억압과 모순에 대한 저항을 불가능하게 만든다"고 하여 베냐민의 주장을 반박하였다.

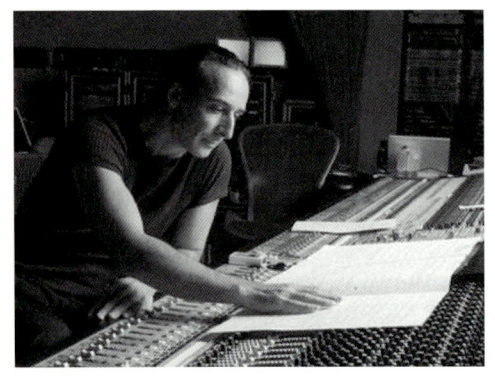

21세기 대표적인 영화 음악 감독인 알렉상드르 데스플라

데스플라 감독은 드라마, 판타지 등 모든 장르를 넘나들며 그에 어울리는 영화 음악을 만들어 관객들에게 감동을 전해 주고 있어 전 세계의 주목을 한눈에 받고 있다.

계로 만들어진 선율을 사용하고 있다. 또한 그 선율에 마음을 담아 노래하며, 사람들의 감성을 모두 끄집어내려고 한다. 파퓰러 음악이야말로 '감동시키는 음악'이라는 낭만파의 충실한 계승자가 아닐까 한다.

하지만 사실, '감동'을 찾으며 구하려고 하는 것은 파퓰러 음악만이 아니다. 현대 사회의 음악은 장르를 불문하고 경제 원리에 억눌려 소모품이 되어가고 있는 것이 확실하다. 클래식 음악이든 현대 음악이든 혹은 '월드 뮤직'이라고 불리는 각자의 민속 음악이든, 이런 사정은 크게 다르지 않다.

혹자들은 자주 파퓰러 음악이 그 원흉인 것처럼 말하는데, 본래 음악의 상업화는 19세기 서양에서 시작되었다. 그래도 아직까지 음악은 완전한 일회용성 오락 상품으로 전락하지는 않았다. 모든 예술 중에서 음악만이 갖는 일종의 종교적인 기운은 아직도 소멸되지 않았다. 노래방에서 노래를 부르고, 멜로 영화의 주제곡에 눈물 흘리며, 인기 피아니스트가 치는 쇼팽의 곡에 꿈꾸는 기분에 빠지고, 청중이 적은 회장에서 현대 음악의 불협화음에 진지하게 귀를 기울일 때, 사람들은 마음속 어딘가에서 '성스러운 것'의 강림을 기다리고 있다.

종교를 상실한 사회가 낳은 감동 중독, 신 없는 시대의 종교적 카타르시스의 대용품인 음악의 홍수, 여기에는 현대인이 안고 있는 여러 가지 정신적 위기의 징조가 아른거리고 있다.

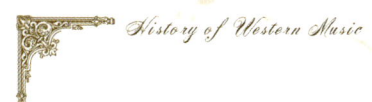

맺음말

지금부터 10년 전일까. 필자는 존경하는 지인에게 이런 말을 들은 적이 있다.

"대상이 무엇이든 '통사' 라는 것은 40살이 되기 전이나 60살이 되고 나서야 쓸 수 있다."

애초 한 인간이 역사의 모든 신기원에 똑같이 정통하는 것이 무리인 이상, 통사는 '무서운 줄 모르는' 혹은 '무서울 것이 없을' 때 쓸 수 있다는 뜻일 것이다.

실제로 당시 나는 '서양 음악 통사를 혼자서 쓴다' 는 것은 꿈도 꾸지 않았었다. 하지만 지금 생각해 보면 이 말이 계기가 되어 무의식중에 '할 수 있다면 언젠가 서양 음악사를 혼자 써보고 싶다' 라는 소망을 품게 된 것 같다.

지금 나는 '무서운 줄 모르는' 시기는 지났지만, '무서울 것 없는'

경지는 아직 멀었다. 적은 지식으로도 전능감에 도취될 수 있는 젊은 시절과는 반대로 배우면 배울수록 '내가 얼마나 작은 부분밖에 모르는가, 내가 얼마나 무지한가' 를 절실히 느끼게 되는 그런 나이이다. 자신의 지식에 구멍도, 틈도, 치우침도, 확실하게 느껴진다. '통사를 한 사람의 인간이 쓴다' 는 것의 무서움은 너무나도 잘 알고 있다.

그럼에도 불구하고 여러 비판을 각오하고 굳이 내가 음악사를 혼자서 써보려 한 것은 근래의 음악사 연구(이과계 문과계를 떠나 요즘의 학문은 모두 그런가)가 전문 분야에서 속도를 더해 가며 세분화되는 것에 강한 조바심이 들었기 때문이다.

최근 '서양 음악사' 란 제목으로 나온 책의 대부분은 국내에서 나온 책이든 서양에서 나온 책이든 거의 복수의 저자에 의한 분담 집필이다. 게다가 페이지 수도 점점 많아져, 10권 정도로 이루어진 총서 종류도 드물지 않다. 그 안에는 『바로크 시대 상, 하』처럼 한 시대를 두 권으로 나눈 것도 있다.

물론 이런 책들은 전문가들에게 많은, 올바른 최신의 전문 지식을 고르게 전해 줄 것이다. 하지만 고전파 음악만으로 300페이지에 이르는 책을 읽고 과연 문외한이 '음악사' 를 이해할 수 있을까. 그 흐름의 전모를 파악할 수 있을까. 그리고 무엇보다 문외한이 이해하기 힘든 '역사' 에 도대체 무슨 의미가 있는 것일까.

예를 들어 음악 학교에서 피아노를 배우고 바흐 이전의 음악에 조금 흥미를 갖기 시작한 학생, 역사적인 것에 흥미가 있는 일반적인 클래식 음악팬, 미술 감상을 좋아해서 그 관련으로 음악사도 조금 알고 싶다고 생각하고 있는 사람, 그런 사람들이 가볍게 음악사의 흐름을 이해할 수 있는 책은 요즘 거의 전무하다고 해도 과언이 아니다.

이 책을 집필할 때 무엇보다 내가 염두에 둔 것은 '머리말'에서도 밝혔듯이 일반 독자가 음악사의 큰 흐름을 이해하도록 책을 쓴다는 것이었다. 구체적으로는 먼저 간편해야 한다. 그리고 정보를 너무 가득 채우지 않도록 유의했다. 그리고 '나'라는 화자의 존재를 어중간하게 숨기려 하지 않아야 한다는 것이다. 화자의 주관을 은폐하고 객관적 자료만을 가장하는 것은 내가 가장 하고 싶지 않았던 것이다.

"○○○○년에 누가 무엇을 어디어디서 작곡했다." 이것은 올바른 사실일지도 모르지만, 아직 의미를 갖는 역사 기록은 아니다. 즉, 그것은 올바르지만 아직 무의미한 것이다. '사실'에 '의미'를 부여하는 것은 결국 '나'의 주관이다. 계속 말한 것이지만 '역사를 말한다'라는 것은 나와 역사와의 대화이다.

독일의 저명한 음악사가 한스 하인리히 에게브레히토가 말한 것처럼 '유일한 객관적인 역사(The History)'는 존재하지 않는다. '역사'란 언제나 '내가 본 역사'이며 '수많은 가능한 역사 중 한 가지(A History)' 이외에는 있을 수 없다.

최신 정보가 가득 담겨 있지만 흐름과 문맥을 전혀 이해할 수 없는 전문적으로 특화된 음악사서는 이미 역사가 아닌 단순한 정보의 집합에 지나지 않다고 생각한다. 물론 '역사는 끝이 났고, 예전에 역사라는 형태를 취하고 있던 지식은 오늘날 정보로 대체되었다'는 포스트모던적인 반론도 있을 수 있다.

하지만 나 자신은 '역사적 교양'의 상실은 인문과학의 자살 행위와 다름없다고 생각하고 있다. 천학비재(학문이 얕고 재주가 변변치 않다는 뜻)를 알고서 굳이 내가 '음악사를 혼자서 쓴다' 라는 돈키호테적 만용을 부리는 결의를 하게 된 최대의 이유는 여기에 있다.

나는 고베 대학에서 9년 동안 서양 음악사 과목을 담당하고 있었다. 4월에 중세 음악으로 시작해 다음 해 1월, 20세기 음악으로 한 강의가 끝난다. 이 페이스는 특히 처음 몇 년간 매우 힘들었다. 그 수업은 자신의 전공 이야기만 하면 되는 특수 교양과는 달라서 수업을 하기 위해서는 먼저 나 자신부터 많은 부분을 처음부터 공부해야 했다.

하지만 그 덕분에 나는 나의 전공이 아닌 중세에서 바로크까지의 음악에 대해 꽤 많은 CD를 듣고, 대량의 악보와 문헌을 읽을 수 있었다. 지금도 고베 대학 시절의 그 강의를 정겹게 떠올린다. 그 수업이 없었다면, 그 수업을 들어준 학생들이 없었다면 나의 음악사 지식은 전공인 19세기에 치우친 채로 중세의 일은 아무것도 몰랐을 것이다.

현재의 직장으로 옮긴 후로는 통사의 수업을 담당하고 있지 않다. 나의 전공에만 몰두해도 되는 '자유'를 얻게 된 것이다. 하지만 그렇게 되면 그렇게 된 대로 '이대로라면 음악사의 전체상에 대한 나의 관심이 없어지는 것은 아닐까' 라는 불안이 일기 시작했다.

'일반 교양' 이라는 '일반 독자' 와의 접점을 상실하고 단순히 '전문가' 가 되어버린 불안이라고 해야 할까. 그 통사 강의의 감각이 아직 남아 있을 때, 어떻게든 나의 생각을 한 번 정리해 두고 싶었다. 이런 마음 또한 이 책의 집필에 큰 원동력이 되었다.

중앙신서 편집부의 마츠무로 토오루 씨에게 이 기획에 대해서 이야기한 것은 올해 2월 말 무렵이었다. 고베 대학 시절이었다면 예년 다음 4월부터의 서양 음악사 수업을 위한 준비를 시작했었던 시기였다.

지금 생각해 보면 지금의 직장에 옮긴 이후 2년간 쉬고 있던 서양 음악사의 통사적인 공부를 이번에는 강의가 아닌, 집필이라는 형태로 재개하고 싶어진 것일지도 모른다.

단 그때 나는 예의 '통사를 쓸 수 있는 것은 40살 전이나 60살이 넘어서이다' 라는 믿음이 강했던 것도 있어 이 계획을 바로 실행으로 옮길 마음은 진심으로 없었다. '언젠가 내 손으로 서양 음악사의 새 책을 쓸 수 있다면 좋을 텐데' 라고 단순히 잡담처럼 말했을 뿐이었다.

그런데 마츠무로 씨의 반응은 예상도 못할 정도로 적극적이었고, 헤어질 즈음에는 이미 '여름방학부터 조금씩 쓰기 시작하겠다' 라는 구두 약속까지 해버리고 말았다. 그리고 몇 번인가 연락을 주고받으며 어느 샌가 이 약속은 '3월에 조금씩 써보겠다' 로 변해 있었다.

실제로 집필은 생각도 못할 정도로 원활하게 진행되었다. 올해 4월부터 6월에 거쳐서는 휴일이 거의 없는데다 한 달에 3번은 도쿄에 출장을 가야 하는 바쁜 상황이었음에도 불구하고, 7월 초에는 이미 낭만파의 장을 끝냈었다. 게다가(이것 또한 어느새 이렇게 되었는지 잘 기억나지 않지만) 이 무렵에는 탈고 기일이 8월 초로 정해져 있었다. 처음에는 여름방학부터 쓰기 시작하겠다고 했는데 마지막에는 '여름방학에 들어갔을 무렵' 다 쓰게 된 것이다.

마츠무로 씨와 함께 일을 한 것은 『오페라의 운명』에 이어 2번째이다. 마츠무로 씨는 진심으로 감탄할 만한 편집자로 그와 함께 일하는 것이 매우 즐거웠다. 물론 원고에 대해 마츠무로 씨에게 날카로운 지적을 받으면 ('이 부분은 뭐라고 하려나? 하고 자신 없던 부분은 틀림없이 지적을 받았다) 얼굴은 창백해지고 눈앞이 깜깜해졌지만 그래도 어떻게든 마음을 잡아 고쳐 썼다. 그리고 고쳐 쓴 후 확실히 처음보다 잘 써진 것을 스스로도 알 수 있었다.

집필자에게는 이보다 더한 격려는 없다. '파트너'가 마츠무로 씨가 아니었다면 이 책은 이렇게 짧은 기간 동안 높은 의욕을 유지하면서 마지막까지 완성할 수 없었을 것이다. 실제로 이것을 쓰던 4개월 반은 너무나 즐거운 시간이었기에 마지막 장을 다 썼을 때는 조금 아쉬운 기분이 들 정도였다. '또 함께 일합시다!' 이것이 지금 내가 생각할 수 있는 마츠무로 씨에 대한 최대의 감사 인사이다.

교토 키타야마에서 저자

INDEX

INDEX

상식으로 꼭 알아야 할

서양 음악사

1판 1쇄 발행　2009년 5월 15일
1판 8쇄 발행　2022년 11월 10일

저　　　자 | 오카다 아케오
옮 긴 이 | 이진주

발 행 인 | 신재석
발 행 처 | (주)삼양미디어
등록번호 | 제 10-2285호
주　　　소 | 서울시 마포구 양화로 6길 9-28
전　　　화 | 02 335 3030
팩　　　스 | 02 335 2070
홈페이지 | www.samyang**M**.com

ISBN | 978-89-5897-166-5(03300)